国家自然科学基金项目"数字化转型背景下新农人参与对农民合作社多维绩效的影响机制及其效应研究"（项目编号：72173001）

安徽农业大学科研项目"外部技术冲击对农民合作社治理效应的影响研究——以电商采纳为例"（项目编号：yj2022-43）

教育部人文社科规划基金项目"农民合作社新农人参与：契约制度与社会资本转型及其对组织绩效的影响研究"（21YJA790012）

安徽省高校人文社科重点项目"安徽省农业供应链的数字化转型困境与破解路径研究"（2023AH050971）

数字化转型背景下
电商采纳对农民合作社
绩效的影响研究

王孝璱　著

人民出版社

序　言

　　乡村振兴和农业农村现代化对新型农业经营主体给予了高度重视,明确要求发挥农民合作社(以下简称"合作社")在其中的组织引领作用。随着5G、智能制造、大数据等新一代信息技术向农村的全方位普及,农业农村数字化转型成为乡村发展的重要抓手,而应用电商平台推动农产品和农业投入品"出村进城"成为合作社实施数字化改造和转型的重要方式,甚至成为合作社数字化场景应用的主要方式。合作社采纳电商不仅是数字经济爆发式增长下的一种趋势,也可能是改善合作社组织绩效的新选择。正如学术界普遍讨论的,目前全国注册登记的合作社数量庞大,但发展质量失范、名不符实、精英俘获等问题突出,合作社服务功能的发挥有限,有学者指出,由于客观上存在的社员异质性等多重现实约束,合作社的组织绩效虽较低但有其合理性且已经达到一种阶段性均衡,并寄希望于注入新的外部推动力量以打破当下均衡改善合作社绩效水平。电商采纳作为外生性技术冲击,与农业深度融合推动农产品供应链发生根本性转变,倒逼合作社进行制度变革适应供应链创新,在生产组织模式、资源配置方式和价值分配形态等方面全方位调整,从而可能创新社员间合作关系和实现合作社高质量发展。合作社采纳电商后的供应链变革与合作社绩效的内在联系如何?怎样更好地推动合作社采纳电商?研究这些问题有助于为合作社电商助农兴农提供有益借鉴,丰富合作社数字化转型和绩效提升层面的理论研究。

本书以供应链变革为切入点,在梳理总结已有研究成果基础上,综合运用理论推演、实证研究和案例研究等研究方法,深入探讨合作社电商采纳的影响效应。首先,分析归纳我国合作社采纳电商的现状、特点和存在的问题,为建立模型、提出对策建议提供基础依据。其次,应用经济学理论和管理学理论,构建合作社采纳电商后组织管理、分工逻辑、产业链价值地位演变的理论分析框架。再次,运用安徽省6市24个乡镇300家合作社的调研数据,实证考察了合作社采纳电商的影响因素,探讨了电商采纳对合作社绩效包括经营绩效、收入绩效和治理绩效层面的影响效应,并通过对安徽省调研的两个典型合作社案例比较分析,深入揭示合作社电商采纳的作用机理。最后,基于以上研究结论提出相应政策建议。本书的研究内容主要涉及以下八个方面:

第一,介绍研究的背景,旨在阐明选题的研究目的和研究意义,并介绍研究的基本思路、研究方法、数据材料以及可能的创新性,对与研究主题相关的概念内涵进行界定。

第二,对已有相关理论和研究文献进行梳理。一方面,对相关理论进行分析借鉴,以技术采纳理论、组织治理理论、价值增值理论和资源依赖理论为核心,介绍现有理论观点并提出相应理论启示。另一方面,对已有相关文献回顾总结,包括对合作社电商采纳相关文献、合作社治理相关文献以及合作社绩效相关文献进行综述,通过文献综述,反映已有研究的发展脉络与不足,发现本书研究的方向和切入点。

第三,对合作社采纳电商的现状进行考察。从全国层面和省域层面对合作社发展现状、电商发展环境和采纳电商特点进行分析,总结合作社采纳电商存在的主要问题。

第四,基于相关理论构建理论分析框架。首先,基于理性行为理论和创新扩散理论,融合 TAM 模型和 TOE 模型,针对合作社发展实践,构建合作社采纳电商影响因素的理论框架。其次,基于交易成本理论构建合作社采纳电商后选择组织管理模式的理论框架。最后,基于价值增值理论和资源依赖理论,构建合作社采纳电商后资源整合和价值分配的理论框架。

第五,在理论框架和现实情境基础上,建立合作社采纳电商影响因素的实证模型进行分析。合作社采纳电商受到技术因素、组织因素和环境因素三个方面的共同影响,其中技术因素又显著受个体主观感知的影响。采用 Heckman 模型对上述涉及合作社采纳电商的影响因素进行分析,结果显示感知易用性、感知风险和组织类型对合作社采纳电商选择影响更为显著。

第六,建立合作社采纳电商的实证模型验证电商对合作社绩效的影响效应。首先把合作社绩效分为经营绩效、收入绩效和治理绩效三个方面,其中经营绩效分解为合作社经营收入、合作社年利润、合作社主产品品牌度三个因子,收入绩效分解为社员人均可支配年收入和入社后可支配收入提高比例两个因子,治理绩效分解为合作社决策规范程度和按交易额返还盈余比例两个因子,采用因子分析法得到合作社综合绩效、经营绩效、收入绩效和治理绩效水平的测度数据。然后运用 ESR 模型对采纳电商的经营绩效、收入绩效和治理绩效进行实证分析,结果表明合作社采纳电商能够显著提高其经营绩效、收入绩效以及综合绩效,但并未显著提高其治理绩效。再从合作社产业类型、组织规模、理事长教育经历和从业经历四个层面进行异质性分析,检验电商采纳对合作社绩效影响的组间差异。最后使用中介效应检验法验证电商影响合作社绩效的作用机制,得出合作社通过电商的渠道接入、价值增值和价格改进机制提升了合作社经营绩效和收入绩效的研究结论。

第七,利用典型案例对比分析采纳电商对合作社绩效的影响效应。基于理论抽样原则选择两家均采纳电商实现数字化供应链变革但影响效应不同的合作社,比较两家合作社与社员的交易方式、资源整合程度和资源依赖关系,揭示电商采纳对合作社绩效影响的作用过程机理,探讨电商采纳对合作社绩效提升的可能路径,进一步提出不同交易主体和交易客体的合作社在采纳电商后的供应链变革上存在差异,向供应链前后端延伸的合作社均可获得经营绩效和收入绩效的提升,但只有供应链前后端关联紧密的合作社可能会获得治理绩效的提升。

第八,主要结论与政策启示。通过上述理论、实证与案例分析研究,总结得出研究结论和提出相应的政策建议。一是从电商技术应用推广体系、合作社人才培养体系、外部环境保障体系方面提出促进合作社采纳电商的相关建议,二是从合作社、农户和政府层面提出促进合作社经营绩效、收入绩效和治理绩效提升的相关建议,三是从优化组织方式、强化资源整合能力和培养合作协同意识方面提出改进合作社价值增值与分配的相关建议。

本书鉴于当前合作社采纳电商的客观事实,从供应链视角出发,理论和实证分析了电商采纳对合作社绩效的影响效应与机制,既拓展和深化了合作社绩效和治理问题的研究,也为合作社数字化转型和带动农户共享数字红利提供路径指导,为政府制定农产品电商和合作社高质量发展政策提供决策参考。

目　　录

绪　　论

一、研究背景与问题提出

（一）研究背景

党中央、国务院高度重视数字化技术推进农业转型与高质量发展。2018年9月，中共中央、国务院印发《乡村振兴战略规划（2018—2022年）》，明确提出要大力发展数字农业和实施数字乡村战略。2019年中共中央办公厅、国务院印发的《数字乡村发展战略纲要》和2020年1月农业农村部、中央网络安全和信息化委员会办公室印发的《数字农业农村发展规划（2019—2025年）》进一步要求从信息基础设施、农业生产、流通和经营管理等方面全面推进农业数字化转型，以着力促进农业高质量发展。2020年1月，《中共中央、国务院关于抓好"三农"领域重点工作确保如期实现全面小康的意见》要求加快物联网、大数据、人工智能等现代信息技术在农业领域的应用，开展国家数字乡村试点。2021年1月，《中共中央、国务院关于全面推进乡村振兴加快农业农村现代化的意见》要求实施数字乡村建设发展工程，推动新一代信息技术与农业生产经营深度融合。一系列文件释放的信号明确表明，农业生产经营和管理服务的数字化改造是支撑乡村发展的重要抓手。

在农业农村数字化实践中,农产品电商在农业数字化转型中的表现极为亮眼,对改善农产品滞销状况并促进农民脱贫致富具有重要作用,从而加强电商在农业从业者生产销售中的应用是推进农业农村发展的重要部署。2020年我国农村网络零售销售额为 17900 亿元,相较于 2014 年的 1800 亿元规模增长了 8.9 倍,其中农产品网络零售额高达 4158.9 亿元,占农村网络零售总额的 23.2%,同比增长了 26.2%,带动 306 多万贫困农民实现增收。① 在电商发展进程中,还形成了电商交易额高和活跃网店群聚的淘宝村、淘宝镇。据《农产品电商出村进城研究:以阿里平台为例》报告,2020 年 6 月,中国淘宝村数量达 5425 个,较 2019 年增加 1115 个,分布于 28 个省(区、市),淘宝镇数量达 1756 个,较去年增加 638 个,这些淘宝村、淘宝镇年销售额超过 1 万亿元,带动就业机会 828 万个。由此可见,农产品电子商务对农业农村数字化具有重要引擎作用。国家也将电商发展作为数字农业农村建设的重要内容,自2014 年开始不断推进电子商务进农村综合示范项目,2020 年进一步启动"互联网+"农产品出村进城工程,并要求在 2025 年基本实现农业县全覆盖。②

在此背景下,应用电商平台推动农产品"出村进城"成为合作社实施数字化改造和转型的重要方式,同时,合作社也是组织农民开展农产品电商的重要载体。一方面,由于信息技术工具的应用存在"数字鸿沟",资源禀赋较低的农户在采纳电子商务时面临较高的技术、资本和信任门槛;另一方面,合作社是农户联合成立的互助性组织,其本质性规定要求合作社发挥组织功能带动小农融入大市场,并与社员农户共享数字经济红利。经过十几年的发展,2020年全国合作社已达 224.1 万家,辐射带动了农村约一半的农户,合作社已成为中国目前最为庞大的农业产业组织之一。理论上看,广泛而深入地开展农产

---

① 《2021 年中国互联网电商行业发展现状及市场规模分析》,前瞻网,2021 年 12 月 28 日,见 http://www.zhongzhiyanjiu.com/redian/78080.html。

② 唐珂:《搭上互联网快车,助力农产品营销》,2020 年 1 月 23 日,见 http://www.moa.gov.cn/ccjc/gzbs/202005/t20200508_6343308.htm。

品电商有助于促进合作社充分发挥组织服务功能,提高对农业农村现代化发展和农户增收的带动作用。

　　然而,电子商务在合作社生产经营中还未广泛应用。部分合作社的负责人因教育经历或工作经验对电子商务有一定的接触和了解,也具备良好的市场开拓能力和管理经营能力,率先尝试采纳电商来创新农产品从生产端到消费端的流通方式,实现了农产品销售额的大幅增长。例如笔者调研发现,宿州市砀山县壹体水果种植专业合作社于 2018 年总销售额突破 1 亿元,相较于未采纳电商前的 2014 年利润提升了 30 倍;滁州市来安县滁谷农产品专业合作社采纳电商后销售额逐年增长,2020 年电商销售额突破 1000 万元,比上一年增加了 840 万元。然而根据农业农村部数据和实地调研发现,采纳电商的合作社数量目前仍相对较少。在 2019 年全国注册登记的合作社中,开展电子商务的合作社有 39194 个,占合作社总数的比例为 2.03%。在笔者调研的 300家合作社中,采纳电商的合作社为 72 家,占比约为 23%。可见,合作社采纳电商还处于起步阶段,如何推动更多合作社采纳电商是当下面临的重要问题。

　　与此同时,有学者认为合作社的功能在实践中与理想不符,蓬勃发展的数据背后是备受质疑的发展质量问题(潘劲,2011;邓衡山等,2016),合作社组织功能发挥受限,治理失范是其核心阻碍因素。现实中,空壳社、家庭社、翻牌社和企业社广泛存在,上述合作社治理结构往往流于形式,合作社名实分离,出现了严重的异化倾向,这些异化的合作社呈现出精英俘获、大农控制、利益输送等问题。正是由于上述情况的存在,普通农户对合作社的信任程度和参与程度普遍较低,即使加入合作社,也会主动选择让渡剩余决策权和剩余索取权,而仅希望从合作社中获得稳定的销售渠道和价格改进。同时,农户特殊的比较选择公平意识(赵晓峰,2015)也进一步强化了其上述行为,导致大部分社员集体意识和主人翁意识缺失,难以与合作社形成风险共担和收益共享的合作共同体。从而导致合作社运营效益和发展质量不高,合作社服务功能薄弱。也有学者认为,中国当下的合作社治理现状是由成员异质性和所处环境决定的,是符合合作社粗放式发展阶段的合理性结果,且核心社员与普通社员间的合作博弈关系已达到均衡状态,如果缺乏新的变量或新的外部推动力量,短期内则较难发生改变(应瑞瑶等,2017;赵晓峰,2015)。

电子商务正是一种外生性技术冲击,通过变革农产品供应链倒逼合作社进行制度变革,在生产组织模式、资源配置方式和价值分配形态等方面进行全方位调整,从而可能改善合作社治理失范困境和提高组织绩效。学术界已经证实了电商采纳对农户的经济效应(鲁钊阳和廖杉杉,2016;曾亿武等,2018;李琪等,2019;邱子迅和周亚虹,2021),那么,电商采纳能使合作社实现组织经济利益的同时兼顾治理规范,进而有效提高社员收益吗? 目前已有研究在系统地讨论合作社采纳电商的影响因素、影响效应及作用机理上还相对匮乏。因此,在农业农村数字化转型背景下,总结与分析为什么有的合作社采纳电商、有的合作社不采纳电商、采纳电商后的合作社绩效状况如何以及电商对合作社绩效的作用机理是合作社和农民收入研究领域的重要议题。本书研究有助于从合作社发展的复杂实践中提炼经验和理论,指导电子商务在合作社中积极有序的发展,探寻合作社绩效提升和高质量发展的可行路径,以及提供改善农户收入分配状况和缩小数字红利差距的现实思路。

(二) 问题提出

基于以上现实背景,随着新一代信息技术与传统农业的融合逐渐深入,电子商务在农业领域广泛应用是必然趋势。在宏观层面,国家已完成顶层设计,部署了农产品电商发展的远期规划和战略目标,而在微观层面,电商采纳主体实际开展农产品电商时存在的问题和取得的效果还不明晰,尤其是以合作社为采纳主体的采纳效应尚未进行充分探讨,这也是本书要研究的主要内容。本研究拟探讨的现实问题如下:

问题一,理论界已经证实,电商采纳对农户具有增收效应(邱子迅和周亚虹,2021),但是考虑到电商的门槛效应,绝大部分农户难以直接从电商使用中获得收益,农户运营的电商店铺难免名存实亡,导致大部分农户对电商采纳浅尝辄止甚至望而却步。在电商发展对农村经济增长利好的情况下,如何对小农户释放电商红利是值得深思的重要议题。

问题二,在现实情境中,不乏存在应用电商带领农民脱贫致富的实践,其中不少新型农业经营主体开展农产品电商的成效显著,而合作社因益贫性作用突出,是公认带动农户增收的不可替代的重要载体,但是合作社在管理经营领域还未广泛应用电商,如样本合作社中采纳电商的合作社占比仅为 23%,探究合作社电商采纳的核心影响因素以及对绩效影响效应,以促进更多的合作社借力电子商务带领小农户搭载上农业农村数字化转型的快车,具有重要现实意义。

问题三,合作社治理困境是制约合作社绩效提升的桎梏。通过实践观察,有的合作社采纳电商后使农户从合作中获得的收益大幅度提高,有的合作社采纳电商后使农户从合作中获益的增幅较少,而在社员与合作社交易上不同合作社表现出了不同的合作意识和关联程度,在治理机制上也表现出了不同的规范程度。那么,电商采纳可能会对不同合作社产生不一样的绩效影响效应。因此,合作社采纳电商对合作社绩效影响的作用机理也是本书研究重点。研究电商采纳如何影响合作社经济绩效和治理绩效,有助于更好地发挥电商的内生动力,打破普通社员"被剥削的幸福"状态(任大鹏和王敬培,2015),为提升合作社绩效和改善合作社治理提供理论思路。

二、研究目的、内容与意义

(一)研究目的与内容

本书的研究目的是在农业农村数字化转型背景下,从我国合作社采纳电商的现状、特点和存在的问题出发,在梳理总结已有研究成果的基础上,系统、全面地考察合作社采纳电商的影响因素,在阐述电商采纳对供应链变革的基础上,重点探讨电商采纳对合作社经营绩效、收入绩效和治理绩效的影响效应,讨论电商采纳能否重构合作社成员基础和内部权力配置?并通过对安徽省调研的两个典型合作社案例比较分析,深入揭示电商采纳对合作社绩效影响的作用机理。根据研究目的,本书研究主要包括以下内容:

绪论。主要介绍研究的背景,旨在阐明选题的研究目的和研究意义,并介绍研究的基本思路、研究方法、数据材料以及可能的创新性,对和研究主题相关的概念内涵进行界定。

第一章,理论基础与文献综述。一方面,对相关理论进行阐述分析,以技术采纳理论、组织治理理论、价值增值理论和资源依赖理论为核心,介绍现有理论观点并提出相应理论启示。另一方面,对已有相关文献回顾总结,包括对合作社电商采纳相关文献、合作社治理相关文献以及合作社绩效相关文献进行综述,通过梳理归纳,反映已有研究的发展脉络与不足,发现本书研究的方向和切入点。

第二章,合作社发展与电商采纳的现状分析。对合作社采纳电商的现状进行考察,从全国层面和省域层面对合作社发展现状、电商发展环境和采纳电商特点进行分析,总结合作社采纳电商存在的主要问题。

第三章,合作社电商采纳影响效应的理论分析。基于相关理论构建理论分析框架,首先,基于理性行为理论和创新扩散理论,融合 TAM 模型和 TOE 模型,针对合作社发展实践,构建合作社采纳电商影响因素的理论框架。其次,基于交易成本理论构建合作社采纳电商后选择组织管理模式的理论框架。最后,基于价值增值理论和资源依赖理论,构建合作社采纳电商后资源整合和价值分配的理论框架。

第四章,合作社电商采纳影响因素的实证分析。在现实情境和理论框架基础上,建立合作社采纳电商影响因素的实证模型进行分析。合作社采纳电商受到技术因素、组织因素和环境因素三个方面的共同影响,采用 Heckman

模型对上述涉及合作社采纳电商的影响因素进行分析。

第五章,电商采纳对合作社绩效影响的实证分析。建立合作社采纳电商的实证模型验证电商对合作社绩效的影响效应。首先利用因子分析法测算合作社综合绩效、经营绩效、收入绩效和治理绩效,然后对电商采纳的绩效影响效应,运用 ESR 模型进行多维度的实证分析和分组异质性分析。最后采用 Bootstrap 法和改进的二分类变量中介效应检验法验证电商影响合作社绩效的作用机制,并综合上述全部实证结果,讨论合作社"合伙人制度"形成的可能性。

第六章,电商采纳对合作社绩效影响的案例分析。采用典型案例对比分析合作社采纳电商的绩效影响效应,首先,基于理论抽样原则选择两家电商采纳合作社,这两家合作社均采纳电商实现了数字化供应链变革,但组织绩效存在差异。然后,通过比较两家合作社与社员的交易方式、资源整合程度和资源依赖关系,揭示电商采纳对合作社绩效影响效应的作用机理,探讨电商采纳对合作社治理改善的可能路径。通过案例分析发现不同交易主体和交易客体的合作社在采纳电商后的供应链变革上存在差异,向供应链前后端延伸的合作社均可获得经济绩效,但只有供应链前后端关联紧密的合作社可能会获得治理绩效。

第七章,研究结论与政策建议。根据理论、实证与案例分析结果,对全文的研究结论做了简要的总结,并在此基础上提出若干建议。

(二)研究意义

1. 理论意义

第一,丰富和深化了电商采纳对合作社绩效影响效应研究的理论基础和分析工具。本研究融合 TAM 模型和 TOE 模型,从技术因素、组织因素和环境因素全面分析合作社电商采纳的影响因素,并从供应链变革的角度出发,通过讨论电商采纳后合作社与农户在资源整合程度和资源依赖关系变化,来反映合作社经济绩效和治理绩效状况。一方面,系统地构建了合作社采纳电商的影响因素理论框架,丰富了组织视角的信息技术采纳的理论研究。另一方面,补充了电商采纳对合作社绩效影响及其作用机理的理论基础,从供应链变革的组织管理视角拓展合作社绩效影响效应研究的深度和广度。并根据效率和公平相结合的原则,紧扣合作社本质性规定,提出电商采纳对合作社经济绩效和治理绩效的影响,为解释合作社功能作用发挥提供理论依据。

第二,扩展了改善合作社治理困境的理论解释框架。本研究以电商采纳作为合作社外部信息技术冲击,通过其对价值增值和价值分配的影响,对合作社存在的功能效用发挥不足、普通社员向核心社员让渡控制权和剩余索取权等现象作出解释,旨在为合作社现存的治理困境和发展出路构建一个可能的理论解释框架。一方面,电商信息技术的引入对合作社组织结构、治理机制影响的解释框架为合作社未来的治理改革提供理论支持;另一方面,对组织治理模式及其效果的深入探讨,拓宽了价值增值理论和资源依赖理论的应用领域。

2. 现实意义

第一,对合作社采纳电商的现实情况进行审视。结合实践,分析总结合作社采纳电商现状、影响因素和绩效影响效应,明确认识合作社采纳电商在促进农业农村数字化转型和实现农业农村现代化中的定位、作用和存在问题。本研究为更好地借助电商赋能农业农民进而推动数字乡村建设、促进农业生产提质增效、抑制数字技术鸿沟、缩小城乡发展差距和提高农民收入提供决策参考依据。

第二,系统提出了合作社通过采纳电商带动农户增收的治理策略和政策建议。通过分析电商采纳对合作社绩效的影响效应以及影响机制,也有助于探寻合作社应用与推广电商的合理途径和推行方式,为合作社数字化转型和带动农户对接大市场实现现代化提供有力的保障和支持,为改善合作社治理困境实现高质量发展提供思路和启发,为政府推进农产品电商发展及制定相关政策提供决策参考。

三、核心概念界定

1. 电商采纳:采纳是指个人或组织形成决定或拒绝采纳并付诸实施的决策过程(Rogers,2003),而关于电商采纳的界定,曾亿武等(2019)将电商采纳定义为一种创业活动,指代农户作出决定或拒绝应用电商平台进行网络影响的投资决策行为。唐立强(2017)将电商采纳视为选择一种新兴的网络交易渠道行为即选择农产品电商销售渠道,表现为依托虚拟的网络环境,与一定规模的目标消费群体建立交易。还有学者将农户电商采纳看作个体对电子商务的消费行为(周水平和谢培菌,2021)。但大部分学者在研究农户个体、家庭农场或者其他组织机构的电商采纳时,均将电商采纳视为一种技术采纳行为。如陈文波和黄丽华(2006)认为信息技术采纳包括网络应用、组织间信息系统、电子政务、电子商务。已有的较多文献也将宽带、互联网、电子商务都视为信息通信技术 ICT。因此,电商是一项在网络环境中实现产品线上交易的新技术,本研究将电商采纳界定为信息技术的采纳行为。

本研究探讨的"电商采纳",具体是指合作社利用互联网或移动通信终端推广和销售农产品的行为,也可表述为开展农产品电商。这种农产品电商行为既包括在平台上发布农产品资讯信息和进行交易,也包括通过社会化电商模式如抖音直播、短视频等与粉丝社群建立和维护情感联结、进行交易等。其中,电商平台包括第三方网商、微信微商、独立网站网商和 QQ 空间微商四种平台类型,据已有学者研究发现,多数农户在采纳电商时选择微信微商交易平台,该部分群体占样本总数的比例为 64.68%(唐立强,2017)。本研究认为"农产品电商采纳""开展电子商务""电商应用""网上销售农产品(网销农产品)""在线交易""合作社销售数字化转型"均表达了"电商采纳"的涵义。

2.合作社绩效:绩效包括业绩和效益两个层面的意思,其中业绩主要体现了对组织利润等目标实现程度的评价,效益主要体现了组织管理取得的效果,故而对于绩效的涵义界定,一是属于一种与目标相对应的结果,二是属于以目标为导向的一种行为体现,三是属于结果与行为的综合表现。不同类型的组织具有不同的绩效评价内涵。对于企业运营来说,财务部门多从盈利、经营、偿债、毛利率、投资回报率等方面界定和反映其绩效,为体现企业能力,企业绩效一般包括经济效益和经营业绩。而对于农民合作社来说,农民合作社是一种具有特殊企业形式的经济组织,其组织绩效也应包含经济效益和经营业绩,但是合作社突出自我组织、自我服务的组织性质和组织目标,其绩效评价内涵又与一般企业有所不同。具体来看,农民合作社作为益民性组织,其存续价值在于强调"过程"的组织方式和突出结果的"益贫性"绩效(崔宝玉等,2016),故而合作社绩效最终要体现在合作社的组织管理效果和合作社组织及个人的经济利益上。与此同时,目前,我国合作社规范不足,发展低效,如何促进合作社提质增效和高质量发展是当下面临的关键问题,在此背景下,合作社绩效的内涵更加需要将体现合作社自身良性发展的治理效果涵盖在内。因此,本书主要从经济与非经济层面两个维度来界定合作社绩效,一是在经济层面,考虑到经济效益既要包含合作社组织的经营收入状况,还要涉及社员的个人经济利益状况,所以选择经营绩效和收入绩效反映合作社经济绩效;二是在非经济层面,考虑到合作社高质量发展要求同步提升组织治理与规范程度,所以选择治理绩效反映合作社非经济维度的绩效水平。

四、数据来源及研究方法

(一)数据来源

本研究是以电商采纳对合作社绩效的影响效应为研究对象,既要获取合作社采纳电商的基本情况,包括是否采纳电商、采纳电商年限、农产品电商销售额、电商销售平台等数据,也要获取合作社在经济收益和治理层面的情况,包括合作社销售收入、利润总额、社员收入、社员收入提高比例以及合作社如何决策、盈余分配方式等数据,此外,为满足描述性统计和计量模型分析的数据需求,还要获取合作社、理事长、外部环境等基本情况的数据。本书的研究数据主要来源于课题组于 2019 年 6—8 月对安徽省 6 市 24 个乡镇 326 家合作社的问卷调查,以及分别于 2020 年 1 月、2021 年 7 月对安徽省 25 家合作社的深度访谈。之所以选择安徽省作为样本调查地,原因在于,一方面安徽省农业资源丰富、农业人口比例大,是典型的农业大省,研究安徽省合作社电商采纳行为及其效果能够较为充分反映数字信息技术对农民合作社组织的变革情况;另一方面,安徽省作为中国农村改革的发源地,农村改革始终走在全国前列,截至 2021 年安徽省基本实现了省内 52 个县电子商务进农村的全覆盖工作,农产品电商销售额位于全国省份排名前十,研究安徽省合作社电商采纳情况具有一定的代表性,能够为全国其他地区合作社和电商发展提供借鉴。

调研问卷从合作社基本信息、理事长基本信息、合作社生产销售情况、电商采纳情况、治理结构和机制情况等几个方面进行问题构建。在兼顾经济发展水平和地理位置选择的基础上,实地调查的抽样方式采用四阶段抽样方法,首先依据行政区划在安徽省随机抽取 6 个地市,然后依次在每个抽取的地市、县(区)、乡镇随机抽取 2 个样本县(区)、2 个样本乡镇以及 2 个样本行政村,最后再在样本行政村中依据随机抽样原则结合可行性原则,选取样本合作社开展问卷调查和现场访谈。调查样本包括粮食种植类、养殖类、特色种植类合作社,涵盖 A、B、C 三个合作社等级。总体上看,本次调查覆盖区域较广、涉及对象较全面、调查方式多元化、调查内容较为翔实,保证了数据的系统性、全面性和可比性,具有较为可靠的信度和效度。为了保证问卷质量合格,课题组将调查过程分为预调研、正式调研和数据录入整理三个阶段,在预调研阶段结合可靠性检验和巴特利球形检验等统计方法修改和完善问卷内容,在正式调研阶段采用面对面问卷发放形式,尽可能地避免调研对象在填写时的语义理解偏差和随意性,在数据录入整理阶段,对缺失、异常样本数据通过电话回访以确保数据完整性和准确性。此次调查共发放调研问卷 326 份,根据研究主题剔除掉因缺失关键信息或填答随意而导致的无效问卷以后,最终获得有效问卷 300 份,问卷有效率约为 92%。

根据研究目的,课题组还对安徽省宿州市和滁州市的 25 家采纳电商合作社进行深度访谈,每次访谈时间为 60—90 分钟不等,调研访谈对象涉及合作社理事长、理事会成员、部分普通社员和县农业农村部负责人,并基于理论抽样原则选取了 2 家合作社进行案例对比分析。为了增强案例分析的信度与效度,课题组采取一手资料和二手资料结合的方式进行"三角验证",资料获取方式包括:结构化与非正式访谈、现场观察、浏览政府与合作社的官方网站、查阅媒体对合作社的报道、整理合作社的内部文档和自媒体宣传材料等。

其他数据资料来源于相关官方网站公布的统计资料,包括《中国县域统计年鉴》、《安徽统计年鉴》、《中国农村经营管理统计年报》、商务部监测数据以及阿里研究院和其他机构、政府部门发布的统计报告、报表等。

(二)研究方法

本研究主要综合运用了文献研究、调查研究、理论分析、计量分析、案例分析与比较分析的研究方法。

(1)文献研究法:一方面,梳理国内外学者关于电商采纳、合作社治理与绩效的相关期刊论文、专著、学位论文等文献资料,明确现有文献的研究动态、研究脉络及发展趋势,在已有研究成果的基础上,发现研究不足并提炼创新点和拓展研究空间。另一方面,搜集与合作社采纳电商数据相关的统计公报、政府工作报告等,总结归纳合作社采纳电商的现状、特点及存在问题,为后文模型的建立和建议的提出等提供分析基础。

(2)调查研究法:调查研究包括问卷调查和实地访谈。在问卷调查层面,通过抽样方案设计、问卷内容拟定以及汇总资料处理三个程序,收集以电商采纳和合作社治理与绩效议题为核心的合作社数据信息。在实地访谈层面,通过理论抽样对合作社理事长、理事会成员、社员以及本地农业农村部相关负责人进行面对面访谈,记录分析合作社电商采纳情况、经营成效等内容。通过调查研究收集一手数据是用于获取合作社数据信息的最佳方法,为实证分析提供现实依据。

(3)理论分析法:针对电商采纳对合作社的影响效应研究,一是通过比较已有技术采纳模型的相关理论,结合合作社的组织特性选择 TAM 模型与 TOE 模型构建合作社采纳电商的理论模型;二是基于合作社嵌入农产品供应链的行为特征,从组织治理理论、价值增值理论及资源整合理论出发,对合作社采纳电商后农产品价值增值与分配的概念模型及相应假说进行理论演绎。理论构建为实证分析提供严谨的分析框架。

(4)计量分析法:通过建立计量模型,如 Heckman 模型、因子分析模型、多元回归模型、ESR 模型等,对合作社电商采纳行为以及电商采纳与合作社绩效(包括经营绩效、收入绩效和治理绩效)的相互关系进行分析。运用该方法的目的是识别合作社采纳电商的影响因素以及电商对合作社绩效的影响,检验理论假说,检验理论对现实的解释力,实现理论和现实的统一。

(5)案例分析法:案例分析法是用于回答"Why"和"How"问题、研究组织行为过程非常有效的研究方法,尤其适用于对合作社采纳电商这种新现象的探索性研究。通过典型案例分析电商情境下从"资源整合—价值增值—价值分配"的现实路径,厘清电商采纳对合作社绩效产生影响的内在逻辑,为提升合作社绩效和优化合作社治理机制提供理论依据,为电商情境下合作社的高质量发展和治理动向提供案例借鉴。

（6）比较分析法：比较分析法是发现问题和探寻因果关系的常用研究方法。通过横向比较电商采纳对合作社绩效，尤其是经营绩效、收入绩效和治理绩效的影响效应及其作用机制，分析电商采纳对合作社不同绩效的影响效应及其作用机制是否具有差异性。通过横向比较两家合作社在交易方式选择、资源整合程度、资源依赖关系和绩效变化等不同维面的相同点和相异点，分析电商采纳对合作社绩效影响的传导路径和本质规律。运用比较分析法发现电商采纳对合作社不同绩效影响存在差异的问题，并归纳提炼出电商采纳对合作社绩效影响的轨迹和规律。

五、研究思路与技术路线

本书遵循"提出问题—分析问题—解决问题"的逻辑思路并采取"立论—理论—实证—对策"的技术路线进行研究。在综述国内外研究现状和实地考察的基础上，首先，从数字化转型背景中提出合作社采纳电商的相关研究问题，讨论电商采纳、合作社治理以及合作社绩效议题的研究进展与研究价值，对合作社的发展现状和合作社采纳电商的现状展开分析，在技术采纳理论、组织治理理论、价值增值理论和资源依赖理论的基础上，构建合作社采纳电商的影响因素理论框架和合作社采纳电商的绩效影响效应理论框架，对研究对象进行理论研究。其次，构建合作社采纳电商的实证模型和电商采纳对合作社绩效的影响效应模型，运用 Heckman 模型和 ESR 模型进行实证检验，对研究对象进行实证研究，并运用案例对比研究方法，揭示合作社采纳电商后的经营绩效、收入绩效和治理绩效的实际表现和行为细节，对研究对象进行案例研究。最后，根据理论研究和实证分析提出促进电商采纳和合作社绩效提升的政策建议。本研究的技术路线详见图 0-1。

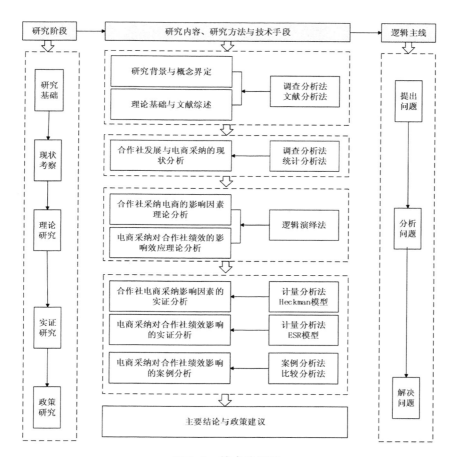

图 0-1　技术路线图

六、研究创新与不足

（一）可能的创新之处

第一，在研究视角上，本书从供应链视角出发，讨论电商采纳对合作社绩效的影响效应与机制，与已有研究从消费端分析电商采纳经济效应的原因不同，从供给端分析电商采纳对合作社组织生产和经营管理的内部变革进而影响合作社绩效,不仅丰富研究视角,还能更深层次剖析合作社采纳电商取得经济绩效的根本原因。

第二,在研究内容上,电商采纳在合作社绩效研究领域的研究尚无人涉及,本书使用由经营绩效、收入绩效构成的经济绩效和治理绩效共同反映合作社绩效水平,构建包括价值增值和价值分配两个层面的理论分析框架,并侧重于对治理绩效的影响进行讨论,提出了合作社通过采纳电商取得治理改善的可能路径,拓展和深化了合作社绩效和治理问题的研究。另外,合作社绩效的测度内容兼顾了合作社经济效益和发展规范,与合作社高质量发展的内涵更为契合。

第三,在研究方法上,一方面运用统计分析与案例剖析相结合的研究方法,加深了电商采纳对合作社绩效产生影响的解释力度和研究深度;另一方面选取 Heckman 模型和 ESR 模型进行实证分析,以尽可能克服以往研究忽视的可观测变量和不可观测变量对模型的内生性影响,保证研究结果的科学性和可靠性。

(二) 不足之处

第一,由于时间、精力和资源等调研条件的限制,目前本书仅对安徽省 6 市 326 家合作社的电商采纳决策和绩效影响效应情况进行了调查,由于全国各地的经济发展状况和电商运营环境存在差异,研究结论及提出的政策建议对于其他省份的适用性,还需要进一步讨论。

第二,限于研究主题,本书对合作社绩效的界定,只是基于合作社本质性规定和高质量发展要求着重强调从效率和公平原则两个方面进行概念化,合作社还有社会绩效、生态绩效等其他功能效益,研究中并未将它们纳入统一的理论分析框架,全方位评判合作社采纳电商的绩效影响效应还有待寻找更适宜的理论进一步拓展分析。

第三,通过调研发现,合作社理事长在合作社电商运营中的价值发现作用较为突出,且本书通过案例着重对比分析了电商采纳对采纳电商合作社绩效影响效应的区别和影响机制,而未采纳电商合作社、采纳电商后既无经济绩效也无治理绩效的合作社并未考虑在内进行统一分析,因此,从发挥合作社人力资本或企业家才能等视角,以及从丰富研究对象的角度,深化对合作社电商采纳的决策和绩效影响效应的研究也是以后需要进一步探讨的内容。

第一章　理论基础与文献综述

本章围绕合作社电商采纳和合作社组织绩效的主题,第一部分从技术采纳理论和组织治理理论、价值增值理论、资源依赖理论对合作社采纳电商及其绩效影响效应的理论基础进行阐述,具体包括技术采纳理论、创新扩散理论、交易成本理论、委托代理理论、价值增值理论和资源依赖理论等理论。目的是基于已有理论结合农产品电商和组织行为特征,为构建本研究理论分析框架提供理论支撑。第二部分对电商采纳、合作社治理以及合作社绩效的相关文献进行回顾梳理和归纳总结,通过文献述评,为本书研究理清现有研究边界和选择研究切入点提供文献支撑。

一、理论基础

(一)技术采纳理论

1. 理性行为理论与技术接受模型

理性行为理论(简称为 TRA)起源于对社会或消费者心理学的相关研究,是由美国学者 Fishbein 和 Ajzen(1975)提出的用于预测个体行为与行为意向的理论。该理论认为个体对行为的态度和行为的主观规范影响其行为倾向,进而影响其实际行为。其中,个体对行为的态度(A)是指个体在感知到该行为后果时,对该行为产生的积极或消极评价,行为的主观规范(S)是指个体感知到对他重要的他人认为其应不应该有这种行为的程度。该理论以行为人理性为假设条件,即个人可以由意志力理性控制自己的行为。理性行为理论被广泛应用于认知行为研究领域,主要侧重于对个人行为意向进行讨论。

　　由于理性行为理论具有开放性、简洁性特征,很多学者通过细化变量维度提高理论研究深度、加入情景变量增强理论适用性、纳入新变量进行模型扩展三个方面广泛拓展理性行为理论(于丹等,2008)。技术接受模型(简称为TAM)就是由 Davis 等(1989)拓展的将理论行为理论应用于信息技术采纳研究的理论模型。技术接受模型认为,个体的使用行为决定取决于个体对使用行为的态度(BI)和对使用行为感知的有用性程度(U),其中个体对使用行为的态度又取决于个体对使用行为感知的有用性程度和易用性程度(E)。而感知有用性和感知易用性这两个基本要素均受到外部变量的影响,感知有用性在受到外部变量影响的同时还受到感知易用性的影响。外部变量是指类似于系统培训时间等一些可测的因素。技术接受模型的主要框架见图1-1。技术接受模型具有操作简单、解释能力较强的优势,普遍适用于解释或预测信息技术等的使用情况。

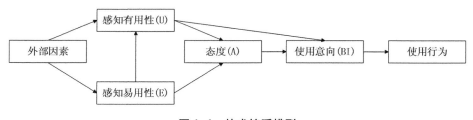

图1-1　技术接受模型

　　理性行为理论及技术接受模型的关键因素定义及其测量子项见表1-1。

表 1-1　TRA 和 TAM 关键因素的定义及测量

模型	关键因素	定义	测量子项
理性行为理论	态度	个体感知到该行为的结果及其对这些行为结果的积极或消极评价	1. 认为该行为是个好选择或者坏选择； 2. 认为该行为选择是明智的或者不明智的； 3. 对该行为结果的心理感受是喜欢或者不喜欢； 4. 对该行为结果的心理感受是愉快或者不愉快。
	主观规范	个体感知到对他重要的他人认为其应不应该有这种行为的程度	1. 能影响个体决策的人对该行为持肯定态度； 2. 对个体较为重要的人对该行为持肯定态度。
技术接受模型	感知有用性	个体使用具体系统时感知到提高其工作业绩的程度	1. 有助于提高任务完成速度； 2. 有助于促进工作绩效改进； 3. 有助于促使产出能力增加； 4. 有助于提高工作完成效率； 5. 有助于使工作更加容易； 6. 对我的工作很有用。
	感知易用性	个体认为能够很容易使用具体系统的程度	1. 是比较易于学习的； 2. 是比较易于使用它做想做的事情的； 3. 能够较为清晰明了地与使用者进行互动； 4. 与使用者交互的方式较为灵活； 5. 能够很容易熟练地使用它； 6. 发现使用它很容易。
	态度	个体感知到该行为的结果及其对这些行为结果的积极或消极评价	1. 认为该行为是个好选择或者坏选择； 2. 认为该行为选择是明智的或者不明智的； 3. 对该行为结果的心理感受是喜欢或者不喜欢； 4. 对该行为结果的心理感受是愉快或者不愉快。

2. 创新扩散理论与技术—组织—环境模型

创新扩散理论(简称为 IDT)是由弗雷特·罗杰斯(2003)从传播学的角度提出的将信息技术引入视为创新引入过程的经典理论。创新扩散理论认为信息技术扩散并被社会群体接受的过程就是个体或相关组织将新观念、新事物由特定渠道向社会体系持续传播的过程。具体而言,影响创新扩散的四大要素包括:创新、时间、沟通渠道和社会体系。在创新层面,新观念或新方法的相对优势越大(相对于它所替代的原始方法)、相容性越大(与现存价值观、经验和潜在使用者需求一致性程度)、复杂程度越低(理解和使用该创新的相对难度)、可试性越强(在有限的基础上进行试验的可行程度)、可察性越强(结果能被他人看到的程度),就越容易传播。在时间层面,创新的决策过程、采用速度和创新精神构成创新扩散的三个时间维度。在沟通渠道层面,人际传播在复杂创新的采纳速度上比大众传播更有优势,而大众传播在信息扩散的速度上比人际传播更有优势。在社会体系层面,社会体系结构、意见领袖、创新推广人员等均影响扩散过程。

Tornatzky 等(1990)在对创新扩散理论总结和批判的基础上进行了模型扩展,创立了技术—组织—环境模型(简称为 TOE 模型)。该模型在研究组织技术采纳时对外部环境的关注度提高,它认为影响组织行为的因素除了技术自身因素、组织内部因素还包括外部环境因素,从而该模型的分析视角更加全面。TOE 模型的技术特征来自创新扩散理论的五个创新因素特性,与组织技术采纳行为正向相关的是技术的相对优势特征、兼容性特征、可试验性及可观察性特征,与组织技术采纳行为负向相关的是技术的复杂性特征。TOE 模型的组织特征是指组织的不同类型、规模、基础设施等会对决策行为产生影响,公共部门、大规模组织、组织成员信息技术知识丰富等更有利于信息技术采纳。TOE 模型的环境特征涉及同行竞争、环境不确定性、政策法律、行业规则等因素,主要是指竞争者状况、合作者状况和政府支持行为等,较多的市场竞争者数目以及政策、税收或补贴上的政府支持均会促进信息技术采纳(Xu et al.,2004)。虽然 TOE 模型严格意义上不是一种理论,但是它具有较强的系统性,综合考虑了组织内外多种因素,在解释组织信息技术采纳上较有说服力。TOE 模型如图 1-2 所示。

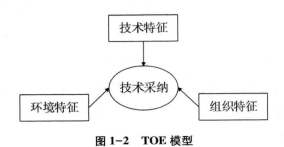

图 1-2   TOE 模型

　　理论启示:电子商务是在虚拟环境下实现农产品交易的具有信息属性的商业模式,合作社采纳电商是一种信息技术采纳行为。技术采纳理论为研究合作社电商采纳及其影响因素提供可借鉴的理论模型和应用成果。一方面,技术采纳理论包含 TRA、TPB(计划行为理论)、TAM 模型、TOE 模型、TTF 模型(任务—技术匹配模型)等理论内容,其中技术接受模型多用于对信息技术行为采纳影响因素进行研究,但研究主要针对个体行为,而技术—组织—环境模型多被用于解释组织的技术采纳行为,但可能忽略个体层面的重要变量,合作社作为特殊的经济组织,其采纳行为兼具组织和个体的双重特性,单纯使用单一的 TAM 模型或 TOE 模型无法全面地反映合作社采纳电商的影响因素。基于此,将两种模型结合起来整合成一个分析框架作为合作社采纳电商的理论基础更具合理性。学者们普遍认为,将两种或两种以上的技术采纳理论模型进行整合有助于提高模型的解释效力(周蓓婧和侯伦,2011)。另一方面,经典小农理论和古典经济学理论均支持农业从业人员或者农户"有限理性人"的前提假设,这表明,合作社采纳电商的行为决策受电商采纳带来收益的影响,合作社理事长或核心社员农户在进行运营决策时,由于受有限理性约束,容易受到自身主观偏好的影响,即通常以感知收益(收入或销售量的增加)进行主观判断产生积极或消极行为意愿,进而决定实际行为。因此,将行为受认知决定的技术采纳理论用于分析农业从业人员因主观感受而决定是否采纳电商也具有可行性。

（二）组织治理理论

1. 交易成本理论

交易成本理论是解释生产组织现象常见且有效的分析工具。在科斯（1937）发现和创立交易成本理论前，康芒斯和马克思等都对交易进行过研究，为科斯提出交易成本理论起到一定启示作用。康芒斯（1934）定义了交易的内涵并对交易活动进行分类。关于交易的内涵，他认为交易本质上是一种对自然物财产权利的转移，即人与人之间出让和取得所有权的关系，且交易应发生在具有利益冲突和依存关系的个人间，还应满足一定的规则秩序。关于交易的类别，康芒斯基于存在冲突、依存和秩序的交易过程，将交易划分为买卖型交易、管理型交易和限额型交易三种形式。其中，买卖型交易是以财富分配为目的，遵循稀少性原则，自愿进行的人与人之间的财产权利出让和取得，管理型交易是以财富生产为目的，遵循效率原则，上级依靠合法权力命令下级服从义务的财产权利转移，而限额型交易也存在类似于管理型交易中的上下级关系，但是，限额型交易是以法律上具有较高权威的正式代表人如政府等，强制性进行没有买卖也没有管理性质的财产权力转移，通过对财富或购买力实行限额配给，以"体现政策"或"公道"。康芒斯对交易概念的论述为科斯"发现"交易费用奠定了理论基础。在《资本论》第 2 卷中，马克思初步意识到交易存在费用问题，他指出流通费用也就是交易过程中因流通产生的各种费用，主要包括以下几种：买卖双方达成交易的时间、耗费劳动力和资料的簿记费用、货币磨损补偿费用、保管费用以及运输费用。然而马克思讨论的流通费用概念虽然深刻但与现代学者们讨论的交易费用概念并不等同。

科斯（1937）在批判反思原假设和总结借鉴前人思想的基础上，将交易与资产配置效率联系起来，他指出选择市场或企业的组织形式关键在于该资源配置方式能否实现交易成本最小化。市场运行客观上是存在交易费用的,当交易在企业内部运作产生的费用低于在市场上依照价格机制运作产生的费用时,资源的配置适宜采取企业的形式。科斯将交易成本客观存在这一事实引入经济学分析框架,打破了新古典经济学对市场交易零费用的假设,将交易成本定义为"利用价格机制的成本",但未能将交易成本概念进行可操作的量化。此后,威廉姆森(1985)对交易成本的构成作了较深入的分析,他将交易成本分为两种类型,一种是合约签订前由寻找、谈判等产生的促成交易的成本,一种是合约签订后由监督、执行等产生的保障履行交易的成本。具体来看,签订合约前的成本主要包括寻找潜在交易者相关资讯的信息成本、针对交易价格及商品质量等协商的谈判成本和草拟合约成本等。签订合约后的成本主要有四种,分别是:因交易方出现违约等不合作行为产生的不适应成本、为纠正签订合约后不履约现象产生的讨价还价成本、为解决双方纠纷而建立和运转治理机制的成本、为确保承诺兑现的保证成本。威廉姆森(1985)进一步从人的自身因素和交易层面的因素探讨了影响交易费用的主要成因。其中,人的自身因素是指现实中交易者客观上存在理性不足和追求机会主义的情形,交易因素是指交易的资产专用性大小、交易的不确定性大小、交易频率的高低以及潜在交易对手的多少。

虽然交易费用的测量较为困难,但威廉姆森(1985)对关键交易属性三个维度的描述,间接衡量了交易成本大小。一是资产专用性维度,资产专用性是指一项耐久性投资在转作其他用途时或者被其他人使用时,其资产生产价值损失的程度。这意味着一项资产的配置可能被锁定于某种特定交易,当一项资产在交易终止时越难改作他用,损失程度越大,资产的专用性就越强。根据威廉姆森的分类,六种形式的资产专用性较为常见,例如度量产品及设施等实物的物质资产专用性、度量场地适用或投入的场地专用性、度量品牌生产原料或建设投入的品牌资产专用性、度量由干中学产生的人力资产专用性、度量技术适用等的专项资产专用性以及度量资产的临时专用性。资产专用性会引起事前事后两种应对反应,在事前资产专用性较强的一方可能为了降低另一方半途终止交易的概率,而产生对另一方采取主动让利等行为的激励反应,在事后合作双方可能为了有效应对突发事件等调适管理方式而产生治理结构反应。二是交易不确定性维度,对于交易方来说,事前无法预测的原发型无序行为称为偶然事件不确定性,由于沟通不充分而难以了解对方行为信息的继发性不对称性称为信息不对称不确定性,由于机会主义而难以预见对方行为称为行为不确定性。当人们在交易过程中面临较多不确定性时,这意味着进行交易的两方当事人因合同中未协议事项发生进行谈判的概率增加,导致维持交易顺利进行的交易成本随之增加。三是交易频率维度,交易频率是指交易的一方与另一方就相同品型、规模的交易进行重复合作的次数,越是多次地、不断地进行交易,就意味着双方的交易频率越高,交易治理结构的费用越容易得到补偿,边际交易费用越低。威廉姆森的交易费用比较分析方法为交易的分类比较提供了分析思路。

理论启示:交易成本理论对本研究的启示在于,一方面为电商情境下,合作社与社员间交易类型的划分提供依据,根据交易双方买卖关系的不同,合作社与社员间的交易类型可以分别归属于市场交易、管理交易和限额交易的一种。另一方面为电商情境下,合作社与社员间交易类型的选择提供依据,由于不同交易情境下合作社与社员交易时面临的交易成本存在差异,合作社以交易成本最小化为原则来决定交易方式。由此,康芒斯对交易活动的划分以及科斯、威廉姆森对交易成本的界定与测量为本研究分析合作社与社员的交易方式选择提供了理论依据。

2. 契约理论

契约作为约束交易的制度,是与交易概念同步出现的分析工具。在资源配置过程中,由于不同交易类型的合约履行费用存在差异,契约理论基于交易费用最小化来讨论如何使资源配置更加有效,对交易方式的选择、交易者权力义务的约束等进行了详细阐述。实际上,契约理论的构成内容,就是将交易过程更具体化、深入化和可操作化的论述,契约理论结合治理结构的制度安排将交易与治理结构匹配起来。关于契约的内涵,它可被界定为交易的架构,具体而言,一是契约签订前、中、后的规定安排构成了整个交易过程,二是为保证交易顺利实施,契约围绕交易过程中可能出现的各种情况做了规定,是界定交易者权力责任关系的协议,三是不同的契约规制对应不同的交易类型,契约对交易双方承诺或义务界定上的区别,体现着交易者因交易环境不同而在交易过程上的差异。

首先,契约分三种类型。威廉姆森(1985)基于"三分法"将契约关系分为以下三种:一是古典型契约关系,这是一种将各种可能交易情况界定完备的理性型契约关系,交易双方在签订契约时能够将权力义务、争议和索赔等考虑周全并清晰度量写入条款中,当发生违约或争议时,通过援引法律或正规文件就可进行索赔,往往不考虑交易者的身份特征,一次交易结束后则契约关系终止。二是新古典型契约关系,该契约关系主要体现为制定合约时灵活地设置契约条款,当交易过程出现争议时,主张寻求第三方裁决来保证契约关系的维持。新古典型契约关系中契约规定的灵活性多是因为交易者采用的程序或交易本身存在较多不确定性,且新古典型契约关系中的交易双方较为注重交易的再次合作,强调建立一种长期契约关系。三是关系型契约关系,这种契约关系是一种比新古典型契约关系更为灵活的长期契约关系,交易双方在交易过程中出现争议或者利益冲突时,不依赖第三方裁决,立足现实需要进行内部协商或相机处理来解决问题,该契约关系也较为注重对双方依赖关系的维系与长期合作。

其次,威廉姆森指出负责交易行为与契约执行的组织管理结构是治理结构,包括以下四种形式:一是市场治理结构,其特点在于交易双方的合作行为和交易过程中问题均能够依据市场上已有的标准化合同规范进行治理。二是三方治理结构,该治理结构特点在于治理主体由签订契约的当事人和接受邀请的第三方仲裁组成,显然其治理的契约关系与新古典型交易关系相匹配。三是双方治理结构,其特点在于治理主体由签订契约的两方当事人构成,二者通过增加合作收益的方式促使双方自行管理和调整制度安排,以保证交易行为的重复性和交易关系的稳定性。四是统一治理结构,也就是纵向一体化的治理结构或企业治理结构,其特点在于将签订契约的双方所有权合并成为一个决策主体权力,通过不断地调适协议使交易者均实现利益最大化。这些不同形式的治理结构管理不同方式的契约安排,约束不同类型的交易过程。

最后,交易、契约和治理结构的匹配。根据契约理论对契约和治理结构的阐述,可以得知不同内容的契约设计将不同类型交易与不同形式治理结构实现了匹配(见表1-2),其匹配思想是交易双方基于交易成本最小化原则选择最为合理的治理结构。具体来看,以交易过程存在较高不确定性为前提假设,第一,在不涉及专用性资产交易时,无论交易频率较低还是较高,都属于古典契约关系,交易双方采用市场治理结构。第二,在涉及混合性资产时,当交易频率较低时,属于新古典契约关系,虽然交易双方都注重维持长期合作关系,但没有必要专门投入成本设立一个使用频次不高的治理结构,故采用三方治理结构;当交易频率较高时,属于关系性契约关系,采用双方治理结构。第三,在涉及较强的专用性资产时,一般交易频率也较高,属于关系性契约关系,一旦交易终止,交易双方寻找新合作伙伴的沉没成本较高,且重复交易导致矛盾增多,故为使交易成本最小化采用统一治理结构。

表1-2　交易、契约和治理结构的匹配

		投资特点		
		非专用	混合	特质
交易频率	偶然	市场治理	三方治理 (新古典式合同)	
	经常	(古典式合同)	双方治理	统一治理
			关系	合同

　　理论启示:契约理论对本研究的启示主要体现为,从契约是交易的构架出发,将合作社与社员的交易过程中体现出的制度性安排与治理结构联系起来,进而反映合作社采纳电商后因交易决定的治理绩效。契约理论的"交易—契约—治理结构"分析框架为本研究分析合作社采纳电商与治理绩效之间的机理关系提供理论依据,也为直接匹配交易类型与治理结构提供理论指导。与此同时,合作社与社员间的治理结构又决定了合作社嵌入农产品供应链后对产业链前后端资源的整合程度。统一治理模式下合作社对农产品产前、产中和产后均进行了资源配置安排,而市场治理模式下合作社对产中的资源配置安排参与较少甚至不参与,这导致不同治理结构下的资源利用程度和效用发挥存在差异,影响产业链价值增值,进而影响合作社经济绩效。因此,交易对治理结构产生的影响包括合作社经济绩效(经营绩效、收入绩效)和治理绩效,本研究在借鉴契约理论对合作社开展农产品电商的治理结构分析时,还吸纳价值增值理论进行进一步论述。

3.委托代理理论

　　委托代理理论是阐述缔约双方如何在信息不对称情境下实现合约设计与执行的理论(袁庆明,2014)。该理论产生源于对企业所有权与经营权相分离现象的研究,例如企业内部一种常见的委托代理行为就是企业所有者将企业经营权转让给职业经理但保留剩余索取权。从广义上看,委托代理是指缔约的一方通过转让部分权力和提供一定报酬使另一方代替其完成相应任务的行为。缔约双方因授权和被授权产生了委托代理关系,前者是授权指定任务的委托人,后者是为获取报酬完成任务的代理人。在委托代理关系中,契约双方是相互独立和以逐利为目标的"理性人",如企业的所有者是委托人,追求自身利益最大化,企业的经营者是受委托方雇佣的代理人,只拥有经营权并追求货币收入和非货币收入的最大化。委托代理关系中常常出现委托代理问题,也就是部分代理人存在忽视委托人利益甚至损害委托人利益以追求自身效用最大化的行为。

委托代理问题的产生主要包括信息不对称和委托人和代理人目标利益不一致两个方面原因。其一，契约双方间存在信息不对称问题，这为代理人不按委托人效用目标执行任务提供了便利。在委托代理关系中，代理人一般比委托人掌握执行相关任务和交易的更多信息，如职业经理比委托人更了解公司的运营情况，但委托人却难以直接评估职业经理的努力水平，也无法时刻观测到职业经理的运营行为，这形成了代理人机会主义行动的空间。其二，委托人与代理人的目标效用函数并不等同，构成了代理人行为决策损害委托人效用的逻辑起点。当任务委托人和代理人利益目标一致时，即使代理人行为不可观察也不用担心利益受损，反之则可能出现委托代理问题，在双方目标存在冲突时，代理人做出的决策可能会不利于委托人的利益，如企业期望员工努力工作而员工可能寻机偷懒。

委托代理问题可被分为道德风险和逆向选择两种基本类型，它们都是一种机会主义行为，指的是为最大化自身利益，具备信息优势的一方采取的行动损害了信息劣势一方的利益。其中道德风险源于事后信息不对称，是指发生于签约后的机会主义行为，由于代理人展现给委托人的行为后果不能直接反映其行为努力状况，其行为信息是不完全信息，则可能导致其存在损人利己行为。逆向选择源于事前信息不对称，是指发生于签约前的机会主义行为，由于委托人信息搜集与甄别成本高，这可能导致代理人存在向委托人传递部分信息和虚假信息的行为。委托代理问题的后果会产生以下三种代理成本：一是委托人激励或者监督代理人的费用支出，二是代理人为机会主义行为预留的保证金，三是因契约双方目标偏差造成的剩余损失。如前所述，委托代理理论的主要内容就是研究如何在非对称信息条件下设计出好的机制来防止利益冲突情境中的两种机会主义行为，合理激励或监督代理人行为（Jesen & Meckling，1976）。

理论启示：委托代理理论为分析合作社与社员间关系的逻辑前提奠定了

理论基础。由于现实中契约常常是不完全的,且信息不对称现象广泛存在,合作社组织中的契约关系也具有委托代理关系的特点。在本研究中,一方面,合作社与社员的农产品交易关系实际上可以转化为核心社员与经营者的委托代理关系,核心社员代表合作社监控社员农户按约定质量与数量提供农产品,但可能由于监管成本高而遭受欺诈损失。另一方面,合作社产权结构呈现典型的"核心—外围"型特征,合作社的运营实际上转化为核心社员受中小社员委托履行管理经营任务,核心社员在获取一定报酬的同时往往寻机侵占中小社员的利益。这揭示了合作社治理困境和剩余分配矛盾存在的理论逻辑。因此,本研究基于委托代理理论,通过分析电商采纳能否使合作社与社员的利益目标趋于一致,探寻实现合作社与社员双重委托代理关系上的激励相容机制,以达到既规范社员生产和参与行为,又保证合作社向社员返还加工、销售环节利润的目的,从而促使合作社高质量发展和切实提高农户利益。

(三)价值增值理论

传统价值链理论是迈克尔—波特(2005)提出用于分析价值增值活动的重要理论,该理论详细阐述了价值活动、价值链、价值等重要概念。首先,迈克尔—波特对企业内部与外部价值增加的环节进行了划分,一类是由企业生产与销售、交货与物流以及售后服务等构成的基本活动环节,另一类是由人员管理、研究与开发、采购、会计、法律等构成的支持性活动环节。在这些主体和辅助活动中,像研发设计、生产加工这种能够直接为购买者增加价值的活动属于直接活动,像产品维修与存储这种能够使购买者价值增加具有持续性的活动属于间接活动,像产品检测与返工这种能够确保各种活动质量的活动属于质量保证。其次,以上涉及生产与交货等的基本活动与涉及人事与财务等的支持性活动有机整合,实现各个环节不同程度的价值增值,这些价值增值活动形成了一个企业的价值链。最后,购买者对企业所销售产品实际支付的价格就是价值,而所有活动价值增值的总和构成了企业总收入。另一个比较有代表性的价值链分析工具为麦肯锡公司价值链框架,其价值链活动包括产品设计、营销与服务在内的六个行为,但对概念的界定和业务流程的分析不够全面。

一个企业的价值链活动可以被分解为战略上相关的活动单元。在基本活动单元的识别上,迈克尔—波特详细阐述了以下五种行为:一是企业的内部物流具体包括产品原材料的入库、中间品的存储或搬运,以及其他涉及收发分配与库存调度的活动;二是企业的生产作业具体包括产品的生产与加工、零配件组装与内外包装,以及其他能够完成产出的相关活动;三是企业的外部物流具体包括最终产品的仓储与发货、货运车辆安排,以及其他能够将产成品配送给购买者的相关活动;四是企业的市场销售具体包括产品定价、渠道分销、广告促销,以及其他增加产品受众和引导购买行为的活动;五是企业的服务具体包括产品安装与调换、使用方法培训与维修管理,以及其他能够保证产品价值实现和增值的活动。

根据迈克尔—波特的观点,每个价值活动或环节都产生价值增值,但不同价值链环节产生的价值增值程度不同,价值链上的"战略环节"对价值增值的贡献更多。如产品研发、销售和服务等对价值增值作用突出。按产品业务程序在价值链环节上的顺序安排,产品的原材料供给、研发与生产被视作"上游环节",产品的存储与运输、销售和服务被视作"下游环节"。微笑曲线理论进一步将产品概念提出、研发等划分为产品生产过程的上游阶段,将品牌管理至售后服务环节划分为生产过程的下游阶段,将生产阶段划分为生产过程的中间阶段,并指出上下游阶段比中游阶段创造了更高的产品附加值。微笑曲线是产业链、价值链研究的重要理论,常用于指导分析价值增值和产业链优化等领域。

理论启示:合作社与社员的交易与合作,使双方的资源禀赋在每个产业链环节上发生不同程度的整合,生产创造新的价值。从而农产品价值在产前研发到产后销售的整个过程中不断增值。基于此,产业链环节的价值增值,能够使用价值链分析工具进行理论指导。一方面,价值增值理论中对价值链环节的划分为本研究对农产品电商的价值链划分提供参照系,为简化分析,使用具有直接活动性质的基本活动、研究开发活动来构成农产品产业链的前端、中端和后端环节。另一方面,微笑曲线理论为合作社向前后延伸产业链的动力提供了理论依据,同时,也为合作社开展农产品电商的价值链增值阶段划分提供理论指导。根据农产品同质化、附加值低的特殊属性,农产品加工已经能在一定程度上提高较多附加值,因此本研究以价值增值理论为基础,结合价值增值幅度与农户参与程度,将农产品产业链上的价值增值阶段划分为价值发现(研发环节)、价值生产(生产环节)和价值创造(加工环节、物流环节、销售环节)三个阶段。价值增值理论为本研究分析合作社绩效影响效应的经济绩效理论视角提供新思路。

(四)资源依赖理论

资源依赖理论是分析组织间关系最有影响力的方法之一,其代表性人物是杰弗里·菲佛和杰勒尔德·R.萨兰基克(2006)。

菲佛和萨兰基克的基础观点是,组织的生存发展需要具备适应外部环境的重要条件,即能够持续地从外部环境中获取资源和利用资源。一方面,组织的运作需要物质、财政和信息等各种资源支持,但现实中每个独立组织并不拥有所需全部资源,它必须与其所处外部环境中的其他组织进行资源交换或者发生联系,才能确保组织运作得到充足的资源供应。另一方面,虽然组织对其外部环境资源具有依赖性,但由于环境不是既定不变的,组织对外部环境的适应也具有不确定性。当组织外部环境中的资源由于存在供求变化而具有一定稀缺性时,组织需要同时进行内部功能调整和外部环境管理以适应环境竞争。资源依赖观点认为,组织在尽最大可能克服环境中限制性和不稳定因素时可以选择多种战略性处理行为,这种处理行为包括对为组织提供资源和支持的团体采取简单的放弃和屈服等方法。

菲佛和萨兰基克的另一个观点是,组织依赖于其他组织,也被其他组织所依赖,其资源需求(供给)与外部环境中的组织供给(需求)是相互的,且当该组织对外部组织资源需求程度更高时,说明该组织对外部组织的依赖性更强,二者间形成不对等的权力关系。首先,由于组织一般不具备维持其生存与发展的全部支撑条件,在与其他利益目标的组织共同形成的社会系统中,就必然存在组织间资源的相互交换和双向依赖。其次,组织对特定资源的控制权是诱使其他组织参与合作的因素,也是维持自身生存发展的重要支持力量,参与联盟的其他组织对该诱使因素有需求,可以通过贡献另一特定资源的控制权进行交换。一个组织的诱使因素是否具有足够的吸引力,关键在于其他组织对该诱使因素产出价值和付出成本的评价,以及该联盟中具备相同诱使因素组织的竞争情况。组织间的资源交换并不具有长期稳定性,参与者会根据组织目标再次权衡诱使因素的相对价值,及时调整组织的加入或退出行为。再次,在参与联合组织时,成员通过提供报偿换取诱使因素,而贡献较大的成员拥有更强的组织指导和控制能力。这是由于联盟中不同成员的资源禀赋存在差异,参与者依据自身资源贡献的价值也就大小不等,那些能够提供更高价值要素的成员,或具有其他参与者最依赖要素的成员,就更有能力影响组织活动。最后,联合组织中的参与者随着交易和资源交换的持续合作,各参与者对组织影响力量的强弱显现出来,这是由成员间关联、贡献价值和诱使因素等共同决定的状态,影响力量越弱的成员越依赖其他成员的贡献、活动或者能力。

菲佛和萨兰基克进一步指出,评判联盟中参与者对其他参与者的依赖程度主要关注以下三个维度:一是资源重要性维度,即资源供给对组织存续的重要性,具体表现为当参与者的交换资源相对数量占比较高时,或者投入资源对利益产出的作用更关键时,组织运作对其依赖性更强;二是资源的分配和使用权维度,由于不具备所有权的个体也可能存在影响资源分配的行为,故当参与者拥有稀缺资源的实际使用权或资源分配的控制能力时,被其他参与者的依赖程度较高;三是资源控制力维度,资源控制力集中意味着组织生存所需资源的替代品较少,导致组织对该资源的依赖程度增加。

　　菲佛和萨兰基克还在借鉴霍利(1950)观点的基础上,将资源相互依赖关系分为竞争性关系、共生性关系或者两种形式共存的相互依赖关系。具体而言,竞争性关系是指如果一方取得较多的成果,那么另一方取得的成果就会少一些。共生性关系是指一方的产品或副产品能够用于另一方的生产中,这可能导致两者的运营盈亏趋势相同。在具体应用上,其他学者进一步对资源的依赖进行分类。Thompson(1967)将资源依赖分为以下两类:当交易另一方资源更稀缺或者难以被替代时,交易者对另一方的资源依赖属于外生性依赖,当交易双方控制的资源具有内在关联时,交易者对另一方的资源依赖属于内生性依赖。Madhok 和 Tallman(1998)又将内生性依赖和外生性依赖分别称为结构依赖和过程依赖。

　　理论启示:合作社与农户间的合作就是各自基于自身的资源禀赋以价值增值为目的进行资源整合的过程,也是双方从外部环境获取资源的过程,资源依赖理论正好为双方组织间关系提供分析的理论框架。例如,农户加入组织获得合作社提供的生产技术、信息咨询服务和销售渠道等,合作社需要农户提供市场所需的农产品,双方通过交易与合作实现资源整合,体现对外部资源的依赖性。资源依赖理论还为资源整合及价值增值后的价值分配提供分析视角,相对依赖关系决定了双方权力力量的大小,对分析合作社与社员间的博弈力量强弱研究具有重要的启示作用,它提示了合作社与社员间对剩余价值的索取是一个基于资源依赖决定的不对等关系造成的结果。资源依赖理论为合作社开展农产品电商后绩效影响效应中治理绩效的改善机理提供路径探讨。

二、文献综述

(一)关于农产品电商采纳的相关研究

　　关于农产品电商采纳的研究学术界已取得了较为丰富的研究成果。通过文献梳理,学者们主要围绕农产品电商采纳的影响因素和影响效应开展了相关研究。

1.关于农产品电商采纳的影响因素研究

国内外学者针对不同类型的采纳主体进行了大量研究,从研究成果来看,电商采纳影响因素的研究归纳为以下几个方面。

第一,基于农户层面研究电商采纳影响因素的成果最为丰富。一方面在研究视角上,部分学者专门从单一因素或多个因素深入探讨对农户电商采纳意向或行为的影响及作用机制,如 Davis(1989)和 Smith(2004)等认为感知互联网农业技术的有用性显著促进了农户的电商采纳行为。唐立强和周静(2018)运用样本选择模型实证研究了社会资本对农户电商采纳的作用效果以及以信息获取为中介的作用机制。曾亿武等(2019)基于江苏省沭阳县 895个花木农户样本数据,实证检验了以先前工作经验、创业经历和培训情况衡量的先前经验和社会资本对农户电商采纳行为的影响作用。李晓静等(2019)采用 Heckman 模型通过大众传媒渠道和组织渠道两个层面研究信息获取渠道对农户电商销售的影响。闫贝贝等(2021)实证检验了信息素养对农户参与电商的影响,且农户内在感知发挥部分中介作用,政府推广起正向调节作用。也有部分学者基于计划行为理论、理性行为理论、技术接受模型等将多种因素整合成一个总分析框架探讨对农户电商采纳意向或行为的影响。如郭锦墉等(2019)基于拓展的技术接受模型,采用 SEM 模型论证了网络外部性、主观规范以及感知有用性和易用性因素对农户采纳电商的影响作用。王艳玲等(2020)引入易接触性和经验两个变量拓展技术接受模型测度农户采纳电商平台意向的影响因素。另一方面在研究方法上,既有学者采用 logit 模型、SEM 模型和 Heckman 模型等的实证研究方法,也有学者运用定性研究方法如扎根理论等研究电商采纳的影响因素。如胡月莉等(2021)运用 Logit 模型研究了社会网络及其网络互动、学习维度对农户进行农产品电商决策的正向影响。汪兴东等（2021）通过构建 Heckman 模型探讨农村专业大户的电商采纳决策影响因素。周水平和谢培菌（2021）基于江西省 240 个农村专业大户样本和技术采纳模型，运用结构方程模型实证分析了各因素对电商采纳意愿的影响。侯振兴（2018）基于扎根理论研究方法讨论了农户和农产品企业管理者采纳电商的影响因素。

第二，在新型农业经营主体层面，除了描述性统计分析（薛岩等，2020），学者们多基于技术采纳的相关理论来分析其电商采纳的影响因素。如高恺和盛宇华（2021）拓展计划行为理论讨论了态度等认知因素、年龄等主体因素和电商经验等经营因素对新型农业经营主体的电商采纳意愿影响作用。吕丹和张俊飚（2020）通过整合 TRA、TTF 和 TOE 框架等技术采纳理论模型，田晓和闫晓改（2020）通过 UTAUT 理论模型都实证研究了各因素对新型农业经营主体的电商采纳影响作用。

第三，基于农业企业、家庭农场以及合作社层面研究电商采纳影响因素的文献相对欠缺。首先，在农业企业层面，现有文献多是针对非农企业电商采纳影响因素的研究（谢伟和李培馨，2012；Trang et al.，2016），而专门针对农业企业进行研究的文献不多。具体来看，国外学者对农业企业电商采纳研究较早并取得了一定的研究成果，如 Cloete 和 Dones（2008）发现调研的农业企业样本中有 55.4% 的企业采纳电子商务。Poorangi 等（2013）认为管理人员在开展农产品电商时，其对可试用性和可观察性的反思再次作用于其电商采纳行为，同时企业文化负面影响了其农产品电商采纳。Montealegre 等（2007）采用 Logit 模型研究得出有效获取市场信息等要素是农业企业成功采纳电商的决定性因素。国内仅有个别学者关于农业企业电商采纳影响因素进行了定量研究，如林家宝和胡倩（2017a，2017b）基于 TOE 框架分析并实证检验了技术因素、组织因素和环境因素对农业企业农产品电商采纳和吸收的影响作用，还基于制度理论分析制度压力对企业采纳电商的影响及作用机制（林家宝等，2019）。其次，在家庭农场层面，Mishra 和 Park（2005）等认为农场主的学历水平、农场的经营类别与规模、农场外的投资与收益、农场地理区位显著促进了互联网应用程序的采用情况。周勋章和路剑(2020)运用 Heckman 模型实证研究了家庭农场主的资源禀赋、电商认知对电商采纳行为作用效果显著。朱红根和宋成校(2020)基于全国 962 个种植型家庭农场样本数据,采用 Logit 模型研究了人力资本、社会资本与财富资本等多个因素对电商采纳行为的影响作用。最后,在农民合作社层面,刘滨等(2017)运用 Logit 模型对江西省 361 家合作社的农产品电商行为展开分析,结果表明影响因素涉及合作社负责人情况、合作社情况以及合作社的基本制度三个方面。

2. 关于农产品电商采纳的影响效应研究

目前国内外专门讨论农产品电商采纳影响效应的文献主要有两支,一支关注电商采纳对供应链层面的影响,另一支关注电商采纳对增收层面的影响。

从供应链层面来看,学者们认为电商采纳对供应链的生产、流通和销售环节均产生影响。首先,在生产环节,Baorakis 等(2002)认为网商采纳电商有助于通过提升搜寻收集和利用信息的能力来引导生产。李勇坚(2014)认为通过电商能够挖掘用户需求实现定制化生产。Montealegre 等(2007)认为农户采纳电商后会调整生产为消费者提供绿色优质农产品。李晓静等(2020)基于陕西、四川两省 686 户猕猴桃种植户的调查数据,运用 PSM 模型检验发现,电商采纳通过提升产品价格预期、经济收益水平、信息获取能力和追求正向社会评价的机制促进了种植户采纳绿色生产技术。他认为参与电商显著促进了猕猴桃种植户的绿色生产转型,且参与平台电商模式比参与社交电商模式对猕猴桃种植户绿色生产转型的提升作用更明显(李晓静等,2021)。其次,在流通环节,Bakos(1998)认为卖方采纳电商能够与买方直接进行匹配,排除分销渠道的中间商,还能在信息流通上降低搜寻成本,增加信息可及性和透明性(Varian et al.,2004)。Chirs 等(2016)认为农户通过电商网络资源与农产品等传统资源的结合,实现了与市场的有效对接。何大安(2018)研究发现以电商采纳为代表的互联网应用扩张消除了产品和服务流通环节的中间商。Gra-ham等(2004)和肖静华等(2015)研究发现农户采纳电商减少了农产品买卖中间环节,削弱了中间商的垄断地位,促进了农户致富增收。最后,在销售环节,Goldfarb和Tucker(2019)认为电商能够有效降低追踪成本和验证成本促进农产品交易。Lendle等(2015)认为电商使消费者的搜寻成本最小化。王胜和丁忠兵(2015)认为电商的整合优势降低产销对接的搜寻、匹配和信任成本,促进农产品销售。孙浦阳等(2017)认为电商使农产品跨越时空约束,扩展销售范围由特定地区向全国转变。以上众多研究表明了电商采纳对市场规模扩大具有促进作用(汪旭晖和张其林,2016)。除了扩大市场规模外,电商采纳还基于更强的用户黏性促使农产品交易市场更加稳定(Savrul和Cüneyt,2011)。

从增收层面来看,大部分文献对农户层面的电商增收效应进行了研究。一方面,大量学者肯定了电商采纳对农户的收入的正向影响。如郭美荣等(2017)通过总结归纳认为电子商务有助于实现产销对接提高农民收入,进而削弱城乡收入差距。Shimamoto等(2015)认为农产品电商通过减少搜寻成本和改善销售价格促进农户收入增长。曾亿武等(2018)运用PSM实证研究了电商采纳通过利润率和销量的提升对农户农业收入产生显著促进作用。李琪等(2019)认为,电子商务发展不仅促进当地农户增收,还显著促进周边地区农户增收,其中电商对当地农户增收的作用机制包括促进农产品流通、扩大农产品消费需求和带动当地关联产业的就业与发展。鲁钊阳和廖杉杉(2016)基于15个省级单位的2131份有效问卷,使用2SLS模型实证研究了农产品电商发展对其从业者的增收效应。邱子迅和周亚虹(2021)从需求和供给有效对接的角度实证检验了电子商务对农村家庭收入的促进作用。唐跃桓等(2020)基于电子商务进农村综合示范区准自然实验考察了电商对当地农户人均收入的正向影响,强调网店的建设和品牌的培育是主要作用机制。另一方面,也有部分学者认为对电商采纳的增收效应持谨慎态度。Fafchamps和

Minten(2012)认为物质、社会和人力资本等禀赋差异容易使电商在贫富阶层间产生"数字鸿沟",电子商务的"平台效应"较大程度地压低生产者剩余(Schwab & James,2016),难以提升农业生产者收益。进一步地,学者们指出电商采纳对不同农户增收的异质性效应。Terzi(2011)认为,长期来看欠发达地区比高收入地区从电商发展中获益更大。王瑜(2019)研究表明,电商参与对农户横向现实和纵向预期经济获得感提升效应显著,对贫困户和非贫困户的影响效应存在差异,其中在现实获得感方面电商参与对贫困户的正向影响大于对非贫困户的影响。总结原因主要包括采纳者资本禀赋差异、当地经济发展水平、政府支持力度、平台设施建设、对电商的利用程度等因素(曾亿武等,2018;李琪等,2019;邱子迅和周亚虹,2021;Bonfadelli,2002;薛岩等,2020;Waldfogel,2012)。还有学者研究了农产品电商对家庭农场增收的促进作用及影响机制(马彪等,2021),以及对创业和就业的影响(鲁钊阳和廖杉杉,2016;王金杰等,2019)。

研究述评:通过梳理相关文献,发现围绕农产品电商采纳的影响因素与影响效应,学术界已经进行了较为丰富的讨论,为本书的进一步探讨提供了有益的理论借鉴。而已有研究存在的不足之处在于:第一,大部分学者对电商采纳影响因素的研究主要是以农户或新型农业经营主体作为研究对象,以合作社为研究对象的专门研究较为缺乏。合作社经过十几年的发展已成为中国目前最为庞大的产业组织,辐射带动农村约一半的农户,其数字化实践对于推动农业农村数字化转型具有重要的引领示范作用,是带动农户搭载电商快车的重要载体,因此有必要对合作社电商采纳的影响因素进行研究。虽有个别学者运用 Logit 模型探讨了合作社电商采纳行为的影响因素,但仅关注了合作社内部影响因素,忽略了外部环境对合作社电商采纳的影响,也没有基于完整的理论框架进行系统且全面的分析。第二,现有文献对电商增收效应的研究对象也主要是针对农户进行讨论,没有涉及对合作社采纳电商的经济绩效影响效应研究,合作社是小农户嵌入供应链的中介组织,合作社采纳电商能否提高经济绩效和农户增收？产生增收效应的机制如何？尚有待进一步分析。第三，学者们研究发现电商采纳对农产品供应链层面及增收层面均产生影响，但尚未有学者从供应链视角研究电商采纳对增收效应的作用机理。电商对农产品供应链的变革与电商采纳主体的成本和收入有着直接的关系，电商采纳主体对农产品供应链从产前至产后各个环节的嵌入，必然引致自身资源配置、合作地位等各方面的改变，进而对农产品价值增值分配产生影响。对合作社来说，电商对供应链变革引起的资源配置变化，还会引起组织内部交易方式、交易关系的相应变革，从而对合作社组织内部治理即治理绩效产生影响。因此，从供应链视角构建电商采纳对合作社经济绩效和治理绩效的理论框架并实证检验具有重要理论和现实意义，既拓展电商采纳研究边界，也明晰合作社电商采纳的影响效应。

（二）关于农民合作社治理的相关研究

在合作社治理方面，早期学者们偏重于关注合作社发展或制度安排议题时对合作社治理进行附带性研究（Holloway et al., 2008；杜吟棠和潘劲，2000），随着对合作社治理研究的逐步深入，学者们围绕合作社的治理现状、存在问题及其产生原因、与国外合作社治理情况的比较及经验借鉴以及如何解决治理困境等开展了大量针对性研究（苑鹏，2014；马彦丽和孟彩英，2008）。由于电商采纳可能会影响到合作社的治理状况，且合作社治理也被视为影响合作社绩效的重要因子，因此，本书基于合作社治理的针对性研究，从合作社治理结构与机制、合作社治理的影响因素和合作社治理效应三个方面进行文献回顾。

1. 关于合作社治理结构与机制的研究

现有文献对治理议题本身的研究分为治理结构与治理机制两个层面。一个是关注合作社静态的组织架构，另一个是关注合作社动态的制度安排。在治理结构层面,首先,合作社是一种代表利益相关者的企业类型,其治理结构从属于企业治理结构(仵希亮,2013)。企业或公司治理结构一般是指组织形式的结构和运行机构。已有机构和文献对公司治理概念的界定如下,OECD的定义具有一定代表性:公司治理涉及公司管理者、董事会、股东和其他股东关系,旨在通过设置一套结构以便实现公司目标和确定实现手段,在执行过程中伴随着监管。Yin 和 Edward(2004)将治理结构界定为"合并了决策制定、操作控制和激励措施的一种组织设计",即治理结构明确了如何对组织进行控制,如何从组织中获取利益以及利益分配的方式(Bijman et al.,2012)。在此情况下,公司的治理需要通过设立包括股东、董事会和监事会的治理结构来行使控制权、决策权和监督权。而合作社又是一种特殊的企业组织,它既是企业,也是社员共同体,与"投资者利益导向"的目标不同,它反映"成员利益导向"的目标,因此,目前我国合作社的治理结构一般由社员代表大会、理事会和监事会组成。其次,在合作社治理结构类别上,Chaddad 和 Iliopoulos(2012)归纳了几种合作社治理结构的发展阶段,包括传统型合作社治理结构、拓展型合作社治理结构、管理型合作社治理结构、公司型合作社治理结构。拓展型模式详细区分了组织的决策管理与决策控制,而管理型模式特点在于管理层由理事会成员与专业管理人员合并构成,公司型模式在合作社完全拥有企业且二者能被清晰分割时采用。Chaddad 和 Iliopoulos(2012)进一步根据所有权和控制权的分离程度将合作社治理结构分为以下五个阶段,如图 1-3 所示。黄祖辉和徐旭初(2006)认为,基于治理结构的界定,其可以通过决策权的拥有者进行区分,而由于剩余控制权比剩余索取权更加重要,研究治理问题时也可以着重关注控制权情况。他们认为,合作社的治理结构是一种由能力与关系共同决定的治理结构。

在治理机制层面,学者们关于合作社治理机制的研究,实际上是探讨合作社如何实现有效治理的运行机制。主要从以下两个视角展开研究:部分学者从组织结构或权力结构的角度,将内部治理机制分为决策层面、激励层面和监

图 1-3 所有权安排与合作社治理结构

督层面的三种机制(苑鹏,2007)。DeLoach(1962)认为合作社决策效率不高的原因是"决策一致"原则。徐龙志和包忠明(2012)认为构建显性和隐性的激励机制有助于改善合作社治理,同时在合作社的创始与发展阶段、成长与成熟阶段,应分别以风险、合作精神与政治回报激励、公共服务激励、市场控制权激励、利益分配激励为主。Levay(1983)认为要适应市场需求,需引入外部理事制度机制,能一定程度上增强对合作社职能的监督。另一部分学者,从合作交易的视角对治理机制进行研究,主要包括契约治理机制、关系治理机制、混合治理机制、网络治理机制、双网络治理机制等。首先,关系与契约是合作社治理的两个重要治理机制,且近年来关系治理机制更受关注。杨灿君(2016)指出,关系治理机制是能人治理合作社的重要机制,能人通过利用熟人社会的信任惯习、与社员的互惠、社长和合作社的声誉、注重沟通和协调实现合作社的关系治理。张雪和郭伟和(2020)探究了关系型契约在合作社发展与治理中的实践机制,通过比较强、弱约前关系类型的治理效能,发现可信承诺是保证关系治理机制发挥有效的关键因素。其次,考虑到不同合作社发展阶段的环境不同,混合治理机制从动态视角对不同阶段契约治理、关系治理的选择进行分析。崔宝玉和程春燕(2017)将合作社划分为初创期、成长期和成熟期三个发展阶段,基于治理成本最小化,合作社对核心社员的治理选择依次为低契约高关系、中契约中关系、高契约低关系的治理机制,对普通社员的治理依次选择为低契约低关系、中契约中关系、高契约高关系的治理机制。黄胜忠和伏红勇(2019)将合作社不同发展周期分为合作社成立期和发展期,认为可以通过采取混合治理机制即兼具关系治理和契约治理的机制来改善信任困境,促进合作社发展。最后,在其他治理机制的研究上,管珊等(2015)认为合作社的治理结构本质上是一种关系网络,合作社通过构建"合作社+分社+技术员"的层级网络治理结构,实现合作社横向联合,进而建立组织内部信任关系的网络治理机制,促进合作社取得良好组织绩效。苏昕等(2018)探讨了合作社如何基于正式组织制度与非正式组织制度,利用经济网络与社会网络有机整合的"双网络"治理机制提升组织绩效。

2. 关于合作社治理影响因素的研究

从已有研究成果发现,学术界对合作社治理的影响因素研究可分为内部与外部两个方面。一方面,在内部影响因素上,一部分学者从社员层面讨论了成员异质性对合作社治理结构及机制的作用情况(Nilsson,2001),如邵科和徐旭初(2008)用社员入股额度来衡量成员异质性,研究得出成员异质性影响合作社治理结构的结论,并指出合作社不需人人入股,合作社社员也没必要均衡持股,但应尽可能保证理事会、监事会成员间的同质性。孔祥智和蒋忱忱(2010)认为,由于人力稀缺要素的发挥是治理机制的核心,以人力资本要素拥有量不同为参考变量的成员异质性,会使合作社治理机制的制度安排更注重人力资本要素拥有量的作用发挥。于会娟和韩立民(2013)则以要素禀赋差异为参考变量来衡量成员异质性,研究发现成员差异促使合作社的治理机制与产权安排偏向于拥有稀缺要素的一方。信任等社会因素在成员异质性合作社的治理中具有调节作用(Hansen et al.,2002)。另一部分学者从合作社层面讨论了合作社状态类型、交易类型、经济基础、制度与人文关怀等对治理结构或机制选择以及治理效应的影响,如吴彬和徐旭初(2013)认为合作社初始状态特征可以分为技术环境型和制度环境型两种特性,它们显著影响了合作社治理结构类型的选择。崔宝玉和刘丽珍(2017)认为社员与合作社间的交易类型对治理机制的选择具有决定性作用,在外围社员与合作社的个别交易、积极社员与合作社的重复交易、核心社员与合作社的长期交易中分别以商品契约治理机制、关系治理机制和要素契约治理机制起主导作用。杨光华和钱有飞(2017)发现生产要素投入分散降低股权集中度有助于实现民主管理。张社梅(2017)制度创新和人文关怀也是影响合作社治理的重要因素,在合作社起步和建设期,制度建设和创新能改善治理结构和提升管理效率,实现较高收益,随着合作社发展规模扩大,人文关怀等文化软实力带来的收益逐渐增加。另一方面,在外部影响因素上,冯娟娟等(2019)专门从经济环境的角度实证检验了改善经济环境有助于提高合作社治理效率。

3. 关于合作社治理效应的研究

针对本书研究,本部分对合作社治理效应的文献梳理主要从社员增收层面和合作社绩效层面展开。在社员增收方面,王真(2016)验证了社员制度、股权结构、决策方式和盈余分配四个治理机制对社员增收效果的影响,并指出封闭式的社员制度、理事长为第一大股东有益于社员增收,缺乏明确的盈余分配方式、过高的按股分红比例利于社员增收。张兰等(2020)认为农民股份合作社的治理机制(决策、激励和监督)是影响社员收入和满意度的关键,社员参与决策、政府扶持和"保底租金+二次分红"的剩余分配形式、有效的监事会及采取公开制度等均可促进提高社员的收入和满意度。张笑寒等(2020)认为合作社内部治理机制包括组织结构和决策、监督和激励机制,其中理事会中村干部和能人大户比例、外围社员决策参与情况、盈余分配规范等能显著正向影响农户增收。而现有研究关注合作社治理对绩效影响效应的文献较多,本书将在对合作社绩效影响因素的文献回顾中进行综述。

研究述评:从合作社治理相关研究成果发现,一方面,基于合作社治理结构或建立在组织结构上的治理机制来切入合作社治理议题是主流的研究方式,基于此,本书在分析合作社治理情况时从决策层面、激励层面和监督层面进行阐释。另一方面,已有的研究成果主要从社员层面和合作社层面探讨了合作社治理的影响因素,包括成员异质性、合作社的状态类型、交易类型、经济基础等,均反映了合作社内部因素对合作社治理的影响,但对合作社治理外部影响因素的探讨较少。研究电商采纳作为外生性技术冲击对合作社治理的影响作用,从合作社外部环境层面丰富了合作社治理的研究视角。

(三)关于农民合作社绩效的相关研究

国内外关于合作社绩效的相关研究已较为成熟。鉴于本书的研究主题是电商采纳对合作社绩效的影响及作用机制,研究思路是从供应链视角探究电商采纳对合作社绩效的影响效应,在此,本书从合作社绩效的测度和合作社绩效的影响因素两个层面对已有文献进行梳理与评述。

1. 关于合作社绩效测度的研究

关于合作社绩效的测度,首先,在绩效选择上,学者们普遍认为综合绩效要比单个绩效衡量得更为全面,绝大部分学者在研究合作社绩效时,均对合作社综合绩效进行研究,少数文献针对性强而选取单个维度进行研究。如徐旭初等(2013)专门测度了财务绩效,并基于合作社的基本情况、运营过程和绩效结果三个维度研究各因素影响路径。梁巧等(2014)以合作社经营收入来衡量合作社绩效,指出社会资本正向影响合作社绩效。王图展(2016)聚焦于以成员平均经济绩效衡量的合作社经济绩效,研究合作社的市场议价权和内部自生能力对成员经济绩效的影响。其次,在对综合绩效进行衡量时,学者们根据研究目的选择不同的理论基础对综合绩效进行测度,国外大部分学者基于效率评价法对综合绩效进行测度(Porter & Scully,1987;Albak & Schultz,1998),以及基于财务比率如利润率、投资报酬率等财务指标测度绩效水平并计较分析差异(Lerman & Parliament,2006)。国内学者较为经典的绩效测度包括基于投入产出理论、三重盈余理论、相关利益者理论、平衡计分法理论以及基于合作社功能的绩效评价体系。如浙江省农业厅课题组（2008）、徐旭初（2009）在阐明绩效评价原则和基本思路、方法的基础上，构建了包括组织运营、建设与发展、社员收益与社会影响五个方面指标的行为性和产出性绩效评价体系。赵佳荣（2010）基于企业社会责任理论，根据"三重底线"理论要求从经济、社会和环境三个层面构建合作社"三重绩效"的评价模式，其中经济绩效从经济规模和经营效益方面进行评价，社会绩效包括对农村经济发展和对社会事业建设的贡献，生态和环保绩效包括环境保护和资源利用。陈共荣等（2014）认为平衡计分卡为合作社绩效评价提供了理论和技术上的支撑，并围绕合作社战略目标从顾客、财务、内部经营以及学习与成长四个维度评价合作社绩效。黄胜忠等（2008）基于合作社经济功能和社会功能从盈利能力情况、业务增长情况（成长能力）和社员满意度三个方面来测度合作社绩效。后续既有文献多基于以上绩效评价体系或在以上评价体系的基础上进行拓展或有机结合来测度合作社绩效，故而合作社综合绩效测度维度可分为四大方式：一是基于投入产出理论体系（徐旭初和吴彬，2010；彭莹莹和苑鹏，2014），二是基于三重盈余理论（罗建利等，2019；董杰等，2020），三是基于平衡积分法理论（文雷，2016；张征华和汪娇，2018），四是基于合作社经济功能和社会功能（刘洁和陈新华，2015；万俊毅和曾丽君，2020；张颖等，2021）。还有学者基于满意度评价法对合作社绩效进行测度（杨丹等，2016）或者基于农户视角从社员收益方面来考察合作社绩效（郑文文和孟全省，2014）。再次，在综合绩效的内容上，大部分学者着重把经济绩效相关指标纳入综合绩效测量上，部分学者立足合作社功能和本质性规定等，强调绩效测度应包含合作社的社会绩效（章德宾和何增华，2017）、生态绩效（卿玲丽等，2016）、可持续发展能力（肖端，2016）、创新绩效（戈锦文等，2016）和交易绩效（崔宝玉等，2017）等。最后，在合作社绩效的测度方法上，既有文献的常用测度方法包括专家赋权法（罗颖玲等，2014）、层次分析法（张颖和赵翠萍，2021）、因子分析法（李道和、陈江华，2014），也有文献采用主成分分析法（邵慧敏和秦德智，2018）、熵值法

（张征华和汪娇,2018）、功效系数法（姚宗东等,2020）以及 DEA 方法（张征华等,2016）等进行测度。

2. 关于合作社绩效影响因素的研究

纵观已有研究,学术界对合作社影响因素的研究可分为内部与外部两个方面。其一,在内部影响因素上,学者们主要从社员层面、社会资本层面、理事长或人力资本层面以及治理层面探讨了对合作社绩效的影响,其中关注治理层面影响因素的文献比较丰富。在社员层面,林乐芬和顾庆康（2017）研究发现社员入社自由性、土地入社规模越大,对合作社绩效评价值越高,且具有区域异质性。王丽佳和霍学喜（2016）分析了社员异质性如事务参与、运营参与等对合作社绩效产生不同影响。还有学者分析了社员异质性对合作社利益分配的影响（Xiangzhi et al.,2015）。在社会资本层面,梁巧等（2014）指出合作社结构性、认知性社会资本均正向影响合作社绩效。廖媛红（2015）研究表明合作社内部社会资本通过集体行动中介机制正向影响合作社组织绩效。戈锦文等（2016）研究发现社会资本通过影响知识吸收能力对合作社创新绩效产生作用。邵慧敏和秦德智（2018）研究发现合作社关系信任和制度信任均有助于增加合作社绩效。张颖等（2021）研究表明合作社内部社会资本和外部社会资本均对合作社绩效产生正向影响。在理事长或人力资本层面,现有文献分别研究了合作社理事长胜任特征（黄胜忠和张海洋,2014）、企业家能力（彭莹莹和苑鹏,2014）、魅力型领导特质（戈锦文等,2015）、理事长人力资本（许驰和张春霞,2016）、企业家精神（张怀英等,2019）、职业经理人聘用（董杰等,2020）、农业经理人压力和素养（程亚等,2020;程亚等,2021）、职业经理人股权激励（陈锐等,2021）等对合作社绩效的影响。

在治理层面,现有研究普遍认同治理结构及机制是影响合作社绩效提升的重要因素（Cook,1995;Nilsson,2001）。部分学者从基于非组织结构的治理机制出发,如刘同山和孔祥智（2013）认为关系治理机制的运用与规范有助于合作社顺利成长。社会关系治理有助于促进合作社交易顺畅,进而优化组织和提高运营绩效。万俊毅和曾丽军(2020)认为合作社可以通过合约治理和关系治理两种机制显著促进经营绩效,且关系治理在合约治理与经营绩效间起部分中介作用。张益丰(2019)借助数理模型和多案例比较分析证实了社会关系治理机制对不同类型合作社的组织优化和运营绩效提升的关键作用。然而更多学者从合作社组织结构的机制出发来讨论对绩效的影响。Albaek和 Schultz(1998)研究表明,民主治理中一人一票的决策方式并不与效率相悖。Henehan 和 Anderson(1999)认为理事会规模会影响合作社绩效。杨丹等(2016)认为合作社治理结构是影响其服务绩效的重要因素。黄胜忠(2008)认为改善治理结构能够增进合作社绩效。徐旭初和吴彬(2010)指出合作社股权配置、监督方式、理事会结构等合作社治理机制均正向影响合作社综合绩效。文雷(2016)认为合作社退出机制、外部理事治理机制、内部监督机制和合作社成员异质性对合作社综合绩效产生影响。赵彩云等(2013)认为利益机制越健全,越对合作社综合绩效产生正向显著影响,其中利益机制包括利益联结机制、分配机制和激励机制。周振和孔祥智(2015)认为完善合作社盈余分配方式有助于提高合作社经营绩效。韩旭东等(2020)认为盈余分配制度通过激励相容机制增进合作社经营绩效。刘同山和孔祥智(2015)发现财务公开、成员退出等内部监督制衡对合作社绩效的直接影响显著,而向理事长集中的经营决策权和按交易量返还盈余的分配方式,对合作社绩效并不具有直接影响。邵科等(2014)研究发现股权集中和惠顾集中有助于提高合作社绩效,结构制衡如股权制衡和惠顾制衡并未提升合作社绩效,且成员参与管理有利于合作社改善治理结构和提升绩效。姚宗东等(2020)并认为外部委托代理人结构因在法人治理结构方面具有明显优势,如合作社社员人数多、理事会核心成员构成比例高、股权集中程度低、监督力度强等,导致较优的合作社绩效水平。此外,还有学者讨论了合作社组织规模(杨光华和朱春燕,2014;梁巧和白荣荣,2021)、组织结构(Meulenberg et al.,2004)对绩效的影响。

其二,在外部影响因素上,既有文献主要从政策环境和市场环境两个视角展开研究。Karami 和 Kurosh(2005)认为政府支持是影响合作社绩效的重要外部因素。苏群等(2019)基于浙江、江苏省种植业合作社调查数据实证分析得出财政支持提升了合作绩效。侯佳君等(2020)研究发现政府支持与干预均负向影响合作社绩效,外部交易环境间接负向影响合作社绩效。张征华等(2016)研究得出政府不同支持政策对合作社绩效影响效应存在差异,其中银行贷款、税收减免和财政补助对合作社综合经营效率影响正向显著,专项补贴、培训费用影响不显著。王图展(2016)研究得出外部市场结构如农产品供求、产业链环节议价权占优的合作社成员经济绩效更高。

研究述评:通过对合作社绩效相关研究的梳理,可以发现,首先,现有研究重心逐渐从构建合作社绩效指标体系与绩效评价转变为探讨如何有效提升合作社绩效,其中更偏向于基于治理结构的机制讨论如何对合作社绩效产生影响。如分析退出机制、监督机制尤其是激励机制如何对合作社绩效产生影响。其次,关于合作社绩效的影响因素,研究视角主要集中在合作社治理结构与治理机制层面,其中人力资本层面逐渐从理事长、企业家才能转为职业经理人的研究视角,但现有文献对合作社绩效外部影响因素的探讨相对较少且多集中在政策环境层面。根据已有文献,合作社绩效受合作社治理层面影响的重要作用毋庸置疑,但造成合作社治理困境的原因很大程度上在于,内部社员的禀赋特征存在较大差异且短期内较难改变,而外部环境却可能通过影响合作社管理进而作用于绩效,从客观实践上看,随着数字化场景的应用,合作社采纳电商后对农产品供应链的嵌入和整合日益深化,对自身组织方式和制度安排等治理层面产生一定变革,该电商语境下的合作社实践经验有待从学理上进行归纳研究,基于此,探讨外部环境因素对合作社绩效的影响及其机制具有浓厚的理论和实践价值。最后,合作社绩效的研究倾向于从多维度进行讨论,往往在经济绩效的基础上注重加入生态绩效、社会绩效或者交易绩效等进行综合分析,而随着乡村振兴战略的实施,对合作社高质量发展的要求更加强调组织的管理制度健全和运行规范,不仅重视经济绩效还更加注重治理绩效的提升,因此,以经济绩效和治理绩效两个层面反映合作社绩效并据以分析数字经济背景下电商采纳对合作社绩效影响效应,对中国合作社发展提供有益启示。

　　综上所述,学者们关于农产品电商采纳、合作社治理与合作社绩效的相关研究取得了丰富研究成果,奠定了本书的研究基础。在学者们留下的研究空间上,基于现实背景,本研究基于技术接受模型和组织—技术—环境模型从内外部层面分析合作社采纳电商的影响因素,并从供应链视角出发,构建电商采纳影响合作社绩效的理论框架,揭示电商采纳对合作社经济绩效和治理绩效的影响及其作用机理,最后通过计量模型和案例比较实证检验研究设想。通过本书研究,探明合作社采纳电商在促进农业农村数字化转型和实现农业农村现代化中的定位、作用和存在问题,以及对合作社绩效的作用机理,有助于促进合作社更好地发挥服务功能带动农户共享数字红利,同时,丰富电商采纳和合作社治理领域的理论研究。

　　　本章主要阐释了相关理论基础和综述了与研究主题相关的现有文献。第一部分介绍本书研究的理论基础,主要包括理性行为理论与技术接受模型、创新扩散理论与技术—组织—环境模型、交易成本理论、契约理论、委托代理理论、价值增值理论和资源依赖理论,并阐述了以上理论对本研究的启示,主要体现为技术采纳理论和创新扩散理论为研究合作社电子商务采纳行为及其影响因素提供可借鉴的理论模型和应用成果,交易成本理论为合作社交易方式选择提供了理论依据,契约理论为合作社交易决定治理与绩效提供理论依据,委托代理理论阐明了合作社价值分配的前提逻辑,为分析合作社核心社员与普通社员间的合作关系提供理论依据,价值增值理论为本研究分析合作社经济绩效提供理论新思路,资源依赖理论为本研究分析合作社治理绩效提供理论启示。第二部分主要对电商采纳、合作社治理以及合作社绩效的相关文献进行梳理:一是关于农产品电商采纳的影响因素研究和关于农产品电商采纳的影响效应研究，二是关于合作社治理结构与机制的研究、关于合作社治理影响因素的研究和关于合作社治理效应的研究，三是关于合作社绩效测度的研究和关于合作社绩效影响因素的研究。本章的最后，基于现有研究的不足和现实背景提出本书可拓展的研究空间。

第二章　农民合作社发展与电商采纳的现状分析

前文通过介绍本书研究背景,梳理现有理论观点,综述合作社采纳电商、合作社治理与合作社绩效的相关文献,构成了本书的研究基础。本章对农民合作社发展与电商采纳现状展开系统分析,分别从全国层面和省域层面探讨农民合作社的发展进程、电商发展的环境审视以及合作社电商采纳的经验现象,其中省域层面主要基于安徽省实地调查数据分析了合作社的基本情况、治理与运营情况和合作社电商采纳情况。本章内容概要描述了合作社电商采纳的现实背景和基本特征,为后文理论构建和实证分析提供了现实依据。

一、农民合作社发展与电商采纳的现实考察

(一)合作社发展的实践进程

合作社是农民群众自愿联合、民主管理的互助性经济组织,是活跃在农业农村领域中的重要市场主体。自《中华人民共和国农民专业合作法》颁布后,我国合作社蓬勃发展,表现为合作社数量和规模快速增长。根据国家工商行

政管理总局公布的统计数据①,从 2007 年到 2020 年,合作社的数量从 2.64 万个增加到 224.1 万个,增长了 83.88 倍,其中在 2012 年之前合作社数量每年增长 10 万个左右,在 2012 年到 2018 年合作社数量每年增长 20 万个左右,2019 年和 2020 年,合作社数量分别增长了 2.8 万和 4 万,这与国家对合作社发展的扶持和管控是密切相关的。合作社的快速发展得益于 2007 年后国家相关部委对合作社出台的一系列支持发展政策,而近年来合作社发展速度趋缓的原因很大程度上在于,2019 年国家全面开展了合作社专项清理工作,强化了对合作社的规范管理。在合作社发展过程中,学者们均指出了合作社数量剧增的同时仍然面临空壳虚假合作社大量存在、综合绩效不高等(潘劲,2011;孔祥智,2019)发展质量问题。

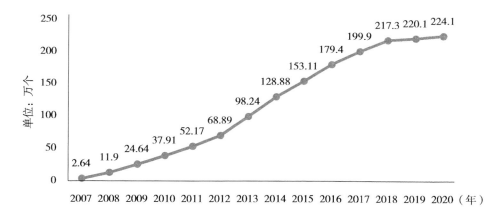

图 2-1　2007—2020 年全国农民专业合作社数量

① 在全国合作社登记数量上,国家市场监督管理总局与农业农村部及《中国农村经营管理统计年报》等的统计数字并不一致,前者统计数字一般高于后两者,其中年报中农民专业合作社数量略低于国家市场监督管理总局掌握的在工商部门登记注册的合作社数量,主要是因为西藏自治区和深圳市、国有农垦企业未被纳入统计范围,部分已进行工商登记但未实际运行的合作社数量没有被纳入统计范围。不同的统计口径虽然统计数量不同,但在反映合作社数量增长趋势上是相同的。因此,由于数据来源限制,本书在讨论合作社数量变化趋势时,不对这些来源的统计数据进行过度区分。

合作社的生产经营和内部管理仍存在弱项短板。在生产经营上,合作社品牌质量意识较弱,根据《中国农村合作经济统计年报 2019》统计数据,在 2019 年,虽然全国合作社数量庞大,由合作社统一组织和销售的农产品总值达到 6945 亿元,但拥有注册商标的合作社占比为 5.46%,通过农产品质量认证的合作社占比为 2.59%。在业务服务上,主要开展运销和加工业务的合作社数量较少,统计数据显示,从事产加销一体化服务的合作社占全国合作社比例为 53.86%,以运销和加工服务为主的合作社分别占比为 4.34%、3.11%。在内部管理上,合作社规范化管理不足。从盈余分配额度上来看,全国合作社经营收入为 5864 亿元,用作可分配的合作社盈余为 840 亿元,按交易量返还给社员的盈余总额为 466 亿元,占全部经营收入的比例为 7.95%。从盈余分配合作社数量来看,按交易量返还社员盈余的合作社占全国合作社比例为 19.09%,按交易量返还社员 60%以上可分配盈余的合作社占全国合作社比例为 14.79%。

(二) 合作社电商发展环境审视

从合作社电商发展的政策环境来看,2015—2021 年,促进农村电商发展的相关政策文件不断发布,为合作社采纳电商创造了良好的外部政策环境。一方面,政策文件要求各地政府通过提供电商配套或资金支持等方式,培育合作社等新型农业经营主体建设完善互联网销售体系。如 2015 年农业部等印发的《推进农业电子商务发展行动计划》,2016 年农业部等印发的《"互联网+"现代农业三年行动实施方案》,2017 年商务部等颁发的《关于深化农商协作大力发展农产品电子商务的通知》,2018 年中共中央、国务院颁发的《关于实施乡村振兴战略的意见》,2020 年农业农村部等印发的《"互联网+"农产品出村进城工程试点工作方案》和《关于做好 2020 年农业生产发展等项目实施工作的通知》等,均提出支持合作社等新型农业经营主体引入电商要素,促使其发展为具有竞争力的农产品产业化运营主体和农业电子商务市场主体。以上多个文件均指出当地财政应为提升新型农业经营主体技术应用和生产经营能力提供资金支持。

另一方面,政策文件还要求当地政府优化电商应用的配套设施环境,并完善电商应用规范,其中电商配套设施包括网络基础设施、物流配套设施等。如在网络基础设施环境方面,2018 年工信部印发的《关于推进网络扶贫的实施方案(2018—2020 年)》提出各地政府应推进网络基础设施建设,保障低成本的网络服务和各类网络需求。在物流配套设施环境方面,2016 年商务部等印发的《全国电子商务物流发展专项规划(2016—2020 年)》、国务院办公厅印发的《关于深入实施"互联网+流通"行动计划的意见》均要求推进电商与物流快递协同发展,从配送效率和配送成本等方面优化发展物流设施环境;2020 年农业农村部印发的《关于加快农产品仓储保鲜冷链设施建设的实施意见》对物流设施环境中的冷链仓储物流提出建设意见,从减少生鲜产品产后损失和稳定产品附加值等方面为农产品出村进城提供流通保障。在电商应用规范方面,2016 年商务部印发的《农村电子商务服务规范(试行)》从农村电商公共服务中心、培训体系、物流体系、供应链体系、营销服务体系和服务站体系六个方面提出建设县级农村电商公共服务体系的指导意见;2017 年商务部等印发的《关于深化农商协作大力发展农产品电子商务的通知》进一步推进了农产品电商业务相关标准体系的建设。

从合作社电商发展的村镇环境来看,合作社电商采纳的村镇环境越来越具有外部经济性。2013 年以前,电商技术在东部沿海城市应用和发展较快,随着电商从沿海城市向全国区域的扩散,电商采纳逐渐向农村领域渗透。2013 年 6 月,浙江省丽水市遂昌县王村口镇建成全国第一个农村电商服务站,标志着电子商务开始从城市走向农村。随后,全国范围内的淘宝村和淘宝镇数量不断增加,在本村镇形成产业集群效应,为电商采纳提供了良好的村镇环境。根据统计,截至 2020 年 6 月,中国的淘宝村数量为 5425 个,较 2019 年增加 1115 个,这些淘宝村分布于全国 28 个省(区、市)内,中国的淘宝镇数量为 1756 个,较去年增加 638 个。在经济效益上,全国淘宝村、淘宝镇的年销售额超过 1 万亿元,带动了 828 万个就业机会。①

---

① 统计数据由《农产品电商出村进城研究:以阿里平台为例》报告得出。

从合作社电商发展的市场环境来看,合作社采纳电商的市场环境具有较大发展潜力。首先,全国范围内网络用户规模较为庞大,由《中国互联网络发展状况统计报告》(第 47 次)可知,截至 2020 年底,全国网络购物用户规模为 7.82 亿,占网民总规模 9.89 亿的 79.1%。其次,我国网络零售市场空间不断扩展,农产品上行潜力高。自 2013 年以来,我国网络零售市场规模不断扩大,且连续八年成为全球最大的网络零售市场。2020 年,全国网络零售额达到 11.76 万亿元,与 2019 年相比增幅为 10.9%。最后,作为一种销售农产品的新兴手段,电商在促进农产品上行上取得重大进展,进一步打开了农村网络零售市场空间。据阿里研究院数据显示,2020 年全国农村网络零售额为 17900 亿元,与 2014 年的 1800 亿元相比,规模增长了 8.9 倍。其中农产品网络零售额高达 4158.9 亿元,占农村网络零售总额的 23.2%,同比增长了 26.2%,带动 306 多万贫困农民实现增收。

以上电商发展的政策环境、村镇环境和市场环境为合作社搭载信息化快车带来良好机遇,有助于促进其通过电子商务进行农产品交易变革。

(三)合作社电商采纳的基本特征

从合作社电商采纳的广度来看,虽然合作社采纳电商的增长速度较快,但采纳电商的合作社数量较少。根据农业农村部统计数据,在 2018 年全国已注册登记的合作社中,利用互联网等开展电商销售等业务的合作社有 19884 个,占合作社总数比例为 1.05%,比 2017 年增长 21.1%。而在 2019 年全国已注册登记的合作社中,利用互联网等开展电商销售等业务的合作社有 39194 个,占合作社总数比例为 2.03%,比 2018 年增长 97.1%。

从合作社电商采纳的深度来看,以网络销售为主要销售渠道的合作社比例不高,且与其他新型农业经营主体相比,合作社采纳电商的概率低于农业龙头企业。根据《新型农业经营主体发展指数调查报告》,在 2016 年采纳电商的新型农业经营主体中,采纳电商的合作社占有效样本比例为 29%,采纳电商的家庭农场占有效样本比例为 20%,采纳电商的种养大户占有效样本比例为 22%,采纳电商的农业龙头企业占有效样本比例为 41.78%。在销售渠道上,合作社的产品销售渠道主要为批发市场、个体商贩和农业企业等,选择以网络销售为主的合作社仅占比 2.14%。

从合作社电商采纳的设施支持来看,合作社的农业信息化程度相对较高,采纳电商的基础网络设施已经基本完善,部分合作社具有电商采纳意向。根据《新型农业经营主体发展指数调查报告》,2016 年,16.38%的合作社附近存在益农信息社,39.06%的合作社理事长听说过 12316 信息服务平台,21.56%的合作社对外发布过农业生产经营相关信息。在基础网络设施上,平均每家合作社拥有电脑数量为 2 台,62.48%的合作社全部实现 Wifi 覆盖,22.40%的合作社实现部分 Wifi 覆盖,仅有 15.12%的合作社全都没有覆盖 Wifi。另外,20.37%的合作社拥有自己的网站、微信公众号以及其他新媒体平台,42.74%的合作社打算发展农产品电子商务。

从合作社电商采纳方式来看,合作社网上销售农产品或生产资料的方式主要包括三种形式:入驻第三方电商平台、自建门户电商网站和自建手机 App。其中入驻第三方电商平台进行网上销售的合作社数量最多,占比约为 69.1%。且合作社在销售农产品时其采纳电商方式与普通农户存在差异,普通农户更倾向于使用 App 等移动互联终端进行网上销售。

二、安徽省农民合作社发展与电商采纳的典型事实

(一)安徽省合作社发展的实践进程

安徽省位于我国华东地区长江三角洲腹地,滨江近海,拥有相对丰富的农业资源,是我国典型的农业农村大省,为合作社发展创造了良好的发展条件。

根据图 2-2 可以发现,安徽省合作社发展与全国合作社发展情况具有相似性,自 2007 年《中华人民共和国农民专业合作社法》颁布以来,安徽省结合本地实际不断发布税收、补贴和贷款等方面促进合作社发展的便利性政策与配套方案,安徽省合作社规模也不断壮大,发展速度迅猛,合作社数量已由 2007年的 0.087 万个增长至 2019 年的 10.345 万个。在增长速度上,与全国合作社增长态势相同,安徽省合作社于 2002—2012 年属于缓慢增长期,于 2012 年之后进入井喷快速增长期,于 2018 年之后步入平缓增长期。安徽省示范合作社数量也在逐年增长,根据 2015—2018 年《中国农村经营管理统计年报》,安徽省被农业主管部门认定为示范社的合作社数分别为 6628 个、7607 个、8624 个和9602 个。由图 2-2 中安徽省农民合作社占全国农民合作社比重趋势图可知,自2007 年以来安徽省合作社占全国比重呈增长趋势,说明安徽省合作社数量增长速度快于全国平均增长速度。因此,在国家乡村振兴战略实施背景和机遇下,安徽省合作社也进入由数量增长转向质量提升的高质量、高效益发展关键期。

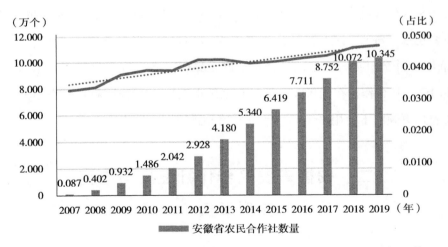

图 2-2　2007—2019 年安徽省农民专业合作社数量及占比　单位:万个,%①

————————

①　统计数据来源于对《安徽农情手册 2014》、安徽省农业委员会统计资料、《中国县域统计年鉴 2014·乡镇版》以及《中国农村经营管理统计年报 2019》的汇总整理,另外安徽省 2019 年合作社数量来自周平(2019)截至 2019 年 7 月底的数据收集,其他年份均统计至每年 12 月。

（二）安徽省合作社电商发展环境审视

首先,安徽省积极实践促进农产品电商发展环境改善的试点工程,高度重视创造电商发展的有利环境,有助于改进对合作社采纳电商的服务支持。一是为发挥电子商务在优化资源配置上的作用,促进区域电子商务快速发展,2014年安徽省创建了合肥市、芜湖市两个国家级电商示范城市。二是为加快网络基础设施、线下服务平台、物流体系、品质溯源体系、金融服务体系等建设,自2014年以来,安徽省基本实现了省内52个县电子商务进农村的全覆盖工作,如表2-1所示,这对加快做好农村产品上行、推进乡村电商服务站点建设等方面起到积极作用。三是在2020年"互联网+"农产品出村进城工程110个试点县中,安徽省宿州市砀山县、六安市金寨县、阜阳市颍上县三个县区入选。该试点工程旨在要求发挥"互联网+"对产业化运营作用,以推进农产品产业链上各环节的高效协同为目标,将合作社、农业龙头企业等组织培育成有竞争优势的县级农产品产业化运营主体,完善农产品供应链和电商销售服务体系等。四是为缩小城乡数字鸿沟,全面推进数字乡村快速发展,在2020年中央网信办等七部门组织开展的数字乡村试点工作中,安徽省合肥市长丰县、宿州市砀山县、黄山市歙县、六安市金寨县四个县区入选数字乡村试点地区。

表2-1　国家级电子商务示范县

年份	示范县（区）
2014 年	巢湖市、怀远县、歙县、霍山县、绩溪县、芜湖县、石台县（7 个）
2015 年	明光市、舒城县、岳西县、广德县、无为县、金寨县、桐城市、砀山县（8 个）
2016 年	颍上县、泗县、寿县、霍邱县、濉溪县、东至县（6 个）
2017 年	利辛县、萧县、灵璧县、临泉县、阜南县、潜山县、太湖县、宿松县、望江县（9 个）
2018 年	颍东区、裕安区、怀宁县（3 个）
2019 年	砀山县、太湖县、霍邱县、泾县、界首市、枞阳县（6 个）

年份	示范县（区）
2020 年	金寨县、霍山县、固镇县、繁昌县、蒙城县、太和县(6 个)
2021 年	当涂县、庐江县、五河县、南陵县、黟县、涡阳县、宁国市、天长市、桐城市(9 个)

注:2018 年潜山县设为县级市。2019 年广德县、无为县设为县级市。

其次,结合本地实际,安徽省出台一系列指导文件支持电商发展,改善了合作社采纳电商的政策环境。2015 年发布的《安徽省人民政府办公厅关于大力发展电子商务加快培育经济新动力的实施意见》提出,要在财政、税收、用地、金融以及人才方面加大对电商发展的支持力度。2016 年发布了《安徽省人民政府关于推进"电商安徽"建设的指导意见》,该《意见》在培育电商相关主体、促进电商应用、建设基础设施、完善服务体系和促进电商创业五个方面提出指导要求,并提出从财政支持、税收政策、用地支持和金融支持四个方面提供政策支持。2018 年安徽省人民政府办公厅发布的《关于推进电子商务与快递物流协同发展的实施意见》提出,要推广发展"电商+快递"产业园模式,完善电子商务快递物流网络和农村配送网络,引导资金支持快递物流园区建设等。2020 年安徽省人民政府办公厅印发《农村电商提质增效工作方案》,聚焦农产品上行,在资金支持、人才支持、金融支持和购买支持方面提供政策保障。

最后,安徽省电子商务发展支持配套设施环境不断优化,同步改善了合作社采纳电商的设施支持环境。根据《2020—2025 年中国安徽省电子商务园区市场前景预测及投资规划研究报告》数据显示,安徽省 16 市共有 101 个电子商务园区,每个市都建有电子商务园区,其中合肥市、六安市、安庆市、芜湖市和滁州市分别有 17 家、10 家、10 家、8 家、8 家,黄山市、铜陵市和淮南市均有 2 家。且安徽省部分电子商务园区发展情况良好,目前共有 4 家商务园入选国家电子商务示范基地,合肥(蜀山)国际电子商务产业园于 2012 年第一批入选,安徽青年电子商务产业园和安庆智慧产业园于 2015 年第二批入选,金寨大别山农产品电商产业园于 2021 年入选为增补国家电子商务示范基地。

整体来看,安徽省农产品电商发展较为繁荣活跃。根据《农产品电商出村进城研究:以阿里平台为例》可知,在 2020 年全国农产品电商销售额排名中,位于前十的省份分别为浙江、江苏、广东、山东、上海、福建、安徽、四川、北京和云南,安徽省排名第七。在 2020 年脱贫县销售额排行中,宿州市砀山县(水果)排名第三。在 2021 年农产品电商百强县名单中,安徽省共有 4 个县上榜,宿州市砀山县位于第 30 名,黄山市歙县茶叶位于第 64 名,黄山市祁门县茶叶位于第 71 名,六安市霍山县茶叶(黄芽)、石斛位于第 80 名。

(三)样本合作社电商采纳的实地调查

课题组以问卷调查的形式对安徽省农民合作社进行了实地调研。调研选取样本为安徽省合肥市、阜阳市、蚌埠市、宿州市、六安市和淮南市的农民合作社,从样本所在地区的经济发展水平来看,2019 年,合肥市、阜阳市、蚌埠市、宿州市、六安市和淮南市的地区生产总值分别位列安徽省 16 个市的第 1、第 4、第 7、第 8、第 11 和第 13 位[①],分别代表了安徽省经济发达地区、中等发达地区和欠发达地区,具有较好的代表性。调查的合作社涉及粮食种植类、特色种植类和养殖类等不同类别,涵盖不同社员、土地和注册资金等规模,合作社负责人也涉及不同年龄、学历和任职时长等,调查数据具有广泛的代表性,基本能够代表安徽省合作社的基本状况。

1.合作社基本情况

在调研的 300 家样本合作社中,粮食种植类合作社为 147 家,占合作社总数的 49%,说明安徽省农民合作社以粮食种植类合作社为主。特色种植类合作社为 81 家,占合作社总数的 27%,种植品种包括西瓜、草莓、无花果等特色

---

① 排名由 2020 年《安徽省统计年鉴》中统计数据整理得出。

水果和芦笋、南瓜、马铃薯、花生、香菇等特色蔬菜,以及药材、红芋和茶叶等。养殖类合作社为72家,占合作社总数的24%,养殖品种包括生猪、鸡鸭鹅等家禽、蜜蜂以及水产养殖等。

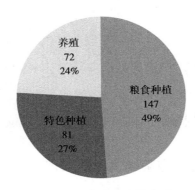

图2-3　样本合作社类别

在调研的300家样本合作社中,社员人数在5人及以下的合作社为115家,占合作社总数的38.33%;社员人数在5人以上20人以下的合作社为144家,占合作社总数的48%,其中社员人数为6—10人的合作社较多;社员人数在20人以上150人以下的合作社为33家,占合作社总数的11%,其中社员人数在30人的有10家合作社;社员人数在150人以上的合作社为8家,占合作社总数的2.67%,社员人数最多的合作社为360人。由此可见,合作社社员规模普遍较小,社员人数在20人及以下的合作社占比为86.33%,其中社员规模为5—20人的合作社最多,这表明绝大部分合作社的成立和运行服务的农户群体均较少,这与多数学者反映合作社发展质量不高的现状较为吻合。

在调研的300家样本合作社中,土地规模在50亩以下的合作社为70家,占调研样本合作社总数的23.33%,土地规模在50亩以上200亩以下的合作社为125家,占调研样本合作社总数的41.67%,土地规模在200亩以上1000亩以下的合作社为75家,占调研样本合作社总数的25%,土地规模在1000亩以上10000亩以下的合作社为27家,占调研样本合作社总数的9%,土地规模

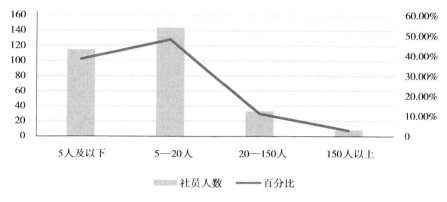

图 2-4　合作社社员规模

在 10000 亩以上的合作社为 3 家,占调研样本合作社总数的 1%。由此可以发现,样本合作社中,土地规模在 50 亩以上 200 亩以下的合作社规模占大多数,65%的合作社土地规模小于 200 亩,90%的合作社土地规模小于 1000 亩,合作社规模普遍不大。

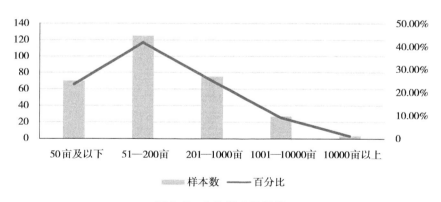

图 2-5　合作社土地规模

在调研的 300 家样本合作社中,注册资金在 50 万元及以下的合作社为 77 家,占合作社总数的 25.67%,其中注册资金为 10 万元、30 万元和 50 万元的分别有 14 家、19 家和 23 家;注册资金在 50 万元以上 100 万元以下的合作社为 74 家,占合作社总数的 24.67%,其中注册资金在 100 万元的合作社有 50 家;注册资金在 100 万元以上 150 万元以下的合作社有 22 家,占合作社总数的 7.33%,

其中注册资金为 150 万元的合作社有 13 家；注册资金在 150 万元以上 200 万元以下的合作社为 48 家，占合作社总数的 16%，其中注册资金为 200 万元的合作社有 45 家；注册资金在 200 万元以上的合作社为 79 家，占合作社总数的 26.33%，其中注册资金为 300 万元、500 万元的合作社分别有 27 家、19 家。可以发现，样本合作社注册资金分布呈现出 U 型状态，注册资金多集中于 100 万元以下和 200 万元以上，说明合作社成立主体可能多为资金禀赋不高的小农户或者资金禀赋相对充裕的企业，合作社注册资金禀赋中等的主体较少，另外，合作社注册资金最常见的金额为 100 万元、200 万元、300 万元和 50 万元。

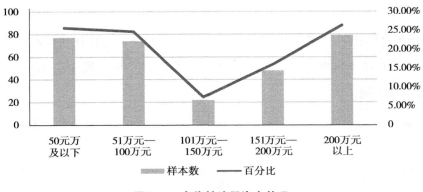

图 2-6　合作社注册资金状况

2. 合作社负责人情况

在调研的 300 家样本合作社中，年龄在 30 岁以下的合作社负责人为 12 人，占样本总数的 4%，其中年龄最小的是 24 岁；年龄在 30 岁以上 40 岁以下的合作社负责人为 59 人，占样本总数的 19.67%，其中 39 岁和 40 岁分别有 11 人和 13 人；年龄在 40 岁以上 50 岁以下的合作社负责人为 132 人，占样本总数的 44%，其中年龄在 46 岁有 21 人，人数为所有样本中最多；年龄在 50 岁以上 60 岁以下的合作社负责人为 89 人，占样本总数的 29.67%，其中 58 岁及以下的人数偏多；60 岁以上的合作社负责人为 8 人，占样本总数的 2.67%，其中年龄最大的是 76 岁,其余 7 人均小于 60 岁。从合作社负责人年龄结构可以看出,合作社负责人在 40 岁以上 60 岁以下人数众多,虽然小于 50 岁的人数偏多,但仍有不少人超过 50 岁,这表明合作社负责人年龄结构偏中老年化,在乡村振兴背景下,需要更多的年轻群体加入合作社充当负责人发挥引领带头作用。

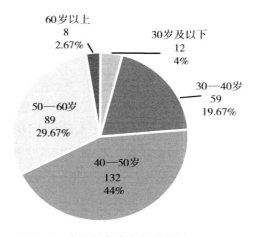

图 2-7 合作社负责人年龄状况

在调研的 300 家样本合作社中,受教育程度为小学的合作社负责人为 20 人,占样本总数的 6.67%,年龄均在 40 岁以上;受教育程度为初中的合作社负责人为 115 人,占样本总数的 38.33%,所占比例最高,其中年龄在 30 岁以下的为 3 人;受教育程度为高中或者中专的合作社负责人为 101 人,占样本总数的 33.67%,所占比例也较高,其中受教育程度为高中的合作社负责人为 74 人,受教育程度为中专的合作社负责人为 27 人,年龄在 30 岁以下的为 2 人;受教育程度为大专及以上的合作社负责人为 64 人,占样本总数的 21.33%,其中大专、本科、硕士研究生分别为 57 人、6 人和 1 人,年龄在 30 岁以下的为 7 人。这表明合作社负责人受教育程度普遍为初中、高中和中专,受教育程度不高,且 30 岁以下的合作社负责人受教育程度多为大专及以上。

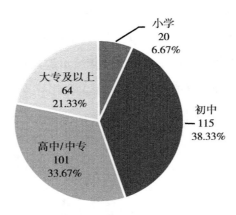

图 2-8　合作社负责人受教育程度

另外,合作社理事长中男性为 270 人,占样本总数的 90%,女性为 30 人,占样本总数的 10%。合作社理事长中无其他从业经历的人数为 219 人,占样本总数的 73%,有其他从业经历的人数为 81 人,占样本总数的 27%,如有的理事长从事个体户经营 10 年,有的理事长担任乡长 28 年或担任村支部委员 10 年,还有的理事长从事物流行业 6 年或任职企业职员 3 年。总的来看,合作社理事长大部分为务农人员,从业经验并不丰富,社会资本也较为有限。

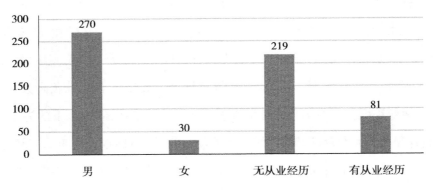

图 2-9　合作社理事长性别状况

3. 合作社治理与运营情况

由表 2-2 可知,样本合作社中,理事长个人出资额和占合作社总出资比例均值分别为 110.61 万元和 62.68%。具体来看,合作社理事长个人出资最小值为 0.35 万元,最大值为 1000 万元,根据理事长出资占合作社总资本比例分布情况可知,合作社理事长出资占比在 30%—50%、60%—70% 以及 90% 以上最多,其中出资占比为 90% 以上的合作社有 83 家,而仅有 12.67% 的合作社理事长出资占合作社总资本 20% 以下。这表明,绝大部分的合作社出资主要来自合作社理事长,这容易导致合作社因股权过度集中而引起机会主义行为,不利于合作社的民主管理并损害普通成员利益。因此,合作社的治理结构对合作社社员的利益获得起至关重要的作用。

表 2-2　理事长个人出资与占合作社总资本比例情况

理事长概况	均值	标准差	最小值	最大值
个人出资(万元)	110.61	136.72	0.35	1000
出资比例(%)	62.68	28.66	10	100

表 2-3　理事长出资占合作社总资本比例分布情况

出资占比(%)	频数	百分比(%)	累计占比(%)
(0,10]	5	1.67	1.67
(10,20]	28	9.33	11.00
(20,30]	13	4.33	15.33
(30,40]	37	12.33	27.67
(40,50]	50	16.67	44.33
(50,60]	20	6.67	51.00
(60,70]	31	10.33	61.33
(70,80]	26	8.67	70.00
(80,90]	7	2.33	72.33
(90,100]	83	27.67	100.00

在样本合作社重大事项决策方式上,如表 2-4 所示,决策方式主要包括理事长决定、理事会成员商议决定以及通过成员(代表)大会征求社员代表意见三种方式,其中由理事长决定的合作社为 123 家,占合作社总数的 41%,由理事会成员商议决定的合作社为 125 家,占合作社总数的 41.67%,由成员(代表)大会征求社员代表意见的合作社为 52 家,占合作社总数的 17.33%。由此可见,82.67%的样本合作社在重大事项决策上由理事长或理事会成员进行决策,出现民主决策不规范和内部人控制现象,这容易导致理事长等核心社员侵占、盘剥普通社员农户的利益,影响合作社功能的有效发挥。

表 2-4 合作社重大事项决策方式

重大事项决策方式	频数	百分比(%)	累计占比(%)
理事长决定	123	41.00	41.00
理事会成员商议决定	125	41.67	82.67
通过成员(代表)大会征求社员代表意见	52	17.33	100.00

由表 2-5 可知,样本合作社按交易量返还盈余占总盈余比重均为 20%及以下,其中没有按交易量返还盈余的合作社为 11 家,占合作社总数的 3.67%,按交易量返还盈余比例在 5%及以下的合作社为 79 家,占合作社总数的 26.33%,按交易量返还盈余比例在 5%以上 10%以下的合作社 193 家,占合作社总数的 64.33%,按交易量返还盈余比例在 10%以上 20%以下的合作社为 17 家,占合作社总数的 5.67%。可以发现,样本合作社按交易量返还盈余比例多为 5%以上 10%以下。根据《中华人民共和国农民专业合作社法》第 44 条的规定,可分配盈余按成员与合作社的交易量(额)比例返还的返还总额不得低于可分配盈余的 60%,这表明绝大部分的样本合作社在盈余分配上并不规范,由于对社员产生的激励效果不明显,还难以激发社员参与合作社业务的积极性,容易导致合作社与社员间关联松散。

表2-5　合作社按交易量返还盈余占总盈余比重

按交易量返还盈余比例%	频数	百分比（%）	累计占比（%）
没有盈余返还	11	3.67	3.67
（0,5]	79	26.33	30.00
（5,10]	193	64.33	94.33
（10,20]	17	5.67	100.00
（20,100]	0	0.00	100.00

由表2-6可知，一半以上的样本合作社年营业收入均低于50万元，其中年营业收入在10万元以下的合作社为56家，占合作社总数的18.67%，年营业收入在10万元以上20万元以下的合作社为73家，占合作社总数的24.33%，年营业收入在20万以上30万以下的合作社为26家，占合作社总数的8.67%，年营业收入在30万以上40万以下的合作社为21家，占合作社总数的7%，年营业收入在40万以上50万以下的合作社为23家，占合作社总数的7.67%。可以发现，年营业收入在20万以下的合作社最多，与年营业收入均值146万元相差较大，说明只有少数合作社营业收入较高，提高了样本合作社营业收入均值，大部分合作社营业收入有待提升，如年营业收入在1000万元以上的合作社有5家，其中年营业收入最高的合作社为8000万元。同时，由合作社年利润情况可以发现，年利润在10万元及以下的合作社为176家，占合作社总数的58.67%，这进一步表明样本合作社生产经营的盈利普遍较低，体现了目前合作社发展质量不高的现状。

表2-6　合作社年营业收入和年利润情况

年营业收入/万元	频数	百分比（%）	累计占比（%）	年利润/万元	频数	百分比（%）	累计占比（%）
（0,10]	56	18.67	18.67	（0,10]	176	58.67	58.67
（10,20]	73	24.33	43.00	（10,20]	45	15.00	73.67
（20,30]	26	8.67	51.67	（20,30]	17	5.67	79.33
（30,40]	21	7.00	58.67	（30,40]	13	4.33	83.67

续表

年营业收入/万元	频数	百分比（%）	累计占比（%）	年利润/万元	频数	百分比（%）	累计占比（%）
(40,50]	23	7.67	66.33	(40,50]	16	5.33	89.00
(50,100]	32	10.67	77.00	(50,100]	18	6.00	95.00
(100,200]	32	10.67	87.67	(100,200]	12	4.00	99.00
(200,500]	22	7.33	95.00	(200,500]	1	0.33	99.33
(500,1000]	10	3.33	98.33	(500,1000]	0	0.00	99.33
(1000,8000]	5	1.67	100.00	(1000,2400]	2	0.67	100.00

由表2-7可知,一半以上的合作社社员年人均可支配收入均低于2万元,其中社员收入低于1万元的为102人,占合作社总数的34%,年可支配收入大于1万元小于2万元的社员有73人,占合作社总数的24.33%,根据调查样本的数据,社员可支配年收入主要集中在0.3万元—0.35万元,还有部分社员可支配年收入集中在1.2万元及3万元左右,少数社员可支配年收入可以达到6万元—9.75万元,样本合作社社员可支配收入均值为1.98万元。样本合作社社员收入均值与《中国统计年鉴2020》调查统计的全国农村居民人均收入1.6万元、安徽省农村居民人均可支配收入1.54万元相比,略微有所提升。因此可以发现,加入合作社有助于提高社员收入(邹洋等,2021),但合作社对社员的收入带动作用还需要进一步提升。

表2-7　合作社社员收入情况

年收入/万元	频数	百分比（%）	累计占比（%）
(0,1]	102	34.00	34.00
(1,2]	73	24.33	58.33
(2,3]	74	24.67	83.00
(3,4]	26	8.67	91.67
(4,5]	15	5.00	96.67
(5,10]	10	3.33	100.00

4.合作社电商采纳状况

（1）合作社与理事长电商采纳情况

由表 2-8 可知，首先，样本合作社中，采纳电商的合作社为 72 家，未采纳电商的合作社为 228 家，样本合作社中采纳电商的比例为 24%，表明电子商务还未在合作社群体中得到广泛应用。根据已有研究，刘滨等（2017）对江西省 11 个地级市 361 家合作社调查发现，26% 的合作社具有参与农产品电商行为。与之相比，这可能意味着安徽省合作社采纳电商的进展较慢。其次，由表 2-9 可知，合作社采纳电商的比重普遍低于 50%，其中，采纳电商比重在 10% 以下的合作社为 12 家，占电商采纳合作社总数的 16.67%，采纳电商比重在 10% 以上 20% 以下的合作社为 15 家，占电商采纳合作社总数的 20.83%，采纳电商比重在 20% 以上 50% 以下的合作社为 33 家，占电商采纳合作社总数的 45.83%，采纳电商比重在 50% 以上的合作社为 12 家，占电商采纳合作社总数的 12%，这表明 83.33% 的采纳电商合作社的电商应用程度均不高，其农产品电商开展水平较低。最后，根据调研数据可知，样本合作社中理事长采纳电商的为 71 家，占合作社总数的 23.67%，可以发现，理事长采纳电商情况与合作社采纳电商情况存在较大的关联，进一步对比发现，72 家采纳电商合作社中，有 53 家合作社理事长均采纳了电商，这初步反映了合作社理事长对电商技术的感受和决策可能显著影响合作社的电商决策。

表 2-8　合作社与理事长是否采纳电商情况

合作社电商采纳	频次	百分比（%）	累计占比（%）	理事长电商采纳	频次	百分比（%）	累计占比（%）
是	72	24.00	24.00	是	71	23.67	23.67
否	228	76.00	100.00	否	229	76.33	100.00

表 2-9　合作社电商采纳比重情况

比重（%）	频数	百分比（%）	累计占比（%）
（0,0.1]	12	16.67	16.67
（0.1,0.2]	15	20.83	37.50
（0.2,0.5]	33	45.83	83.33
（0.5,1]	12	16.67	100.00

（2）合作社与理事长采纳电商销售年限

由表 2-10 可知,合作社采纳电商销售年限为 0.5—9 年,合作社理事长采纳电商销售年限为 0.5—10 年。具体来看,87.5% 的样本合作社采纳电商销售年限为 4 年及以下,其中电商销售年限为 1 年的合作社有 21 家,占采纳电商合作社总数的 29.17%,这表明样本合作社采纳电商年限均不长,主要在 2015 年及以后开始采纳电商销售。与合作社理事长电商采纳年限进行对比可以发现,合作社理事长采纳电商年限在 3—4 年的合作社数量最多,最高电商采纳年限高于合作社,进一步对比调研数据发现,在合作社和合作社理事长同时采纳电商的样本中,绝大部分合作社采纳电商时间均晚于或等于理事长采纳电商时间,这表明合作社的电商决策极有可能受到理事长电商决策的影响。合作社与理事长的电商采纳时间反映了 2014 年以来国家对电商进农村综合示范项目的实施和各项电商鼓励政策对电商技术的采纳产生了一定的影响作用。

表 2-10　合作社与理事长采纳电商销售年限

年限/ 合作社	频数	百分比 （%）	累计占比 （%）	年限/ 理事长	频数	百分比 （%）	累计占比 （%）
0.5	3	4.17	4.17	0.5	5	7.04	7.04
1	21	29.17	33.33	1	14	19.72	26.76
2	9	12.50	45.83	2	12	16.90	43.66
3	15	20.83	66.67	3	15	21.13	64.79
4	15	20.83	87.50	4	16	22.54	87.32
5	5	6.94	94.44	5	4	5.63	92.96

年限/ 合作社	频数	百分比 （%）	累计占比 （%）	年限/ 理事长	频数	百分比 （%）	累计占比 （%）
6	3	4.17	98.61	6	3	4.23	97.18
9	1	1.39	100.00	7	1	1.41	98.59
				10	1	1.41	100.00

（3）合作社采纳电商销售农产品方式

由表 2-11 可知,合作社采纳电商销售农产品的方式主要包括六种,按使用次数由多至少排序依次为:利用微博和微信等互联网平台进行推介宣传并线下销售农产品、利用互联网了解市场价格和消费者需求等信息、成为网络零售商的供应方、在淘宝和京东等网络电商平台开设网店销售农产品、建立 App 或微信小程序销售农产品以及自建网站销售农产品。可以发现,样本合作社采纳电商方式分为直接采纳和间接采纳两种,如开设网店、建立微信小程序、自建网站为直接采纳电商的形式,而成为网络零售商的供应方、线上宣传+线下销售等为间接采纳电商的形式。根据调研,合作社采纳电商方式并不单一,可能是两种或多种方式同时进行采纳。由合作社电商采纳方式的现状来看,合作社电商采纳的参与程度可能受制于成本的投入或采纳风险而处于参与程度不深的状态。

表 2-11　合作社采纳电商销售农产品方式

销售方式	频数	百分比（%）
成为网络零售商的供应方	21	29.17
在淘宝、京东等网络电商平台开设网店销售农产品	20	27.78
利用微博、微信等互联网平台进行推介宣传,线下销售农产品	42	58.33
建立 App 软件或微信小程序销售农产品	17	23.61
自建网站销售农产品	16	22.22
利用互联网了解市场价格、消费者需求等信息	33	45.83
其他	2	2.78

（4）合作社销售农产品的电商销售平台选择

由表2-12可知,合作社销售农产品依托的电商平台种类多样,排名靠前的主要有:微信、淘宝/天猫、地方政府组建的电商平台和阿里巴巴。其中,选择以微信为主要电商销售平台的合作社为48家,大部分合作社都选择了通过微信销售农产品;选择以淘宝/天猫为主要电商销售平台的合作社为25家,说明淘宝/天猫店铺相对较低的入驻门槛也是吸引合作社选择的重要因素;选择以地方政府组建的电商平台为主的合作社为22家,这表明政府组建的电商平台也是合作社参与农产品电商的重要销售渠道;选择以阿里巴巴为主要电商销售平台的合作社有14家,这是因为阿里巴巴作为B2B模式的知名平台,拥有较高流量,多被合作社用来销售大宗农产品。可以发现,合作社在电商销售平台的选择上倾向于准入门槛低、投入成本少、流量充足、扶持力度大、可信度较高的依托载体。

表2-12 合作社主要电商销售平台选择

主要电商平台选择	频数	百分比（%）
阿里巴巴	14	19.44
淘宝/天猫	25	34.72
京东	6	8.33
中粮我买网	2	2.78
顺丰优选	1	1.39
本来生活	1	1.39
一号店、亚马逊中国、当当	0	0.00
美团	1	1.39
微信	48	66.67
地方政府组建的电商平台	22	30.56
其他	10	13.89

（5）合作社电商销售农产品收款方式

由表2-13可知,合作社电商销售农产品的收款方式主要包括支付宝、微信、云闪付、网银、货到付款和找人代付 6 种方式,其中使用微信收款的合作社为 66 家,占电商采纳合作社总数的 91.67%,是较为普遍的一种收款方式,使用支付宝收款的合作社为 45 家,占电商采纳合作社总数的 62.5%,是仅次于微信的一种收款方式,使用网银收款的合作社为 31 家,占电商采纳合作社总数的 43.06%,可以发现,合作社的 6 种收款方式中以微信、支付宝和网银为主。值得注意的是,电商销售农产品收款方式使用货到付款的合作社为 23 家,占电商采纳合作社总数的 31.94%,这表明部分合作社的收款方式较为不利,如当农产品因运输或储存等不可控因素发生变质时,可能会面临收不到货款的风险。考虑到农产品不同于工业品的产品特性,电商支付安全问题并不来自运作模式本身,而多体现为因农产品非标准化、保质期短、易腐易损等引起的网上消费者退货退款问题。

表 2-13　合作社电商销售农产品收款方式

收款方式	频数	百分比(%)
支付宝	45	62.50
微信	66	91.67
云闪付	7	9.72
网银	31	43.06
货到付款	23	31.94
找人代付	6	8.33
其他	1	1.39

(6)合作社电商销售农产品过程中面临的主要问题

由表 2-14 可知,首先,样本合作社电商销售农产品过程中面临的主要问题出现频数超过 20 次的为农产品储存、运输困难和农作物重量相对大、物流成本高,其中认为农产品储存、运输困难的合作社有 36 家,占电商采纳合作社总数的 50%,认为农作物重量相对大、物流成本高的合作社有 25 家,占电商采纳合作社总数的 34.72%,这表明仓储运输和物流配送是制约合作社开展农产品电商的最重要影响因素,是合作社采纳电商销售农产品时不可忽视的成本问题。如生鲜电商配送损耗率和配送成本极高,损耗率和平均物流成本分别可达 10%—30% 和 15%—20%,而工业品类配送损耗率仅不到 1%(纪汉霖等,2016)。还有数据显示,作为生鲜农产品流通的"最后一公里"配送环节,集中了 90% 的快递投诉(杨亮,2014)。近些年为保证农产品电商配送效率,除大力建设农产品电商公共服务中心外,我国各个地区还加快建设农村电子商务物流配送中心的进程。其次,电商销售农产品过程中面临的出现频数超过 10 且低于 20 的最主要问题是:农产品缺乏标准化、网络平台收费高且销路不好、自身网络操作技能不够和网络基础设施落后,这分别反映了电子商务采用的复杂性和采纳者对电商采纳效果的负面感知,部分合作社还面临网络基础设施落后的困境。最后,合作社电商销售农产品过程中还面临网络交易安全性差(9,12.5%)、线上销售价格低于线下、线下市场供不应求(8,11.11%)、客户服务(7,9.72%)、电商运营知识技能匮乏(5,6.94%)、自身规模小(4,5.56%)的问题,这些均反映了采纳者对电商的风险感知、有用性感知和易用性感知,当合作社认为线上销售价格高于线下、网络交易较为安全或有能力操作电商时,有助于促进合作社开展农产品电商,另外,部分合作社认为自身规模较小时没有必要进行网上销售。

表 2-14　电商销售农产品过程中面临的主要问题

主要问题	频数	百分比(%)
农产品储存、运输困难	36	50.00
农产品缺乏标准化	17	23.61
农作物重量相对大,物流成本高	25	34.72
网络基础设施落后	11	15.28
网络交易安全性差	9	12.50
网络平台不够专业、实用	12	16.67
网络平台收费高,销路不好	17	23.61

续表

主要问题	频数	百分比（%）
自身网络操作技能不够	15	20.83
包装、品牌、宣传等市场营销环节知识技能不够	5	6.94
网上与客户交流太费时间，无法支撑客服	7	9.72
网上销售比线下销售价格低，而线下市场供不应求	8	11.11
自身规模过小，没有必要进行网上销售	4	5.56
其他	2	2.78
未遇到任何问题	3	4.17

　　本章通过数据收集与整理对合作社发展和电商采纳现状进行分析。首先，剖析了我国合作社与安徽省合作社规模增长历程，揭示了乡村振兴背景下合作社规范和高质量发展要求与电商推广应用要求的重合性和机遇性，指出合作社正处于由数量增长向质量提升的高质量、高效益发展关键期。其次，从政策环境层面、村镇环境层面、网络消费环境层面审视了我国合作社电商发展环境现状，即针对合作社采纳电商的外部政策环境不断改善，电商应用配套设施环境不断优化，村镇环境越来越具有外部经济性，网上市场环境颇具发展潜力；从电商相关试点创建层面、政策支持层面、配套设施环境层面等审视了安徽省合作社电商发展外部环境现状，即积极创建国家电子商务示范市、国家电子商务进农村示范县（区）、"互联网+"农产品出村进城工程试点县、数字乡村试点地区，发布从财政、税收、用地、金融、人才等方面提供政策支持的文件，全方位建设电子商务产业园区等。这说明合作社电商采纳的外部环境向好，通过电商采纳进行数字化实践愈发重要。再次，从全国层面来看，目前合作社电商采纳的特点如下：电商采纳的增长速度较快，但采纳电商的合作社数量较少，电商采纳概率低于农业龙头企业高于家庭农场和种养大户，电商采纳的基础网络设施已经基本完善，电商采纳意向较高，采纳模式最多的为入驻第三

方电商平台。最后,从安徽省调研样本层面来看,在描述了样本合作社在组织类型和规模方面的基本信息、合作社负责人在性别、年龄、教育程度和工作年限的个人信息、合作社在股权、决策、盈余分配、营收等治理和运营方面信息后,从合作社电商采纳决策、电商采纳程度、电商采纳年限、电商采纳方式、电商销售平台选择、收款方式和面临最主要问题分析了电商采纳现状。样本合作社电商采纳现状总结为:合作社电商采纳概率和电商采纳程度均不高,合作社开始采纳电商时间集中于近四年,销售农产品主要通过互联网平台推介并线下销售的间接采纳方式,主要电商销售平台为微信、淘宝/天猫和地方政府组建的电商平台,收款方式以微信收款为主,面临的最主要问题是农产品储运物流问题和对电商的价值感知问题。本章对合作社发展和电商采纳现状的分析,有助于帮助甄别合作社电商采纳影响因素和为揭示采纳电商和合作社绩效间关系提供现实依据。

第三章　农民合作社电商采纳影响效应的理论分析

本章在回顾相关文献和技术采纳相关理论、组织治理理论、价值增值理论和资源依赖理论的基础上，结合现状考察，建构本研究的理论分析框架。在数字化转型背景下，合作社正处于数字化变革的探索阶段，且合作社电商采纳或应用程度尚有待提升，故对电商采纳行为从归因和后果视角进行全面分析很有必要。基于此，本研究在探讨合作社电商采纳影响因素的基础上，重点探究电商采纳对合作社绩效的影响效应及作用机制，并构建相应逻辑框架进行理论分析。首先，为了更好地引导合作社发挥作用带领小农户共享电商红利，在探究电商采纳门槛和对比合作社与农户相对优势的基础上，整合 TAM 模型和TOE 模型，构建合作社电商采纳的理论分析框架，揭示合作社电商采纳的决策形成机理，明晰促进合作社采纳电商的现实途径。其次，从电商对供应链变革的视角，分析合作社在深化供应链嵌入中与社员农户基于自身资源有机整合形成产业链整合，进而产生的价值增值和价值分配效应，构建电商采纳对合作社绩效影响的理论分析框架，阐述电商采纳对合作社绩效影响的作用机理。最后，在电商情境下分析合作社与农户如何基于交易成本最小化相机抉择交易方式，并借鉴价值增值理论和资源依赖理论，对不同交易方式下的合作社不同维度的绩效展开理论分析，构建不同交易方式下电商采纳对合作社绩效影响的理论分析框架,以期对合作社电商采纳的绩效影响效应及其影响路径有一个更为准确的理论把握。本章是全文的理论支撑,为后文研究奠定了理论基础。

一、电商采纳影响因素的理论模型构建

合作社是特殊的经济组织,相较于一般企业,合作社决策往往是合作社负责人的个体决策,而不是各个部门群体的创新选择,相较于个体农户,合作社具有规模经营、社会资本、资金技术等组织方面的优势,从而对企业和农户的电商采纳研究成果并不适用于合作社,也不能单独使用 TAM 模型或 TOE 模型直接分析合作电商采纳行为。由于合作社兼具组织和个体技术采纳特征,仅从组织视角或个体视角探究合作社电商采纳影响因素的研究并不全面。而对技术采纳相关理论的回顾中发现,两种或两种以上技术采纳理论模型的整合有助于提高模型的解释效力。因此,本研究针对合作社特性,将 TAM 模型和 TOE 模型整合为一个理论分析框架(如图 3-1 所示),研究技术层面、组织层面和环境层面的多种因素对合作社电商采纳行为的影响。将 TOE 模型中的技术因素与 TAM 模型中的感知有用性和感知易用性相融合,结合感知风险概念,整合为技术因素模块;将 TOE 模型中的组织因素结合合作社特征界定为产业类型、组织规模、高层支持和资金充裕度;将 TOE 模型中的环境因素结合农产品电商实施的外部条件,从制度环境和合作者支持两个层面形成环境因素模块。整合后的电商采纳模型具有较好的适用性,一方面 TOE 模型系统地涵盖了组织行为决策的内外部因素,另一方面将 TAM 模型整合纳入 TOE 模型中的技术因素弥补了研究组织行为决策时忽视对行为有重要影响的个体层面变量的缺陷,体现了合作社负责人在组织决策行为中的重要作用。

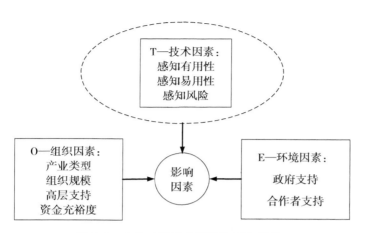

图 3-1　电商采纳影响因素的理论模型

本章设置电商采纳行为作为合作社电商采纳的结果变量。理性行为理论和计划行为理论均证实了采纳意愿与采纳行为的正向关系,当对某一技术的采纳意愿越强时,越有利于产生实际采纳行为。在技术采纳相关研究中,采纳意愿对采纳行为的影响也得到大量的实证证明,学者们在设置技术采纳结果变量时一般也不再考虑采纳意愿与采纳行为的差异,认为二者均可作为技术采纳的结果变量。下面从电商采纳主体的现实选择以及影响电商采纳的技术因素、组织因素和环境因素展开分析。

（一）电商采纳主体的现实选择

1. 电商采纳的三重门槛

农产品电商发展的特征、合作社与农户相异的要素禀赋以及基于专业化分工的资源互补性和比较优势原理,共同决定了"合作社+农户"模式中合作社成为电商采纳主体的现实选择。

电商与农业的融合使农产品电商的采纳具有技术、资本和信任的三大门槛。从电商模式来看,互联网经济是基于人的经济,商业模式遵循以顾客为主导的社群逻辑(罗珉和李亮宇,2015),这使得农产品电商也表现出用户依赖的特征,如周浪(2020)通过案例分析指出,用户流量在农村电商产业链运营中扮演着核心角色。进一步,顾客对农产品使用价值的感知和农业生产的局限性共同决定了农产品电商存在技术依赖的特征。具体来说,第一,顾客追求农产品的绿色、有机和安全属性,而农产品这些品质在搜寻时难以认定,通过应用现代生产技术、病虫害防治技术、物联网以及农产品监督体系能促进农产品有效匹配顾客需求并增进顾客对农产品的质量感知。第二,农产品电商市场出现新的市场规则,同质化农产品在激烈的竞争中缺乏生命力,借助研发技术创新农作物品种并依托专业的营销技能塑造差异化、品牌化产品,具有较好的信息符号识别作用,能够增强吸引顾客的市场竞争力。第三,由于农产品自身存在保质期、销售期短和流通损耗等问题,这就需要对农产品加工以及采用适当的存储、包装技术,以保证农产品能够满足电商平台中的多样性需求、保鲜性需求和持续性需求。因此,电商采纳具有一定的技术门槛。

从电商要素来看,电商经济具有知识密集型特点(杨坚争等,2011),由于平台生态系统的边界模糊,其动态演进客观上要求,电商采纳主体需要有收集、解读信息的能力,还需要有根据市场需求变化战略性整合资源、重塑产品技术模式和引导再创新的能力,这使得农产品电商具有人力资本依赖的特征。电商经济还具有资金密集型特点,除了需缴纳平台保证金、使用费和佣金外,其线上价值的实现还需配备相应的基础设施和生产加工设备(韩雷和张磊,2016),与传统运营模式相比,电商运营模式要求使用者持有更多的跨期灵活资金。而由于电商固定成本属于先行投入的强专用性投资,存在较高的沉没成本,且农产品收益不稳定、资金回笼慢,即使达到了技术门槛,也可能会因资金束缚而不选择采纳电商。因此,电商采纳还具有一定的资本门槛。

从电商规模来看,适度规模经营能实现规模经济递增,为降低单位产品的平均成本出资者往往基于资本的逐利性寻求规模经济。电商规模经济需要将分散生产的农产品集中起来,小农户是农产品生产的基本单元,而有限理性和风险规避性使小农户偏好于选择低风险、稳定的销售渠道,那么电商采纳主体需要拥有使农户信任的实力。与此同时,电商采纳主体还要在全产业链各环节规模化的过程中加强农产品标准化,没有标准化的农产品难以使线上顾客进行价值判断产生信任。因此,基于以上生产者和消费者的双重"信任断点"(林家宝等,2015),电商采纳更具有一定的信任门槛。

2. 合作社电商采纳的相对优势

大量研究指出(邱泽奇等,2016;Zillien & Hargittai,2009),互联网等信息技术工具的应用存在二级"数字鸿沟"甚至三级"数字鸿沟"。这意味着具有不同资源禀赋的合作社与农户跨越农产品电商发展"阈值"的能力是不同的。同时,比较优势理论也从资源禀赋占优的角度解释了合作社为电商采纳主体的理性选择结果。对于合作社来说,首先,合作社不仅具有农产品技术研发、网络营销以及运营管理的团队,还与企业、科研院所建立合作关系,能保证获取电商采纳的技术水平;其次,合作社中好的领导力如农村精英能发挥企业家才能,针对市场环境变化调整供应链、生产方式等,有效规避自然灾害和化解市场风险,另外,合作社还能通过自有资金、信贷融资保证电商采纳的资金需求;最后,合作社是具有节省交易成本的权威科层组织,能约束农户自律、组织农户标准化生产,严格执行对全产业链的品质控制,实现需求信任的获取,同时,还能通过丰富的社会资本、社会网络关系获取农户合法性。因此,合作社采纳电商是由其在资源禀赋上表现出的技术、资本和信任优势决定的,合作社不仅能跨越农产品电商发展的三重门槛,还能发挥比较优势实现更高层次的电商采纳效果并产生强辐射效应。而对于农户来说,其基于生产弱势、市场弱势、技术弱势以及资本弱势(刘卫柏和许吟川,2019)的内生条件,不足以跨越农产品电商发展的基本"门槛",从而决定了农户只能加入或依附合作社采用电商模式进行农产品销售。

3. 合作社电商采纳的经济逻辑

合作社是否采纳电商遵循利润最大化的经济逻辑。为简化分析,假定合作社农产品供应充足,市场上总需求量不变,合作社采纳电商与未采纳电商面临的市场价格相同,则决定合作社收入的核心要素为农产品销量。合作社采纳电商可能会通过渠道接入和过程管控增加社员农产品销量,或者生产优质农产品,从而为合作社带来潜在收益。与此同时,合作社采纳电商还需要投入相应的硬件软件设备、技术学习成本、沉没成本等。从理性经济思维出发,当电商采纳时的利润水平高于不采纳电商时的利润水平时,合作社作出电商采纳的选择。因此,合作社是否采纳电商的约束条件描述如下:

$$p_1 s_1 + e_1 - c_1 - c \geqslant p_0 s_0 - c \tag{3-1}$$

式(3-1)中,p_1 和 p_0 分别是合作社采纳电商和未采纳电商面临的市场价格,s_1 和 s_2 分别是采纳电商和未采纳电商时的农产品销量,e_1 是合作社采纳电商的潜在收益,c_1 是采纳电商所需要付出的额外成本,c 是合作社除电商采纳相关成本以外的其他运营成本。

由于假定合作社电商采纳和未电商采纳时面临的市场价格相同,由式(3-1)可知,当 $p_1(s_1 - s_0) + e_1 - c_1 \geqslant 0$ 时,合作社选择采纳电商;当 $p_1(s_1 - s_0) + e_1 - c_1 < 0$ 时,合作社选择不采纳电商。则合作社是否进行电商采纳的行为决策函数为:$f_1 = (s_1, s_0, e_1, c_1)$,$f_1$ 表示合作社是否进行电商采纳,该函数由合作社采纳电商前后的农产品销量差异、采纳电商后的潜在收益和额外成本共同决定。e_1 是合作社采纳电商的潜在收益,一方面,合作社采纳电商可能会因交易市场稳定和监管方式增多而提高农产品质量,也可能会因品牌推广增加产品认可度和市场交易量,从而可能使合作社获得溢价销售收益,也促进了销量层面的收入效应。另一方面,合作社还有机会获得政府鼓励电商采纳的专项财政补贴等其他潜在收益。合作社采纳电商的额外成本 c_1,既可能包括因各种市场不确定性产生的沉没成本,也包括为开展农产品电商投入的各种

人力、物力和财力资本,而合作社资源禀赋优势和组织规模经济会对合作社采纳电商的额外成本产生影响。但事实上,合作社在决策前对电商采纳的市场销量 s_1、潜在收益 e_1 和部分额外成本 c_1 无法直接观测,只能通过对其他采纳主体的观察、自身经验对 s_1、e_1 和 c_1 进行心理预期。因此,合作社是否进行电商采纳,受到对电商技术有用性、易用性和风险感知的影响,以及组织自身因素和外界环境因素的影响。

(二)电商采纳的技术因素分析

TOE 模型中的技术因素特征包含技术本身的相对优势、复杂性、兼容性、可试验性和可观察性,由于农业领域的技术应用率较低以及农业经营者的有限理性,潜在采纳者对电商技术的兼容性和可试验性的关注程度不高,故在测量技术特征因素时不予考虑。在技术其他特征上,采用合作社负责人的主观态度进行衡量,则相对优势和复杂性分别对应于 TAM 模型的感知有用性和感知易用性。这是因为,技术特征忽略了成本的考量这一重要因素,电商采纳往往需要投入较高的运营资本,成本对技术的采纳具有抑制作用(Batz et al.,1999),是不可忽视的重要因素。而合作社负责人对电商技术的有用性和易用性感知,能通过感知收益等主观判断来综合权衡技术特征的优势和成本属性。另外,合作社负责人兼具大股东和经营管理者的双重角色,往往主导或决定合作社的决策行为(邓衡山和王文灿,2014),再加上合作社负责人具有相对较高的知识素养和理解能力,其认知对社员的主观判断影响极大。Calantone(2003)认为中国情境下组织决策者的认知能够反映组织认知能力。因此,合作社负责人的感知有用性和感知易用性是有效反映电商技术维度特征的影响变量。可观察性能够反映技术的应用效果,降低技术采纳伴随的不确定性和技术采纳风险,采用合作社负责人的风险感知进行衡量。农业从业者风险承担能力较差,感知风险是影响电商采纳的重要因素。

具体而言,感知有用性和感知易用性表明,合作社负责人认为采纳电商带来的潜在价值越高,感知电商技术掌握越容易,努力代价越小,越倾向于采纳电商。风险因素会使个体避免决策行为(San-Martin et al.,2015),感知风险表明,合作社负责人认为电商的安全性和可靠性越低,越不倾向于采纳电商。以下实证研究进一步为上述观点提供支撑,如李想(2014)研究发现,感知有用性能够正向影响农户技术采纳行为,李后建(2012)认为农户感知新技术越简单,越有较强的采纳意愿。微博、微信或各类手机 App 可观察的营销效果(Martins et al.,2016)以及无论何种采纳成效都不会对组织经营带来风险(李怡文,2006),能够增强使用者信心而促进电商采纳行为。

(三) 电商采纳的组织因素分析

TOE 模型认为基于组织特性的诸如组织范围、规模和管理结构特征的组织因素是影响组织技术采纳行为的重要因素。组织因素变量选取视不同情境而定。基于此,结合农民合作社组织特殊属性,本研究认为合作社产业类型、组织规模、高层支持以及资金充裕度对电商采纳产生影响。在合作社产业类型层面,王真(2016)将合作社分为种植合作社、养殖合作社和其他类型三种合作社,由于农产品具有不同的生产技术特性和市场交易特性,对合作社运营绩效产生影响不同(黄祖辉和邵科,2010)。则不同种类产品在生产、存储、流通和销售环节上因电商采纳产生的成本收益不同,特色种植类合作社可能因农产品流通损耗少、增值空间大而倾向于采纳电商技术。在组织规模上,有学者证实了企业规模、学生人数对企业和学校新技术采纳的正相关关系(Toole & Member,1988;Yao et al.,2003)。对于合作社来说,土地规模越大合作社增加投资的积极性越高,且信息技术的使用需要一定的生产规模为前提,使合作社倾向于采纳电商扩大销售市场。理论上社员规模具有规模经济和集体行动正反两个层面的效应,但事实上社员主要扮演惠顾角色而非管理角色,因此社员人数增加通过提升惠顾额产生规模经济效应,有利于合作社降低运营成本而采纳电商技术。在高层支持上,管理层的资源和权威支持是组织层面影响技术采纳的关键因素(Lian et al.,2014),而合作社负责人的个人特征差异使其在对电商采纳的资源和权威支持上具有不同的表现。如学历越高的决策者越趋向于采纳新技术(林毅夫,1991),年龄越大越偏向于对新技术采纳持保守态度。本研究以合作社负责人的个人特征变量反映组织高层的支持程度。在资金充裕度上,组织资本充裕度对技术采纳影响显著(Chong & Pervan,2007),电商采纳需要在产品包装、运营服务上投入大量资金,且合作社资金越多承担风险能力也越强,故据此推测资金充裕度对采纳电商技术具有积极影响。

(四)电商采纳的环境因素分析

TOE 模型的环境因素涉及行业环境和社会环境两个层面,包括市场竞争激烈程度、市场不确定性、政府政策、文化环境等因素,主要是指竞争者状况、合作者状况和政府支持行为。环境因素通过外在支持和外在压力对企业技术采纳行为产生影响,如政府支持和较多的市场竞争者数目均会促进信息技术的采纳(Xu et al.,2004)。将 TOE 中的环境因素结合合作社开展农产品电商的外部条件,从政府和合作者支持两个层面分析环境因素的影响。其中,政府支持是指合作社获得来自政府资金和服务方面的政策支持,合作者支持是指合作社获得来自仓储、物流等业务伙伴的服务支持状况。从政府支持上来看,合作社是对政府政策支持依赖性很强的经济组织,在由于开展农产品电商初期投入成本高而不贸然尝试的情形下,政府通过实施补贴和税收等激励方式有助于促进合作社采纳电商。有研究表明,政府提供免费基础设施显著促进了中小企业对电商技术的采纳(Solaymani et al.,2012)。从合作者支持来看,所在区域第三方物流等业务伙伴是电商采纳主体的重要支持种群,对农产品线上销售具有重要影响作用。业务合作伙伴的服务体系越成熟,越有利于合作社获取电商采纳的外部环境支持。当地相对成熟的仓储、物流条件,能够为合作社电商销售的长周期、小批量分散性需求和便捷运输提供保障,极大促进了电商技术的采纳。如张益丰(2016)认为物流便利程度越高,农户参与电商销售意愿越强。从外在压力来看,当组织受到了外界压力也会积极主动地采纳新技术(Premkumar & Ramamurthy,1995)。外界压力一般是指来自农产品需求客户的需求压力、政府和行业协会的强制压力以及竞争者的竞争压力这三种社会规范。基于实际情况发现,消费者网购农产品行为还处于起步阶段,合作社从网上客户感受到的需求压力并不高,政府、行业协会也不会强迫合作社采纳新技术,再加上电商技术尚未在合作社中广泛应用,合作社感受到的规范压力也不高,因此,本章研究暂不考虑外界环境压力的影响,仅关注外界环境支持层面因素的影响。

二、电商采纳影响合作社绩效的理论模型构建

从供应链视角来看,随着电子商务引发农产品供应链发生扁平化、生态化和一体化重大变革,农民合作社在深嵌供应链过程中,为节约交易成本,合作社需要选择相应的治理结构也就是组织模式与社员进行趋于紧密的合作,双方基于自身资源有机整合形成产业链整合,而产业链整合的结果表现为农产品价值增值,为合作社带来了营业利润和经济绩效,产业链整合的方式体现了合作双方的资源依赖关系,决定了谈判力量和农产品剩余分配。最后价值链增值和价值分配共同决定了合作社社员的增收效益。基于此,构建供应链视角下电商采纳影响合作社绩效的理论分析框架如图3-2所示。实际上,由理论推演得出的电商采纳对合作社不同维度绩效的影响,也构成了探讨合作社"合伙人"制度形成的理论逻辑。"合伙人"制度的核心思想要求社员利益共享、风险共担,其制度演进结果客观上需要实现合作社经营绩效、收入绩效和治理绩效的同时增进,否则"合伙人"制度便难以形成。本书将在第五章实证

结果与分析部分对"合伙人"制度展开进一步讨论。下面对合作社嵌入与组织模式转变以及电商采纳的价值增值效应、价值分配效应和社员增收效应进行分析。

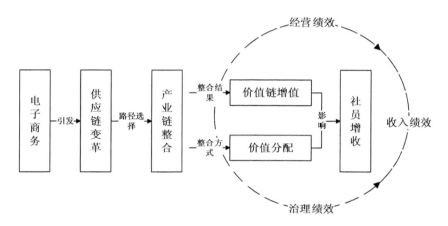

图 3-2　供应链视角下电商采纳影响合作社绩效的理论分析框架

（一）合作社嵌入与产业链整合

1.供应链驱动与合作社嵌入

分工和专业化是提高效率的有力手段,组织间专业化分工、开放式产业经营成为农业发展的主要趋势。然而,小农户作为主要的农业生产主体,具有一定的弱质性,他们无法凭借自身实力解决农产品市场中存在的农产品供应矛盾、市场风险以及不同消费主体偏好等问题。因此,供应链中间层组织与农户分工协作、联合起来从事农业生产经营活动的模式应运而生,它兼具统分结合的二重属性,通过小农生产与统一服务使双方都能获得专业化分工和规模经济好处。"农户+合作社"就是这样一种中间层经济组织模式,由合作社代替分散农户对接和进入市场,使小农户能借助合作社参与到农产品供应链管理中,实现合作社与农户在农产品供应链中的"双重嵌入",大大降低了小农户在农产品交易中的被动地位。正是小农户与合作社之间形成的这种"双重分工"和"双重嵌入"体系才能实现小农户与现代农业的有效衔接,从根本上解决农业生产问题。然而,此时合作社与农户通常嵌入在产业链的生产环节,属于浅层次嵌入。

电子商务的引进为农产品供应链带来重大变革,也为合作社深度嵌入供应链提供契机,其推广应用既有供给侧结构性改革和社会公众对农产品质量重视等内在需求的拉动作用,也有信息技术进步和政府政策支持等外生环境的推力作用。大量实证研究表明,供应链变革通过削减交易成本、提高效率等带来巨大的利润空间(Spremic & Hlupic,2007),成为合作社深嵌农业全产业链的核心驱动力。具体而言,供应链变革可能会驱使合作社在生产组织方式、资源配置方式和制度安排方式等产生与该新技术范式相适应的变革(Gael et al.,2018;何宇鹏和武舜臣,2019)。其一,电商通过供应链结构"扁平化",促使合作社组织角色定位发生改变。传统供应链模式下,农产品供应链层级过多,由于农产品尤其是生鲜产品具有易腐性等特性,使农产品供应在经过多重中介层级时产生了部分"沉淀成本",降低了农产品供应链效率,并且过多的交易中介很容易在信息传递过程中产生信息失真的"长鞭效应"。互联网信息技术的"去中介化"让农产品的供需两端突破时间与空间限制实现直接对接,合作社能够基于数据、信息的频繁互动实现农产品高效流通(王勇,2019),与农户合作创新出新的交易形式,在产业链上形成新的社会分工体系,实现组织角色定位由衔接者向主导者的转变。其二,电商通过供应链结构"生态化",促使合作社职能管理发生改变。传统供应链模式下,农产品市场上价格的蛛网型波动现象时常发生,影响了农业生产的稳定性。电商使产业链上下游参与物种形成具有反馈调节功能、多元共生关系的农产品电商生态系统(王胜和丁忠兵,2015),这进一步形成了以需求为导向的农产品供应体系,合作社基于大数据匹配,在供应链后端驱动下,以需定产、精准匹配,通过资源整合和协调形成良性供需协同,实现合作社向强化资源整合和专业化管理的转变。其三,电商通过供应链结构"一体化",促使合作社治理内容发生改变。传统供应链模式下,初级农产品提供者仅能获取生产环节的价值增值,电商促使生产商、供应商合二为一,增加了其转变成为整个产业链利益主体的机会。如合作社在统购统销的基础功能上增加了个性化包装、小批次存储、退换货物流、品牌设计等新型产业链环节,对现有业务范围、商业模式和运营方式进行数字化重塑,实现产业链改造和价值链重建,进而重构利益结构与价值分配机制,实现制度变革对供应链创新的适应(Dror & Hartman,2011)。

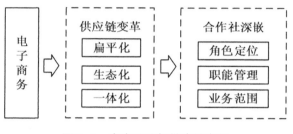

图 3-3　电商采纳与供应链变革

2. 合作社交易与组织模式转变

电商采纳基于合作社交易对组织模式转变和产业链整合产生影响。学者们已经指出交易成本对产业组织模式选择至关重要(蔡荣,2011),且紧密产业组织模式的增收绩效比松散模式更高(Miyata et al.,2007)。由于合作社与农户嵌入农产品供应链,随着电商采纳对供应链的变革,电商对合作社与农户的交易必然造成影响。基于交易成本理论,通过比较电商采纳前后的资产专用性、交易频率以及交易不确定性因素,可以发现合作社采纳电商后与农户的交易复杂性提高了。具体来看,在未采用电商时,除了统一按市场价和抱团价购销农产品、农资品,合作社很少向社员提供其他服务,此时,合作社与社员的交易结构单一,合作社与农户的交易频率低、交易不确定性高、投入的专用性资产少。在采用电商后,合作社与农户的交易情境发生以下变化:合作社既为农户提供产前至产后全程的技术指导并制定生产规则标准,也通过短期契约在加工、流通和销售环节雇佣农户劳动力,还基于电商销售奖补政策加大了收购农户农产品力度。由此可以发现,合作社对社员的组织服务能力增强,交易情境也更加复杂多变。从交易环境的不确定性来看,市场密度即交易主体数量增多加剧了农产品在电商市场的竞争,为了稳定交易和获取经济激励,合作社向社员农户提供了更多的其他服务,也因此增加了交易频率和专用性资产投入,提高了交易复杂性程度。万俊毅(2008)认为,交易复杂性促使组织向准纵向一体化形式转变,组织模式趋于紧密。当合作社组织模式更紧密时,对产业链的整合程度随之提高。

3. 电商采纳影响合作社绩效的经济逻辑

本部分旨在研究合作社采纳电商后的经营绩效、收入绩效和治理绩效情况,首先需要明确合作社绩效的衡量方式,以说明电商采纳影响合作社绩效的经济逻辑。为此,本部分从合作社的生产函数与利润函数出发,讨论合作社绩效的生成路径以及追求利润最大化的行为路径。假定在市场经济环境下,合作社采纳电商后最终用于交易的农产品生产函数抽象表示为:

$$q = q(\theta x, \gamma v_j) \tag{3-2}$$

其中,$x = (x_1, x_2, \ldots, x_n)$,表示合作社用于生产的 n 种生产要素投入量,假定存在客观的最优要素投入组合为$(x_1^*, x_2^*, \ldots x_n^*)$。$\theta \in (0,1)$,表示合作社内部组织制度导致的交易成本方面的损失。当合作社实现内部激励相容时,达到理想的组织状态,组织内部面临极低的交易成本,此时 θ 的取值趋于 1。v_j 表示消费者对合作社销售农产品的偏好程度,为简化分析,此处将其假定为外生变量。参数 γ 表示合作社对消费者偏好信息的获取能力。由式(3-2)可知,合作社收益取决于合作社的资源配置效率、交易

成本损失以及消费者偏好程度三个因素。因此,将合作社的利润函数可以描述为:

$$y = y(t, q, c^x, c^m) = t - qc^x - qc^m \tag{3-3}$$

式(3-3)中,t 是合作社销售农产品的总收入,c^x 是每单位农产品产出需要投入的各个要素生产成本,则 qc^x 是合作社投入的总生产成本,qc^m 是合作社为获取消费者信息偏好、推广农产品以及获得消费者认可的信息成本。由于合作社遵循利润最大化的经济逻辑,对该利润函数进行一阶最大化可以求得最优解。但现实中存在信息不对称和有限理性的约束,合作社无法准确预期消费者偏好情况,也难以及时将产品信息传达至所有潜在消费者,因此,需要进一步构建消费者效用函数。

假定合作社的总收入为消费者购买农产品的支付成本,同时消费者对合作社农产品存在主观偏好,则消费者的效用函数可以描述为 $u(q, t; v_j)$,表示消费者效用是购买量 q、支付成本 t 以及客观偏好 v_j 的函数。为简化分析,假定合作社农产品供应量充足且较为稳定,市场出清时,消费者面临的市场价格主要受到自身收入 i 和主观偏好 v_j 两个因素的影响,可描述为 $p(i, v_j)$。为此,构建消费者效用函数如式(3-4)所示:

$$u(q, t; v_j) = \int_0^q p(i, v_j)di - t \tag{3-4}$$

将式(3-3)代入式(3-4)可得:

$$u(q, t; v_j) = \int_0^q p(i, v_j)di - qc^x - qc^m - y \tag{3-5}$$

假设消费者总收入 i 短期不变,则存在市场出清时的均衡价格 q^*。则在扣除合作社生产成本后,$\int_0^{q^*} p(i, v_j)di - q^* c^x - q^* c^m$ 表示社会总剩余,包括合作社生产者剩余和购买者消费者剩余,扣除消费者利润后,表示消费者剩余。因此,式(3-5)可以表示为:

$$u(q, t; v_j) = s(q, v_j) - y \tag{3-6}$$

式(3-6)中,$s(q, v_j)$ 是消费者剩余。则在市场出清的情况下,由式(3-5)求解合作社绩效最大化的极值条件为:

$$\frac{dy}{dq}\bigg|_{du=0} = -\frac{\partial u}{\partial q}\bigg/\frac{\partial u}{\partial y} = p(i,v_j) - qc^x - qc^m \qquad (3-7)$$

由上可知,在合作社绩效极值点时,即 $\frac{dy}{dq}\big|_{du=0}$,消费者效用在 $q=q*(v_j)$ 处取得极值。通过求解市场出清的极值条件发现,合作社绩效主要受到产品交易量、生产成本以及消费者对产品偏好程度的共同影响。结合上述分析,进一步探讨电商采纳影响合作社绩效的经济逻辑。

在采纳电商后,首先,合作社因供应链嵌入程度深化而增强了资源整合能力,这拓展了其投入生产要素的取值空间,即 $(x_1,x_2,\ldots,x_n)$ 的取值范围增加,从而有利于获得更优的要素配置和扩大农产品产量,提升组织绩效。同时,合作社交易量扩大后,由于规模经济效应,单位要素的生产成本 qc^x 进一步降低了。其次,合作社基于优势互补与农户、电商企业等进行上下游联盟,并通过互联网直接与消费者进行信息交换,增加了合作社对市场信息、客户偏好等方面的感知能力,节省了合作社对消费者偏好信息的搜集成本 qc^m 。随着电商技术应用对品质、信息把控能力的提升,生产的农产品更可能符合消费偏好,进一步导致 γv_j 上升。最后,当合作社分配制度趋于规范时,有助于合作社通过内部激励相容机制充分利用各方要素资源,实现要素利用效率的提升,即 θ 值上升。因此,经过数理推导,合作社采纳电商后,在利润达到极值情况下能够取得最优经营绩效。由于治理绩效是组织制度管理安排,体现为资源整合的方式,而收入绩效是经营绩效和治理绩效的共同作用结果,故治理绩效和收入绩效需要通过理论推演对其进一步阐述。

(二)电商采纳的价值增值效应

基于价值增值理论,合作社的经营绩效主要来自合作社所嵌供应链上的农产品价值增值效应。传统的价值链是一个由单一经济主体主导,形成于某一行业的生产销售体系,电商经济下的价值链将不同行业、不同经济主体整合起来,形成了一个更为复杂的新价值链。以合作社为纽带的产业组织模式中,合作社基于优势互补与农户、电商企业等进行上下联盟,调整组织模式将价值链上各部分重新整合,强化价值增值空间较大的部分,削减掉不必要的中间环节,进而实现合作社农产品价值增值和经营绩效提高。合作社采纳电商整合资源和集成价值主要通过以下三个机制:信息反馈机制、竞争淘汰机制和成本分摊机制,同时反映了促进合作社经营绩效提升的渠道接入、农产品价格提升和成本降低三个作用路径,见图3-4。

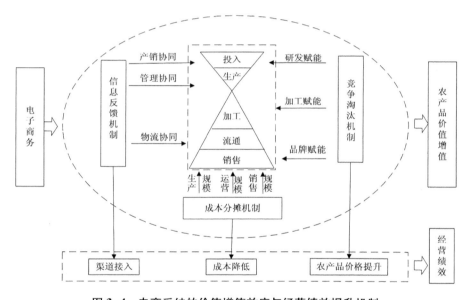

图3-4　电商采纳的价值增值效应与经营绩效提升机制

首先,电子商务通过信息反馈机制产生协同增值效应,协同使组织内外部各要素有机整合与协作,实现"1+1＞2"的价值生成效果(安德鲁·坎贝尔,2000)。具体而言,合作社采纳电商后,一是通过信息传播功能降低了信息不对称和信息传递过程中的"长鞭效应",在产业链投入阶段能够及时捕捉后端市场需求信息,于产前决定生产资料的选择与采购量,改善超量供应和供需不匹配,实现市场需求的同步化协同,形成产销层面的协同;二是通过数据分析功能降低跟风效应和创造竞争优势,数据搜集与分析使合作社、社员基于后端农产品价值取向在生产经营策略上达成共识,合作社以一定的产品标准指导社员规范、科学生产,既有效避免产品同质化与蛛网型波动,也增强了产品核心竞争力,形成管理层面的协同;三是通过互动交流功能产生去中介效应,由于电商平台为合作社和消费者提供对话交流的链接平台,导致流通环节削减了大量中间商,组织结构中各职能之间的协同优化,这降低了农产品交易成本和流通成本,产生节省效果,提高消费者满意度,形成物流层面的协同。以上电子商务通过信息反馈机制形成的协同效应给合作社带来渠道接入效应。

其次,电子商务通过竞争淘汰机制倒逼生产端升级产生赋能增值效应,农产品质量与安全是农产品价值实现的关键。具体而言,一是电子商务市场下高额的创新利润驱使合作社尝试和发掘潜在创新机会,产生研发赋能效应。研发是指能够给组织带来竞争优势的创新行为,本质上是通过引进新品种、新技术等制造市场非均衡状态,并基于此产生的盈利机会赚取超额创新利润(Vereshchagina & Hopenhayn,2009)。二是电子商务销售模式客观上要求产品标准化和多样化,这产生农产品加工赋能效应。如合作社通过分类分级、包装设计、精深加工等赋予农产品物理属性稳定、产品类型多样(王二朋等,2020)、质量等级与价格匹配等效果,获得了时间、空间上的价值增值。三是由于电商平台聚集的大市场竞争机制更偏好异质性、有竞争力的农产品,这导致农产品网购对品牌依赖度高,并且网上建设品牌成本较低,因此,合作社重视并投资打造自有特色品牌,而品牌能够给组织带来溢价收益(谢京辉,2017),产生品牌赋能效应。以上电子商务通过竞争淘汰机制形成的赋能效应给合作社带来农产品价格提升效应。

最后,电子商务通过成本分摊机制产生规模增值效应,根据规模经济理论,电商产业链各环节的设施设备等固定成本因规模扩大平均到单位产品上的成本降低,实现规模报酬递增。具体来看,一是合作社采纳电商后,增强了市场信息可获得性,有效对接供需,进而增加人际、技术和制度层面的信任稳定社员交易(崔宝玉,2020),使原本分散的农村电商产品整合起来,并扩大本地生产规模,形成生产的规模效应;二是在运营过程中,由于技术扩散与品牌扩张的边际成本几乎为零(邱国栋和白景坤,2007),一定规模的农产品与技术、管理等要素有机结合,进行流水线式标准化管理等,也产生规模经济效应;三是电子商务平台通过降低搜寻成本、提高搜寻效率以及平台集聚效应等扩大需求端的电商用户规模(孙浦阳等,2017;邱子迅和周亚虹,2021),形成了销售的规模效应。另外,市场空间扩大还可促使当地相关产业的发展,形成电商导向的产业集聚,产生更大的供给侧规模经济效应(Dunt & Harper,2002)。以上电子商务通过成本分摊机制形成的规模效应给合作社带来成本降低效应。

(三) 电商采纳的价值分配效应

农民合作社电商采纳后基于制度约束是否同步提高了普通社员的农产品价值分配? 事实上,前述分析发现,组织模式更紧密的合作联盟通过电商机制实现了更高的产业链整合与价值增值程度,从而可能通过组织制度优势进行价值协调并分配惠及社员农户。然而,学者们普遍认为,组织制度的约束并不具有普遍强制意义,实际盈余分配方案取决于双方力量的对比(邓衡山等,2014;杨洁,2019)。根据 Bowersox 和 Cooper(1992)的研究,双方力量对比不均衡本质上是一种权力的不对等,而合作中的权力来源于各成员感知到的相互依赖程度,是成员一方影响和控制另一方行为的能力。在权力不对等的合作中,强权方基于弱势方的依附程度获得相应的合作服从和谈判地位(Kumar et al.,1995),进一步决定了合作剩余的分配结构。由于合作社与社员农户通过资源互补进行合作与价值链整合,因此,双方的权力大小与博弈地位取决于各自资源的相互依赖程度。

基于此,基于资源依赖理论来界定合作社与社员农户间的资源依赖关系和谈判力量。依据资源控制的内生性、外生性特征可将合作双方资源依赖解读为结构依赖和过程依赖两种类型(Madhok & Tallman,1998;Casciaro & Piskor-ski,2005)。其中,合作社与社员农户由于资源禀赋不同,通过资源互补达成交易或合作是源于资源拥有方存在内在的关联,属于内生性依赖即结构依赖(资源占有);合作社与社员农户由于存在交易或合作关系,对另一方的组织嵌入具有依赖性而强调关系连接紧密度,属于外生性依赖即过程依赖(交易控制)。由此,两种依赖都强调权力关系取决于对双方资源的依赖程度,即权力的重塑或约束吸收行为(韩炜等,2017;Casciaro & Piskorski,2005)取决于合作社与社员农户的资源依赖互动,进而决定了合作组织的博弈地位与剩余分配。下面将从资源边际贡献、资源可替代性、资产专用性投资和风险承担四个方面分析合作社与社员农户的资源依赖关系,深度挖掘电商采纳后合作社剩余分配的行为逻辑。以合作社为分析对象构建的农产品价值分配框架如图3-5所示。

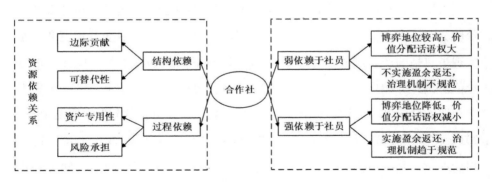

图3-5 合作社的价值分配分析框架

从资源禀赋上来看,资源的边际贡献与可替代性构成了合作双方的结构依赖,从交易控制上来看,资产专用性投资与风险承担构成了合作双方的过程依赖。首先,由于资源拥有主体分散存在,合作社与社员农户基于要素禀赋优势在产业链上分工与合作,要素禀赋边际贡献更大的一方被依赖程度更高。其次,出于利益的考量,博弈双方视合作后各自利益变化是否为净收益来决定是否谋求合作,因此,复杂多变的交易环境使合作社与社员农户间存在资源选择的结构替代性。不容易被替代的要素被依赖程度更高,其所有者谈判力量更强。再次,资产专用性投资是为支持交易进行的耐久性投资,在事后严重依赖于团队的存在或与其他团队成员的持久性关系,进而产生过程依赖,是影响谈判力量的重要因素(周振和孔祥智,2017)。资产专用性投资越多的一方,越需要合作长期稳定,对另一方的过程依赖越强。最后,由于农业属于风险型农业,社员农户参与合作社更多的是通过交易形成一种关系稳定的风险联盟或风险共同体,根据风险补偿原则(施晟等,2012),风险承担能力弱、风险分担较少的一方对合作存续关系的过程依赖更强。

农民合作社治理绩效主要反映组织决策、剩余分配等治理规范程度,而农民合作社剩余分配是合作社治理绩效的折射和体现,也是决定合作社与社员合作稳定与否的核心问题(万俊毅和欧晓明,2010),本质上属于对农产品增值的价值分配范畴。通过合作社与社员资源依赖关系的分析,可以发现农产品价值分配遵循相互依赖程度决定分配原则,即合作社治理绩效受到合作社与社员相互依赖关系的影响。当合作社采纳电商使社员的边际贡献提高、可替代性降低以及专用性资产相对减少、风险承担相对增加时,合作社对社员的结构依赖和过程依赖程度增加,社员在农产品价值分配上的谈判话语权提高,有助于促进合作社治理机制趋于规范,如在决策机制和盈余分配机制上进一步体现社员权益,从而可能改善合作社治理绩效。反之,当合作社采纳但是无法从结构依赖和过程依赖上提高社员博弈地位时,则没有动力和约束力促使合作社形成较为规范的治理机制,也无法促使合作社治理绩效发生改变。

（四）电商采纳的社员增收效应

农民合作社收入绩效衡量的是社员增收效益。在合作社深度嵌入农产品供应链的过程中,社员借助合作社间接嵌入农产品供应链管理,合作社组织社员与合作社"双重嵌入"并进行供应链变革实现农产品价值增值效应时,也意味着用于分配的农产品价值增加,即合作社通过电商采纳将"蛋糕做大",社员由于被组织起来而获得部分收益增加。与此同时,"农户+合作社"这一特殊经济组织的利润分配受到盈余分配方式即治理机制的影响(王真,2016),在农产品价值分配时,当社员博弈地位提高,促使合作社按交易额返还盈余的治理方式再次增加社员收益,如应瑞瑶和孙艳华(2007)研究发现"利润返还"制度能显著促进社员农户收入增加。由此可见,合作社采纳电商在提高合作社经营绩效和治理绩效的同时,通过"蛋糕做大"效应和"蛋糕分配"效应对社员收入提高产生影响。

三、交易方式与合作社绩效的
理论模型构建

由于电商情境下合作社与社员间实际形成了涵盖管理交易、市场交易等的交易体系,其中管理交易属于介于科层制与市场制之间的混合制治理结构,合作社往往基于交易成本最小化响机抉择交易方式和治理结构。而不同的交易方式可能具有不同的资源整合程度和资源整合方式,进而形成不同的绩效水平。因此,基于合作社不同交易方式下的制度安排构建不同交易方式下电商采纳对合作社绩效影响的理论分析框架,据以分析比较管理交易和市场交易方式下的合作社经济绩效(经营绩效、收入绩效)和治理绩效影响差异,如图3-6所示。下面从交易方式选择、不同交易方式下的经营绩效、治理绩效和收入绩效展开分析。

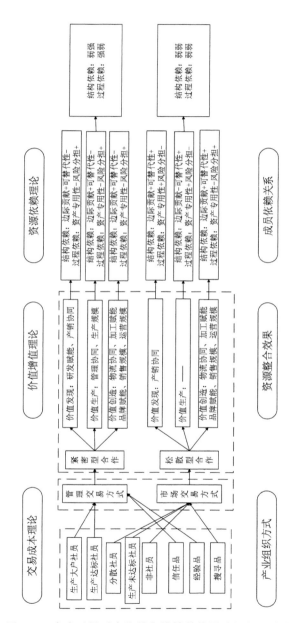

图3-6　电商采纳对合作社多维绩效的影响机制及效应

（一）电商采纳与交易方式选择

电商交易情境下,信息共享和供应链三重变革降低了合作社联结生产者对接大市场的运营成本和风险,增强了对生产者资源的识别、获取和组织匹配能力。但是,作为中间层组织的"合作社+农户"兼具市场和企业的双重属性,当价格机制下的协调成本过高时,该中间层组织边界向企业形式转变,当科层机制下的管理协调成本过高时,该中间层组织倾向于保留更多的市场成分,也就是说"合作社+农户"是介于市场与一体化之间的连续"光谱"。因此,电商情境下,合作社与农户的交易并未完全放弃市场交易形式,而可能在面临不同的交易主体、交易客体时,权衡交易成本并相机抉择最有利的交易形式。

从交易主体来看,合作社组织生产者交易的能力增强,但与不同类型主体交易时选择不同的交易形式。首先,对于过于分散的社员农户、生产未达标产品的社员农户以及非社员农户,合作社选择市场交易的方式统一收购农产品。这是因为这类交易主体生产规模小,在生产过程中并未投入过多的专用性资产,与合作社交易的违约或退出机会成本低,投机不确定性强,而合作社与这类交易主体交易频率少,基于节约管理成本的考虑,也不宜采用合约契约对他们进行生产约束。其次,对于生产达标产品的社员农户尤其是生产大户社员,合作社采取管理交易的方式进行紧密型合作。这类交易主体是合作社绝大多数的产品来源,相互间交易频率高,出于节省交易成本以及管控农产品质量的考虑,合作社全过程参与或指导产前、产中和产后的经营管理,双方的资产专用性投资均较高,违约或退出的机会成本大,管理交易方式保证了农户、合作社与市场的三方需求。最后,政府对农产品电商生态系统的兴起起重要支持作用,政府通过资金、设备、订单项目对农业经营主体进行扶持,使合作社与农户产生了交易频率少但交易稳定性强的限额交易。

从交易客体来看,为保证农产品生产与消费者需求相匹配,合作社基于农产品经验品、信用品和搜寻品的属性差异决定生产过程的标准化管理和监督情况。农产品的搜寻品、经验品和信用品属性的实现过程是影响市场价值的关键，但受生产成本约束，可能存在生产不规范行为而损害产品质量安全。具体来说，对于农产品的经验品属性，购买者需要依据以往使用经验或者通过使用来判别产品质量，而对于农产品的信任品属性，生产过程是否存在施用违禁药物以及药物施用量是否超标等情况则很难监督，这显然增加了合作社对产品进行质级认定的难度和成本，因此，合作社采取管理交易方式。对于搜寻品属性的农产品，合作社直接从产品外观就能辨别品质，且网上销售时图文发布和消费者反馈的信息显示机制也足以保证交易的进行，因此，对生产过程的管控就不是那么迫切，合作社会采取市场交易方式节省成本。

　　基于以上所述，合作社采用电商后，服务社员的能力由弱变强，与社员进行市场、管理和限额等多种形式的交易。由于不是所有的合作社均有机会采取限额交易，本部分主要针对市场交易和管理交易两种形式进行分析，见表3-1。当交易主体的交易规模越大、农产品经验品和信任品属性越强，合作社越趋于采取管理型交易方式以节省成本和降低交易的不确定性。

表3-1　电子商务交易情境下交易方式的选择

	交易主体	交易客体
市场交易	非社员、生产未达标产品的社员	具有搜寻品属性的产品
管理交易	生产达标产品的社员	具有经验品和信用品属性的产品

（二）交易方式与合作社经营绩效

　　合作社与农户不同的交易方式，既反映了合作社主导的不同治理模式，也反映了以合作社为纽带的产业组织模式对产业链的不同整合方式。整合过程表现为合作社主导的产业链实现价值增值的过程，因此，基于电商增值机制的分析框架，将价值增值机理与资源整合模式实际相结合，从价值发现、价值生产和价值创造三个阶段揭示不同交易模式下合作社电商采纳后的经营绩效。

在价值发现阶段,具有资本家和企业家双重角色(张晓山,2009)的理事长或核心社员扮演着重要的角色。为迎合市场或产品主导逻辑和谋求效用最大化,合作社驱动企业家才能即企业家独特的判断力持续发现产业链上的投资机会(Foss & Klein,2005;万俊毅和欧晓明,2010)。而这个过程,只有内生于企业家才能的动态能力,才能识别不断迭代的客观机会、做出战略性决策(Lin & Wu,2014),是最为稀缺、难以模仿和不可替代的,也是在信息认知上处于劣势的普通社员并不具备的。在产业链投入环节,合作社通过信息反馈机制和竞争淘汰机制能够准确解读信息背后的商业价值和识别发展机遇,通过与科研院所、龙头企业合作等研发引进优质、改良的种子、种苗等生产资料,推动农产品提质增效,这实现了价值链增值的产销协同效应和研发赋能增值效应。在合作社运营过程中,合作社感知技术、市场需求等变革,对战略定位、资源配置等进行及时调整,以构建竞争能力适应内外部环境变化,使合作组织运行在更持久的盈利模式上。可以发现,电商交易情境衍生的管理交易方式下合作社与社员农户的准纵向一体化合作实现了企业家才能的价值发现,而市场交易方式下由于部分社员并未让渡投入决策权使合作社的价值发现作用发挥有限,部分社员可能会因信息反馈机制选择投入市场需求高的农产品生产资料。

在价值生产阶段,作为决定农产品质量的核心环节,产品主导的逻辑使得组织协作、规模化和强化控制成为合作社成功的关键要素(刘江鹏,2015)。由此,合作社通过信息反馈机制和成本分摊机制对社员农户进行生产过程管控,能有效整合互补资源获取资源价值潜力和竞争优势(周文辉等,2017;Cunha et al.,2014)。在产业链生产环节,首先,合作社借助对消费数据的收集、分析及专业技术,管理指导社员生产中的生产要素科学配比、防疫防害措施、用药用料行为规范、技术普及培训等,把地点分散的农户生产视为一个个作业车间,实现准车间化管理(万俊毅和欧晓明,2010),以使生产供应与市场需求协同。其次,合作社通过基地建设、指导示范将农户资源重新整合管理,加大对农户融入产业链的组织力度和促进产业横向扩张,使电商资本带来的先进现代化设备等在合作社与社员得以资源共享和成本分摊,实现了生产规模效应。最后,合作社通过二维码、条形码、RFID 技术等具备事前验证和事后追踪功能的追溯系统进行结果监控,进一步保障农产品质量安全,增加了农产品信任和顾客黏性(崔宝玉等,2020),从而强化价值生产对价值实现的支持。可以发现,在纵向一体化合作的实际经济活动中,合作社除了承担各种服务功能产生的交易成本,还同社员农户一样参与了价值生产。基于此,管理交易方式下合作社与社员农户均为价值生产者,实现了价值链增值的管理协同效应和生产规模效应,而市场交易方式下,由于专业能力缺失、经验惯性等因素部分社员农户并未完全实现生产决策权的让渡,价值生产的增值效应不高。

在价值创造阶段,价值创造是基于产业链延伸、纵向扩张的价值创新过程,与传统价值链相比,电商价值链使农业经营主体整合与协调上、下游环节的动力与能力增强,促使资源向产后环节嵌入拓宽价值增值网络。在产业链加工环节,合作社主要通过竞争淘汰机制实现对农产品的适度、深度加工,提高农产品附加值,通过风险分摊机制对收购的规模化初级农产品统一加工,实现降低资金、设备等已投入固定成本的规模效应。在产业链流通环节,合作社通过信息反馈机制有效解决前端生产者与后端消费者的信息沟通问题,以基于电商平台的直销渠道替代复杂冗长的中间商分销渠道,将农产品直接物流配送到买方手中,实现了协同效应。在产业链销售环节,合作社通过竞争淘汰机制驱动农产品品牌价值创造,从品质认证体系、文化资源挖掘、营销服务投入等渠道增加农产品品牌的结果性、情感性和程序性价值(张耘堂和李东,2016),实现品牌溢价与增值效应。与此同时,合作社还通过成本分摊机制获得了平台经济带来的需求规模效应(汪旭辉和张其林,2015)。可以发现,与传统的松散型合作组织相比,准纵向一体化的合作组织由于延伸嵌入价值链下游环节创造了更高的附加值增值。因此,合作社采纳电商后,与社员农户进行管理交易能够实现产业链加工环节、流通环节和销售环节的价值创造,而与社员进行市场交易时,不同点在于,由社员提供用于加工的初级农产品数量和品质相对较少或同质性较高,合作社在加工到销售环节的价值创造与社员关联度极低甚至无关,合作社主要通过技术、资本赋能实现协同效应、赋能效应,由于本地社员产品成本偏低,则可能为价值创造贡献了规模效应。

不同交易方式的农产品价值增值差异如表3-2所示。由此可知,电商采纳使农产品价值实现增值改善经营绩效,且不管何种交易模式,均能够提升合作社经济绩效。区别在于,两种交易方式下的资源整合程度不同,管理交易对产业链前后端的资源整合程度高,市场交易对产业链前后端的资源整合程度低。

表3-2　不同交易方式的农产品产业链整合

	价值发现	价值生产	价值创造	整合程度
管理交易	产销协同、研发赋能	管理协同、生产规模	物流协同、加工赋能、品牌赋能、运营规模、销售规模	高
市场交易	产销协同	——	物流协同、加工赋能、品牌赋能、运营规模、销售规模	低

(三) 交易方式与合作社治理绩效

合作社与社员的不同交易方式对应不同的治理结构、组织模式和制度安排,分别从合作社对社员的结构依赖和过程依赖分析电商采纳后两种交易方式下的合作关系,以及治理绩效。

结构依赖包括资源的边际贡献与可替代性。第一,从边际贡献来看,当合作社与社员农户进行管理交易时,在价值发现阶段,合作社核心社员运用自身创新能力、信息警觉能力等能力禀赋吸纳并整合各种核心生产要素实现价值链战略环节的企业家才能增值;在价值生产阶段,合作社运用知识禀赋对社员农户组织管理、技术培训、信息服务等实现价值链上游环节的技术增值、信息增值,而社员农户运用自身土地、增加劳动力禀赋与信息技术结合,创造了农产品使用价值增值;在价值创造阶段,合作社运用资金、人力、社会等资本禀赋分别在加工、流通环节实现了时间增值、空间增值、链接增值,在销售环节实现了品牌增值、渠道增值和服务增值,而社员农户运用劳动力禀赋实现使用价值增值。因此,可以看出,合作社的资源禀赋在农业电商产业链各环节的参与度更高、资源边际贡献更大,导致社员农户对其依赖度较高。然而,资源的被依赖程度是动态变化的,不同的交易方式的结构依赖可能不太一样。当合作社与社员农户进行市场交易时,由于社员农户在价值生产阶段仅创造出与电商采纳前相同的低附加值贡献,而合作社通过管理上的示范效应和嵌入产业链流通环节在价值生产阶段、价值创造阶段实现了信息增值和链接增值,从而边际贡献大、结构依赖程度低、谈判力量强。由此可见,合作社采纳电商后,两种交易方式下的博弈权力位势都高。但值得注意的是,通过比较发现,尽管合作社采纳电商后的资源边际贡献更大,可进行管理交易时社员农户的资源边际贡献也得以增加,这反向抑制了合作社与社员间的依赖强弱关系,使合作社谈判力量相较于采纳电商前有所下降,而进行市场交易时的谈判力量没有被减弱。因此,相较于市场交易方式,管理交易方式下合作社的相对边际贡献偏弱。

第二,从可替代性来看,当合作社与社员农户进行管理交易时,在价值发现阶段,合作社的交易对象只能是愿意采购合作社研发品种或指定研发成果的社员农户,而社员农户具有让渡或不让渡投入决策权的行为响应机制;在价值生产阶段,合作社的交易对象只是遵循规范管理的本地生产者,而社员农户可能因生产性边际努力不足具有让渡或不让渡经营决策权的自我执行机制(罗必良,2020);在价值创造阶段,合作社的交易客体只能是以一定标准生产为主的异质性农产品,而规范生产的社员农户因机会主义具有交易或违约不交易的行为决策机制。由此发现,与合作社进行管理交易的社员农户拥有的资源要素是不容易被替代的要素,导致合作社对其依赖程度较高。然而,资源的被依赖程度是动态变化的,当合作社与社员农户进行市场交易时,由于合作社在价值发现阶段、价值生产阶段以及价值创造阶段均具有较为稳定的交易对象和交易客体,而部分社员农户由于自然条件、经营能力上的差异或不愿意放弃经营决策权生产出的农产品与电商采纳前同样不具备市场竞争力,是容易被替代的同质性要素,导致合作社被依赖程度较高。与此同时,基于电商的消费扩大效应(韩雷和张磊,2016),合作社能为社员农户提供更稳定的销售渠道、节约交易成本,这进一步增强了合作社的不可替代性。因此,通过比较发现,基于结构资源的被替代性大小,合作社采纳电商后在面对不同的交易方式时,在合作中的博弈地位并不相同,管理交易方式使合作社谈判力量减弱,而市场交易方式使合作社谈判力量增强。即相较于市场交易方式,管理交易方式下合作社的不可替代性偏弱。

由于农产品电商生态系统是一个互动开放的系统,能在政府、社会和市场的激励约束下有序运行,不必然以契约进行维系(王胜和丁忠兵,2015),且不完全契约的约束面临高合约执行成本,故即使合作双方关系较为稳定,也没生成固定的层级边界,具有很强的组织弹性,而各交易主体可以依据自身需要来选择是否参与交易。因此,整个合作过程中涉及双方过程依赖的博弈关系。

过程依赖包括资产专用性投资和风险承担。第一,从资产专用性投资来看,当合作社与社员农户进行管理交易时,合作社的专用性资产投资形成于农产品的整个价值增值阶段,既涉及实物、人力资本专用性资产,也涉及设施设备、场地、品牌专用性资产,而社员农户的专用性资产只形成于价值生产阶段,只涉及实物专用性资产,即农产品存在时间上的专用性和产品上的专用性。且合作社的专用性资产投资与社员农产品关联度极高,此时,合作社的投资建设的资产专用性更高。当合作社与社员农户进行市场交易时,其投建专用性资产的价值实现更依赖于销售环节投入的技术资本,营销技术资本的专用性程度并不高,且初级农产品也无需严格区分社员和非社员产品,而社员农户的实物专用性资产时间上、产品上的专用性更强,导致对合作社的过程依赖增加。基于此,通过比较发现,合作社采纳电商后,管理交易方式的专用性资产投资大幅增加,合作社谈判力量减弱,而市场交易方式下合作社谈判力量增强。即相较于市场交易方式,管理交易方式下合作社的资产专用性程度偏高。

　　第二,从风险承担来看,当合作社与社员农户进行管理交易时,在价值发现阶段,合作社对市场机会进行识别与评估,承担一定的决策风险;在价值生产阶段,当质量满足电商标准的农产品数量生产不足时,资源整合的规模效益和增值效益受损,合作社与社员农户分担了部分生产风险;在价值创造阶段,合作社对社员农产品一次性现金交付,又是加工、流通、销售环节的主要出资者,承担了市场风险与资本风险。而社员农户仅在价值生产环节承担因自然灾害、技术应用不当等带来的生产风险。风险承担能力的悬殊或风险分担程度的差异导致社员农户对合作社有较高的过程依赖。当合作社与社员农户进行市场交易时,合作社仅承担了交易后的市场风险转移,社员农户完全承担生产风险,但电商市场竞争激烈、不确定性高,合作社相较于社员承担更多风险。经过比较发现,合作社采纳电商后,在管理交易方式下分担了更多的农业风险,谈判力量增强。即相较于市场交易方式,管理交易方式下合作社承担的风险程度偏高。

　　不同交易方式的资源依赖情况如表3-3、表3-4所示。

表3-3　管理交易方式下的资源依赖情况

价值增值环节		价值发现		价值生产		价值创造	
博弈主体		合作社	农户	合作社	农户	合作社	农户
结构依赖	边际贡献	企业家才能	——	技术增值、信息增值	农产品使用价值增值	时间增值、空间增值、链接增值、品牌增值、渠道增值、服务增值	农产品使用价值增值
	可替代性	仅选择愿意采购合作社研发成果的生产者	选择让渡或不让渡投入决策权	仅选择遵循规范管理的本地生产者	选择让渡或不让渡运营决策权	选择交易一定标准生产为主的异质性农产品	选择交易或违约不交易

续表

价值增值环节		价值发现		价值生产		价值创造	
过程依赖	资产专用性	实物、人力资本专用性资产	——	人力资本专用性资产	实物专用性资产	设施设备、场地、品牌专用性资产	——
	风险分担	决策风险	——	部分生产风险	生产风险	市场风险、资本风险	——

表3-4　市场交易方式下的资源依赖情况

价值增值环节		价值发现		价值生产		价值创造	
博弈主体		合作社	农户	合作社	农户	合作社	农户
结构依赖	边际贡献	企业家才能	——	信息增值	农产品使用价值增值	时间增值、空间增值、链接增值、品牌增值、渠道增值、服务增值	——
	可替代性	——	——	——	——	选择交易或者不交易	选择交易
过程依赖	资产专用性	——	——	——	实物专用性资产	设施设备、场地、品牌专用性资产	——
	风险分担	——	——	——	生产风险	市场风险	——

　　由上可知,合作社收益分配结构实际上是由构成结构、过程依赖的四个因素决定的。基于拥有要素的边际贡献越大、可替代性越弱、资产专用性越少、风险分担越多,越具有更高的谈判话语权,更能获得更多的合作剩余分配。合作社采纳电商后,与社员进行管理交易方式时,由于农户提供要素的可替代性较弱且资产专用性相对较少,显著提高了农户话语权,增加了农户的收益分配。由于按交易额返还盈余制度是反映社员收益的重要机制,合作社对社员价值分配的让渡,促使治理机制转向按交易额返还盈余,进而改善合作社治理绩效。当合作社与社员进行市场交易方式时,合作社相较于社员的边际贡献大、不可替代性强、资产专用性高以及风险承担多,对于社员的结构依赖和过程依赖均较低,使得合作社相较于社员依旧处于有利博弈地位,从而不会向社员让渡更多农产品价值增值,无法有效改善合作社治理绩效。

（四）交易方式与合作社收入绩效

管理交易方式下合作社收入绩效受到农产品资源整合和资源整合方式两个层面的影响。在资源整合层面,一方面合作社参与社员的生产管理,对社员的农产品产量产生正向影响,如在价值生产阶段,合作社通过组织社员传递管理技术、对接专家指导,最大限度规避了农产品生产过程中的自然灾害、病虫害等生产风险,在稳定产量的同时提升产量;另一方面合作社基于对规模经济效应的追求,流转土地或者鼓励社员流转土地进行连片经营管理,打造生产示范基地,也提升了社员产量尤其是大户社员产量。故合作社采纳电商在资源整合层面促使社员农产品产量增加,从而通过收购量增加提高社员收入。与此同时,在资源整合层面,合作社参与社员的生产管理,还对社员的农产品质量产生正向影响,合作社通过统一规范生产资料投入、生产过程管控和不定期监督检测大大提高了农产品质量安全,使社员农产品收购价提升。而在资源整合方式层面,限于农户有限理性和较高治理成本,合作社对社员进行"一次让利"以替代盈余分配的二次返利,也进一步提高了社员农产品收购价格。故合作社采纳电商在资源整合和资源整合方式层面促使社员农产品收购价增加从而提高社员收入。综上管理交易方式下电商采纳有助于促进合作社收入绩效提高。

市场交易方式下合作社收入绩效的提升主要来自农产品资源整合层面,而未受到农产品资源整合方式的影响。在资源整合层面,由于合作社不对社员生产过程进行管理,社员的农产品产量主要取决于社员自身种植经验和自然条件,故农产品产量提升而导致收购量增加的社员增收效应并不明显。然而,合作社在市场驱动和电商运营规则约束下,倾向于整合本地社员农产品以降低采购成本和实现利润最大化,这是由于合作社直接收购社员农产品压缩了多重中介的利润差,合作社对社员农产品有直接交易的激励,再加上社员在面临商贩收购时还可能面临压价的风险,故而合作社通过提高收购价或者以高于商贩收购价的价格收购社员农产品,能够提高社员收入进而提高社员收入绩效。在资源整合方式层面,由于市场交易方式下的社员对合作社依赖程度较高,在农产品价值分配上处于劣势地位,也难以从经济层面促使合作社治理机制趋于规范,从而无法从中提高社员收入绩效。基于此,市场交易方式下的电商采纳也有助于合作社收入绩效提高,但提高幅度有限。

本章主要内容是从技术采纳理论、组织治理理论、价值增值理论和资源依赖理论等理论基础出发,对合作社采纳电商的必要性、可能性以及电商采纳后的绩效变化情况进行探讨,构建了合作社电商采纳的影响因素分析框架和电商采纳影响合作社绩效的理论分析框架,从而为本书后续研究提供理论支撑。首先,由于电商采纳具有技术、资本和信任三大门槛,合作社具有相应的资源禀赋优势决定了合作社作为电商采纳主体是理性选择结果。而合作社作为兼具组织和个体属性的特殊经济组织,电商采纳行为将受到来自技术层面、组织层面和环境层面的多种因素的影响。从技术层面因素来看,合作社负责人对电商的感知有用性、感知易用性越高和感知风险越低,越倾向于采纳电商;从组织层面因素来看,合作社产业类型、组织规模、高层支持以及资金充裕度对合作社电商决策行为产生影响;从环境层面因素来看,政府支持和合作社支持对合作社电商决策行为产生正向影响。其次,合作社采纳电商促使供应链发生扁平化、生态化和一体化变革,形成合作社对农产品供应链的深嵌,进而改变合作社角色定位、职能管理和业务范围。合作社深度嵌入供应链对合作社交易产生影响并影响合作社组织模式发生转变,随着组织模式的转变,合作社对农产品供应链的资源整合程度加强,从而在农产品价值增值的同时实现合作社经营绩效的提高。这主要是通过电商的信息反馈机制、竞争淘汰机制和成本分摊机制给合作社带来渠道接入效应、农产品价格提升效应和成本降低效应导致的。而资源整合的方式基于合作社与社员的资源依赖关系决定了农产品价值的分配的博弈情况及合作社治理绩效。合作社经营绩效提升和治理绩效改善能够通过"蛋糕做大"效应和"蛋糕分配"效应影响合作社收入绩效。最后，由于交易情境复杂性，合作社采纳电商与社员在面临不同的交易主体、交易客体时权衡交易成本相机抉择最有利的交易形式。在不同的交易方式下，如管理交易方式和市场交易方式，合作社在价值发现、价值生产和价值创造阶段进行不同程度的资源整合，形成不同的资源整合方式，产生不同的经营绩效、治理绩效和收入绩效。其中，通过理论推演，管理交易方式下合作社的经营绩效、治理绩效和收入绩效优于市场交易方式。本章分析框架为后文研究提供了系统的理论支撑。

第四章　农民合作社电商采纳影响因素的实证分析

本章承接第三章构建的理论框架,进行首阶段实证分析。尽管本书重点探讨电商采纳对合作社绩效的影响效应,但理清合作社电商采纳的前因对评价其行为后果至关重要。一方面,探究电商采纳对合作社绩效的影响效应,必须以合作社电商采纳行为选择为前提,合作社先有电商采纳行为,才能对组织绩效产生影响。同时,作为理性决策者,合作社采纳电商本质上就是一种追求最大化效益的决策行为。本章对合作社电商采纳的影响因素进行分析,是为了认清电商采纳的行为逻辑,有助于全面掌握电商采纳的内在规律和外部约束,为有效增进合作社绩效寻求方向和路径。另一方面,由于电商采纳是一个动态多级过程,合作社的电商采纳选择和电商采纳程度构成了一个完整行为,专门探明其影响因素具有一定的现实必要性。因此,本章重点研究合作社电商采纳的前因,为后文分析电商采纳的影响效应奠定研究基础。为了引导合作社积极开展农产品电商,助推合作社对电商的采纳应用,本章基于上一章整合 TAM 和 TOE 的理论分析模型,利用安徽省实地调研数据进行实证分析,探讨了影响合作社电商采纳的技术、组织和环境层面因素。研究结论揭示了电商采纳的决策形成机理,从客观事实和理论上明晰了促进合作社电商采纳的现实路径。

一、模型设定与变量选取

（一）模型设定

关于合作社电商采纳存在两个问题:一是技术采纳行为是一个动态多级的过程(Dimara & Skuras,2003),合作社电商采纳行为实际上是两个行为决策过程的有机结合,其第一阶段为合作社是否采纳电商,第二阶段为合作社电商采纳的销售强度。合作社电商采纳选择以及电商采纳程度构成了一个完整过程,从是否采纳电商或者采纳强度的单一维度来进行研究,无法有效完整地刻画合作社电商采纳行为。且从逻辑上来看,两个决策过程既有差异又有关联,决定合作社是否采纳电商与采纳电商程度的影响因素间可能存在系统相关性。二是合作社采纳电商不是随机行为,可能是自我选择的结果。由于不是全部合作社都会进行电商采纳,如果将未采纳电商的合作社忽略或剔除,仅对电商采纳合作社的电商采纳强度进行回归,就会因采用自我选择样本导致有偏估计。在数据特征上表现为,电商采纳合作社的电商销售强度数据是完整的,而电商未采纳合作社的电商销售强度数据在零处结尾,属于受限数据。为避免合作社选择偏差和考虑数据问题,这就需要采用 Heckman 模型进行分析。Heckman 模型的优点在于,一是模型估计采用两步估计法,允许建立两个具有联系又有不同决策机制的两阶段决策模型;二是能对样本选择或自选择偏差加以修正,去除合作社电商决策时出现的数据断尾带来的选择性偏误。与其他常用决策分析模型(林海英等,2019;储成兵,2015)相比,比如 Logit 模型和 SEM 模型只考虑决策选择过程,Tobit 模型主要考虑数量参与决策过程,Hurdle 模型要求采纳决策与使用情况相互独立,而 Heckman 模型既能对两个过程分别估计,又能满足两个过程间的相互联系,从而克服以上模型的局限性,因此,电商采纳模型采用 Heckman 两步法进行研究。基于图 4-1 样本选择机制,构建相应两阶段模型。

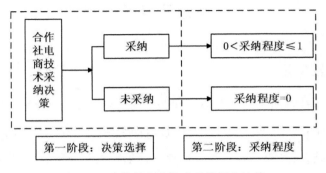

图 4-1　合作社电商技术采纳行为决策

在第一阶段,采用 Probit 模型估计合作社电商采纳决策,模型表达公式如下:

$$P_{1i}^* = \alpha_0 + \sum_{j=1}^{m} \alpha_{1j} X_{1j} + \varepsilon_{1i} \tag{4-1}$$

$$P_{1i} = \begin{cases} 1 & P_{1i}^* > 0 \\ 0 & P_{1i}^* \leq 0 \end{cases} \tag{4-2}$$

式(4-1)中,P_{1i}^*表示第 i 个合作社采纳电商的概率,α 是常数项,β_j是待估参数系数,X_{1j}是第 j 个影响合作社电商采纳的因素。ε_i是服从标准正态分布的随机误差项。由于被解释变量P_{1i}^*是无法观测到的潜在变量,定义示性函数见式(4-2)。如果合作社认为电商采纳的效用大于不进行电商采纳的效用,则会选择采纳电商。即当$P_{1i}^* > 0$时,$P_{1i} = 1$,表示合作社进行电商采纳,当$P_{1i}^* \leq 0$时,$P_{1i} = 0$,表示合作社不进行电商采纳。

根据式(4-1),对样本所有观测值计算得出逆米尔斯比率 λ,λ 包含了式(4-1)中不可观测的信息,将其作为工具变量引入模型以修正第二阶段的样本选择偏差,其转换公式为:

$$\lambda = \frac{\phi(X_{1i}\alpha/\sigma_0)}{\Phi(X_{1i}\alpha/\sigma_0)} \tag{4-3}$$

式(4-3)中,$\phi(X_{1i}\alpha/\sigma_0)$为标准正态分布的密度函数,$\phi(X_{1i}\alpha/\sigma_0)$为相应的累积分布函数。

在第二阶段,基于合作社电商采纳的样本数据,采用 OLS 方法估计合作社电商采纳程度,用选择决策方程估计的逆米尔斯比率 λ 作为一个额外解释变量,建立方程如下:

$$Y_{2i} = \beta_0 + \sum_{j=1}^{m} \beta_{2j} X_{2j} + \delta\lambda_i + \upsilon_{2i} \qquad (4-4)$$

式(4-4)中,Y_{2i}表示合作社电商采纳程度,X_{2j}表示影响合作社电商采纳程度的一系列因素,λ_i表示逆米尔斯比率,β 和 δ 表示待估参数,γ_{2i}表示服从标准正态分布的随机误差项。

需要注意的是,当 λ 显著不等于 0 时,说明模型存在样本选择偏差,若两个式子中干扰项的相关系数显著不等于 0,则表明上述两方程相互关联,此时应用 OLS 会导致估计值偏误,采用 Heckman 模型才能得到有效一致的估计。Heckman 模型要求第二阶段的解释变量集是第一阶段解释变量集的子集,即式(4-1)中至少存在一个解释变量是式(4-4)中不存在的,该解释变量只影响合作社电商采纳选择却不影响电商采纳程度。

(二) 变量选取

根据前文理论分析,通过整合 TAM 模型和 TOE 模型,影响合作社电商采纳的因素包括技术因素、组织因素和环境因素三个层面,本章借鉴国内外已有相关研究成果,结合理论分析框架和调研情况,从技术、组织和环境这三个层面的变量来考察对合作社电子商务技术采纳的影响。

被解释变量选取。借鉴闫贝贝等(2021)和李晓静等(2019)的研究,在 Heckman 两阶段模型的第一阶段选择方程中选择合作社是否采纳电商作为被解释变量,通过询问"合作社是否通过互联网销售农产品"作为代理变量,设置为二分位变量。第二阶段方程中选择合作社电商采纳的强度作为被解释变量,以"合作社通过互联网销售的农产品金额占全年总销售额的比重"作为代理变量,设置为连续型变量。统计结果显示,采纳电商合作社有 72 家,占有效样本的 24%,未采纳电商合作社有 228 家,占有效样本 76%,在采纳电商的合作社样本中,电商销售强度均值为 33.8%,可见合作社电商采纳和电商采纳程度均有待进一步提高。

解释变量选取。解释变量包含技术层面、组织层面和环境层面的影响因素变量。首先,技术层面相关变量包括感知有用性、感知易用性和感知风险,决定着合作社负责人通过感知成本收益等主观判断对电商技术特征的衡量,合作社负责人认为电商采纳带来的潜在价值越高,掌握电商技术付出的努力代价越小,电商采纳的安全性和可靠性越高,越倾向于采纳电商技术。由于认知变量无法直接测量,感知有用性以"您认为 QQ 群、微信群等互联网社群对合作社销售农产品有用吗"作为代理变量,设置为定序变量。根据 Venkatesh & Davis(2000)提出的感知易用性度量量表,当技术操作简单容易掌握时,合作社感知易用性程度较高,这表现为对技术掌握得比较全面。基于此,感知易用性以"您会编辑、发布信息的互联网工具和营销平台有哪些"作为代理变量,会使用的互联网工具和营销平台数目越多,认为电商技术掌握越容易,设置为定序变量。Bauer(1960)认为感知风险是个体感知到的负面结果,杨永清等(2010)认为感知风险是一个多维变量,包括感知功能、隐私、经济、心理和时间风险等。由于客观风险带来危害的可能性或损失严重性越高,个体的风险感知就越强(Cox,1967),而合作社在采纳电商进行农产品销售时,可能面临运输、收费等诸多问题,致使合作社从中感知到多重风险。因此,感知风险以"您认为合作社在使用互联网销售农产品过程中,是否面临更多问题与风险?"作为代理变量,设置为虚拟变量。其次,组织层面相关变量包括合作社产业类型、组织规模、高层支持以及资金充裕度,决定着影响合作社技术采纳行为的组织属性因素。参照以往学者们关于组织特性变量的选取(王真,2016;梁巧和白荣荣,2021;林乐芬和顾庆康,2017),合作社产业类型设置为粮食种植与非粮食种植两种类别,合作社组织规模通过合作社土地面积变量和社员人数变量进行衡量,反映了组织经营规模特征。合作社高层支持变量选取合作社负责人个人差异反映其对电商采纳不同程度的资源和权威支持,包括合作社理事长的性别、年龄和受教育程度。合作社资金充裕度选取合作社注册资本作为其代理变量,注册资本较多的合作社资金基础相对雄厚,还有助于获得金融信贷,则合作社注册资本一定程度上相当于资金投入(苏群等,2019),反映了合作社资金充裕度。最后,环境层面相关变量包括政府支持行为、合作者支持,决定着合作社进行电商决策时面临的外在环境支持情况。参照(Howell,2017;李万君等,2019)的研究,政府支持行为以"近三年政府补贴额度"作为代理变量,物流配送是电商活动的最后一个步骤(Michael,2007),现实调研发现,第三方物流等业务伙伴的服务体系越成熟,越有利于合作社获取电商采纳的外部环境支持。合作社合作者支持以"合作社所在地是否有冷库或物流集散中心"作为代理变量。另外,选取"合作社是否拥有主产品品牌"作为识别变量以保证模型的可识别性,原因在于,合作社拥有主产品品牌有助于促进其采纳电商技术,且该变量影响合作社电商采纳选择但并不直接影响合作社电商采纳强度。

对影响合作社电商采纳的变量特征进行描述性统计分析,见表4-1。

表4-1　变量描述性统计分析

变量名称	变量描述	均值	标准差	预期影响	
采纳选择	采纳电商=1,未采纳电商=0	0.240	0.428		
采纳程度	电商销售占总销售额比例,单位:%	0.338	0.394		
识别变量	有主产品品牌=1,没有主产品品牌=0	0.200	0.401		
1.技术因素					
感知有用性	很有用=5,有用=4,一般=3,没有用=2,很没有用=1	4.267	0.893	+	+

续表

变量名称	变量描述	均值	标准差	预期影响	
感知易用性	很容易＝5,容易＝4,一般＝3,不容易＝2,很不容易＝1	2.453	1.061	＋	＋
感知风险	是＝1,否＝0	0.510	0.501	－	－
2.组织因素					
产业类型	种植合作社＝1,其他＝0	0.760	0.428	＋	＋
土地规模	50亩及以下＝1,51—200亩＝2,201—1000亩＝3,1001—10000亩＝4,10000亩以上＝5	2.227	0.941	＋	＋
社员规模	5户及以下＝1,6—20户＝2,21—150户＝3,150户及以上＝4	1.780	0.744	＋	＋
高层支持	小学＝1,初中＝2,高中/中专＝3,大专及以上＝4	2.697	0.880	＋	＋
资金充裕度	注册资本,单位:万元	4.773	1.091	＋	＋
3.环境因素					
政府支持	近三年政府补贴额度,单位:万元	0.937	1.123	＋	＋
合作者支持	是＝1,否＝0	0.063	0.244	＋	＋

二、实证结果与讨论分析

（一）相关性检验

为避免解释变量间存在多重共线性,对所有系数进行多重共线性检验,检验结果表4-2显示方差膨胀因子最大值为1.59,平均值为1.27,即解释变量间不存在多重共线性。相关性分析结果如表4-3所示,各解释变量间的相关系数均不超过0.4,产业类型和土地规模的相关系数最强为0.393,资金充裕度与其他解释变量的相关系数较小,其中资金充裕度与感知有用性的相关性最低为0.003。因此,解释变量间不存在多重共线性。

表 4-2　共线诊断结果

变量	VIF	SQRT VIF	Tolerance	R-Squared
(1)感知有用性	1.22	1.11	0.8184	0.1816
(2)感知易用性	1.27	1.13	0.7856	0.2144
(3)感知风险	1.24	1.11	0.8055	0.1945
(4)产业类型	1.29	1.14	0.7738	0.2262
(5)土地规模	1.59	1.26	0.6296	0.3704
(6)社员规模	1.33	1.15	0.7507	0.2493
(7)高层支持	1.09	1.04	0.9170	0.0830
(8)资金充裕度	1.21	1.10	0.8256	0.1744
(9)政府支持	1.35	1.16	0.7405	0.2595
(10)合作者支持	1.13	1.06	0.8840	0.1160
Mean VIF	1.27			

表 4-3　解释变量的相关系数矩阵

变量	(1)	(2)	(3)	(4)	(5)	(6)	(7)	(8)	(9)	(10)
(1)	1.000									
(2)	0.380	1.000								
(3)	-0.163	-0.248	1.000							
(4)	0.046	0.093	-0.129	1.000						
(5)	0.119	0.094	-0.218	0.393	1.000					
(6)	0.013	0.034	-0.308	0.128	0.358	1.000				
(7)	0.030	0.180	-0.063	-0.031	0.082	0.153	1.000			
(8)	0.003	-0.041	-0.035	-0.105	0.294	0.225	0.071	1.000		
(9)	0.189	0.117	-0.290	0.033	0.280	0.310	0.183	0.038	1.000	
(10)	0.137	0.070	-0.101	0.018	0.170	0.151	0.022	0.017	0.312	1.000

（二）模型估计结果

运用 Stata16.0 软件对模型进行估计,模型 Wald-chi2 在 1% 的置信水平上显著,说明模型的拟合效果较好。同时,模型的逆米尔斯比率在 5% 的水平上显著不为 0,说明存在一定的样本选择偏差,采用 Heckman 两阶段模型检验合作社电商采纳的影响因素是合适的。

表 4-4 Heckman 模型估计结果

解释变量	第一阶段系数	标准误	第二阶段系数	标准误
感知有用性	0.738***	0.204	0.503**	0.168
感知易用性	0.231**	0.100	0.137**	0.046
感知风险	−0.581***	0.225	−0.297*	0.111
产业类型	−0.265	0.256	0.064*	0.029
土地规模	0.249**	0.123	0.060	0.073
社员规模	−0.150	0.157	0.037	0.096
高层支持	0.158*	0.089	0.033	0.021
资金充裕度	0.069	0.109	0.003	0.034
政府支持	0.003	0.062	−0.050	0.026
合作者支持	1.758***	0.416	0.490**	0.149
主产品品牌	0.428*	0.230		
常数项	−5.553***	1.258	−3.258*	1.339
逆米尔斯比率			0.475**	0.161
Wald chi²(11)=62.05　　Prob>chi²=0.000				

注:*、**、***分别表示系数估计值在 10%、5% 和 1% 的水平上统计显著。下同。

从技术层面因素来看,感知有用性、感知易用性和感知风险分别对合作社电商采纳选择和采纳程度产生显著影响,这与理论预期较为一致[①]。首先,感知有用性在 1% 的置信水平上对合作社电商采纳选择产生正向影响,在 5% 的置信水平上对合作社电商采纳程度产生正向影响。这说明,合作社理事长对电商技术的感知有用性程度越高,越倾向于选择采纳电商,对电商的使用程度

---

① 实地调研发现,72 家合作社的理事长本人采纳电商销售农产品,其中 63 家合作社采纳电商,9 家合作社未采纳电商,这说明理事长对电商技术的感知与决策对合作社电商采纳决策的影响至关重要,以合作社理事长对技术的感知来代表合作社组织的技术感知是必要的。

也越高。一般来说,合作社理事长认为电商采纳越有益,越关注和学习电商运营管理模式,主动接受电商培训和了解电商法律法规、政策要求,积极向社员传播电商运营优势和说服社员配合协助完成农产品电商销售,致使合作社采纳电商概率提高,在电商采纳程度上,也更注重运用电商销售渠道,增加农产品电商销售的比重。其次,感知易用性在5%的置信水平上对合作社电商采纳选择产生正向影响,在5%的置信水平上对合作社电商采纳程度产生正向影响。说明合作社理事长感知电商技术越容易,越愿意采纳电商和使用电商销售农产品。合作社负责人或理事长往往由专业大户、返乡农民工、村干部等人员构成(马太超和邓宏图,2019),多为长期从事农业的农户,对电商技术易用性的感知存在较大差异,相应的电商采纳弹性也较为敏感,即当感知易用性降低时,电商采纳概率和程度随之降低。实地调研发现,对电商技术更熟悉的人和具有网店、短视频运营相关经验的人,感知电商技术掌握较为容易,对农产品电商具有浓厚的兴趣,而感知电商技术掌握较为困难的人,容易产生陌生感和恐惧感从而与电商技术存在心理距离,往往认为电商技术应用投入成本过高,产生畏难情绪并望而却步。如在增强网销农产品质量保障上,部分网商认为认证食品安全认证的手续烦琐、费用高,缺乏切实可行性,而比较抖音平台的推广使用和电商平台的使用情况,也容易发现感知易用性是影响合作社采纳的重要因素。与此同时,在电商采纳程度上,电商技术越容易学习,掌握成本越低越容易高频使用,形成持续性采纳行为。根据实践观察,部分合作社负责人感知到电商技术容易时,倾向于不断利用电商技术实现农产品销售额迅速扩张,电商采纳参与度较高。但部分合作社负责人认为电商平台的相关运营规则和技巧等复杂多变,难以有效利用其获得更高效快捷的农产品销售和更低的维护成本,因此基于时间精力等成本的考虑对电商采纳程度并不高。还有部分合作社负责人采纳电商后由于难以真正掌握电商技术无法从中获取预期收益,对电商产生负面或认知偏差,并不看好农产品电商销售的潜力或认为农产品电商过于"烧钱",不如维持简单易行的传统方式进行销售,甚至出现电商采纳退出行为。最后,感知风险在 1% 的置信水平上对合作社电商采纳选择产生负向影响,在 10% 的置信水平上对合作社电商采纳程度产生负向影响。说明合作社理事长认为电商采纳带来的风险越大,越不愿意选择采纳电商,即使采纳电商,也表现为较低的电商采纳程度。根据 Bauer(1960)对感知风险的定义,感知风险在信息技术采纳研究中被划分为功能风险、隐私风险、经济风险和心理风险等多个维度,在技术使用过程中由于结果不确定性造成的损失导致技术采纳者主观感知到风险,从而规避技术采纳行为。实地调研发现,不同于以往技术采纳常见的信息层面的隐私风险、经济层面的资金风险等,合作社开展农产品电商感知的风险以交易风险和技术风险为主,其中交易风险包括农产品因难以标准化可能存在的退换货风险、因销售半径扩张在运输途中可能存在的毁损风险、因小批次销售导致包装规格不可控可能存在的成本沉没风险等,技术风险主要包括平台自身技术缺陷带来的风险,如电商平台运营过程中因操作不当可能存在的封号风险,农产品信息展示与产品推广时可能因敏感词过度识别存在的审核不通过风险等。当合作社负责人心理感知到来自这些不确定性情境的风险较高时,通常选择不采纳电商技术,还有些合作社负责人在电商采纳后逐渐意识到电商交易风险或技术风险,选择采取降低电商采纳程度的做法。

从组织层面因素来看,合作社产业类型、组织规模和高层支持并非全部显著影响合作社电商采纳行为。首先,合作社产业类型对电商采纳选择的影响不显著,对电商采纳程度的影响在 10% 的水平上显著为正。这可能是由电商属性和不同农产品的生产技术特性、市场交易特性决定的。一方面,不管是种植类农产品还是养殖类农产品均面临不耐存储、运输成本高等问题使网络消费者产生较高的风险感知,梁文卓等(2012)分析发现,网络消费者更偏好于储存环境要求较低、消费时效较长、对物流包装无特殊技术要求、消费风险较低的农产品。且电商运营往往需要购置昂贵的配套设备,限于资金门槛和市场风险,合作社往往不轻易选择采纳电商。因此,基于农产品属性特征和市场不确定性,合作社组织类型对电商选择的影响不显著,这也反映了现实中合作社采纳电商的比例有待提高。另一方面,消费者对信息不对称程度越小的农产品购买数量越多(韩杨等,2014),由于农产品同时具有搜寻品、经验品和信任品三种产品属性,农产品信息的不对称性决定了网络消费者在购买时更容易选择掌握信息程度更高的产品,从而导致种植类合作社农产品电商采纳程度显著高于非种植类合作社。具体来看,粮食类农产品相较于非粮食类农产品表现出较强的搜寻品属性,一是其外在搜寻品特征如外观色泽、大小在网页上可以直观看到,内在经验品特征如鲜嫩程度、质地和口感等特征,由于粮食类农产品同质性程度较高,网上消费者也能大致掌握;二是部分粮食类合作社采纳电商后为获取理想经济收益多选择精加工粮食类农产品,在电商平台上将产品加工信息通过认证证书和图片、视频展示出来,使网上消费者尽可能地了解有关产品安全、营养成分配比等方面的特征,这些都导致网上消费者对粮食类农产品信息感知度更高,由此养殖类农产品没有种植类农产品电商销量高。与此同时,特色种植类农产品往往属于附加值高、异质性强的新、奇、特农产品,或者是区域性不可替代农产品,基于对市场利润的追求,合作社倾向于采纳电商扩展销路,故种植类合作社相对于非种植类合作社(样本中主要是指养殖类合作社)在电商采纳程度上显著为正。根据样本数据,种植类合作社的销售程度均值为 37.75%,比非种植类合作社销售程度高 16.81%。

其次,合作社土地规模对电商采纳选择的影响在 5% 的水平上显著为正,对电商采纳程度的影响不显著。这与理论预期相符,学者们均认为组织规模对技术采纳具有很好的解释能力(Evanisko,1982),并在从企业层面研究时发现大规模企业相对于小规模企业更倾向于采纳新技术(Xu,2004),合作社组织技术采纳行为也得以解释。从经营实践上来看,以合作社土地面积衡量的组织规模表明合作社与社员间交易量大,大批量的农产品在产销衔接上面临的市场风险较高,为稳定销售降低交易不确定性,规模较大的合作社具有更强烈的意愿采纳电商拓展销售渠道和增加市场主导权,另外,规模较大的合作社在物质资源和资本上能够满足采纳电商所需求的物质条件,也能够通过规模经济效益摊薄电商技术应用产生的高额成本,从而有能力也愿意去尝试新技术去获取更多盈利空间。但是,并不是规模越大的合作社电商采纳程度越高,这可能是因为,电商的成功应用与电商运营能力密切相关,只有技术资本禀赋较高的合作社才能有效利用电商从而持续电商使用行为和具有较高的电商采纳程度。如李鎏等(2021)指出,互联网技术在农产品流通领域的应用逻辑是网络外部下的技术效应与渠道效应,而只有平台涉入程度与产品特性相匹配时,才能有效克服平台使用的两个负向作用,一是包装、运输和途中损耗等额外产生的电商渠道拓宽成本,二是由用户依赖特性引起的大电商平台运营商的垄断控制(韩雷和张磊,2016),这就需要合作社拥有丰富的电商运营能力资本以实现消费者、生产者与平台的有效协同联动。Savrul 等(2014)也指出只要满足消费者对品质、价格、安全保障等方面的需求,中小型供货商与大型供货商在电商交易情境下的竞争劣势并不明显,这也凸显了电商运营能力的重要性。实地采访中,笔者也发现组织规模较小的滁谷合作社与组织规模较大的壹体合作社均具有较高的电商采纳程度。合作社社员规模对电商采纳选择以及电商采纳程度的影响均不显著,这可能是由于社员中小农户或者外围社员居多,他们对合作社运营的参与度不高,从而没有产生惠顾规模的经济效应。

再次,合作社高层支持对电商采纳选择的影响在 10% 的水平上显著为正,对电商采纳程度的影响不显著。已有大量研究证实,高层支持对组织技术采纳的正向促进作用(Brown & Russell,2007)。合作社高层支持作用于电商采纳行为可能表现在以下两个方面,一是高层支持对社员观念和思想产生影响的隐性作用,理事长或理事会成员对电商技术的积极态度和参与支持行为给社员农户发出新技术重要、有用的信号,极大增强全体社员对农产品电商的认可与信心,使社员农户对电商技术的认知和使用态度从旁观怀疑(被动参与)转变为主动配合,为合作社获取满足电商需求的必需资源提供便捷,从而营造了有利于合作社采纳电商的内部环境;二是高层支持对电商采纳相关必需资源支持的显性作用,虽然合作社高层不像企业高层具有全面控制人力、物力和财力方面的权威性,但理事长或理事会成员往往具备丰富的社会资本、物质资本等资源,其越支持电商采纳,越能较快地为采纳过程中的资源需求提供保障。如为生产用于电商销售的高质量、标准化农产品,合作社高层聘请专家或技术员为社员农户普及相应农产品生产技术和病虫害防治要点,长期随时为社员提供技术支持和疑难解答服务,也注重组织电商采纳的相关培训和学习交流。而不同教育程度的合作社高层对电商采纳的态度存在差异,教育程度越高的理事长或理事会成员学习能力越强,对电商相关知识和政策越了解,从而越容易支持认可电商采纳的重要性,越倾向于选择采纳电商,这与刘滨等(2017)得出的研究较为一致。但是,并不是教育程度越高或者高层支持度越高的合作社电商采纳程度越高,这可能是由于,虽然高层支持对电商采纳具有直接正向影响,但是对电商采纳程度的影响可能具有时间累积特性,即合作社高层需要经过长时间的观察累积才会感知技术的有用性、易用性和风险程度,只有从中感知既得利益的变化才会持续跟进,提高电商采纳程度。因此,即使合作社高层支持电商采纳,但是在采纳过程中的态度仍较为谨慎,高层支持与电商采纳程度间并未产生直接的影响作用。

最后,合作社资金充裕度对电商采纳选择和电商采纳程度的影响均不显著。虽然理论上来看,持续充足的财力资源能够为负担技术采纳与应用的成本、风险提供保障,有助于促进组织采纳新技术,合作社资金充裕度理应对合作社电商采纳行为产生影响,然而,从农业有别于其他行业的独有特性角度来分析,影响不显著的这个结果也可以得到合理解释。众所周知,农业不仅具有资金投入大、回收周期长、产品利润薄等特点,还因市场波动、自然灾害和季节性特征而面临多重风险,即使合作社拥有相对较多的财力资源,也可能因难以解决标准化问题、长期有效供应问题而发生"低频交易陷阱"(薛岩等,2020)等不可控因素,从而导致合作社电商采纳行为对资金敏感度降低。因此,资金充裕度对其他产业组织如企业和个人可能具有重要影响,然而对合作社组织的技术采纳与采纳程度影响并不显著。这与刘滨等(2017)研究发现合作社注册资金越多越有能力投入基础设施建设从而提高电商采纳概率的结论不一致,可能原因在于,大部分合作社资金实力不够雄厚,在建设标准化农业方面存在资金困难。

从环境层面因素来看,政府支持对电商采纳选择和电商采纳程度影响均不显著,合作者支持在1%的显著水平上正向促进电商采纳选择,在5%的显著水平上正向促进电商采纳程度。政府支持对合作社电商采纳行为的影响与理论预期不符,也与多数学者持有的政府支持正向促进新技术采纳的观点不同(周勋章和路剑,2020;吕丹和张俊飚,2020),可能原因在于,本章选取的政府支持代理变量为资金补贴。毫无疑问,政府部门对电商基础设施、技术服务与指导上的支持有助于降低电商采纳主体的初期投入成本和技术采纳门槛(Solaymani et al.,2012),而合作社获取的电商资金补贴可能并未直接减少电商采纳前期成本。一是政府支持电商补贴政策主要为奖励补助形式,往往要求电商采纳主体先行达到一定网络销售额度再予以补助,这并没有分担合作社前期电商采纳的成本与风险。如《安徽省财政厅、安徽省商务厅关于省级农村电商奖补政策的通知》①中指出,"对经认定的年度网络销售额超1000万元的农村电商企业,按年网销额1000万元—3000万元……2亿元及以上,分别给予20万元、30万元……和100元以内的一次性分档奖励"。二是政府支持电商补贴的合作社主体不具有普惠性,与其他财政项目资金一样,政府补贴支持往往针对少数示范社(马惊鸿,2016)、社会资本丰富合作社(赵晓峰和付少平,2015),甚至还可能流向套取政府补助资金的虚假合作社(杨雅如,2013),从而大部分合作社无法享受电商政策扶持。如样本合作社中获取补贴的合作社为示范社的占79.6%。即使合作社获取财政补贴,也需要自筹提

---

① 《关于省级农村电商奖补政策的通知》,2021年5月24日,见 http://www.xuanzhou.gov.cn/OpennessContent/show/2148893.html。

供不菲开支的电商配套投入,使得合作社感知到的政府补贴效力微乎其微。基于此,以资金补贴为代理变量的政府支持对合作社电商采纳选择与电商采纳程度的影响效应均不显著。

合作者支持对合作社电商采纳行为的影响较为符合理论预期,这表明外在环境为合作社提供的物流支持越完善,合作社选择采纳电商的概率就越大,采纳电商的程度也越高。这与已有研究结论也较为一致,如 Dariusz(2015)认为物流状况对开展农产品电商具有重要影响作用。所在区域的第三方物流是电商采纳主体的重要支持种群,其物流配送服务是影响农产品电商开展的核心要素(鲁钊阳和廖杉杉,2016),由于物流成本越低越有利于合作社增加电商运营的盈利空间,良好的物流支持能够通过削减高额的物流成本增加合作社利润,进而促进电商技术的采纳和电商使用程度的提高。如张益丰(2016)指出,普通小农户由于生鲜果品在运输中的高额物流成本而显著降低了通过电商销售农产品的意愿。实地走访中发现,在物流条件不太成熟、网点较少、配送困难的地区,合作社认为物流成本较高是合作社选择是否采纳电商和采纳电商销售农产品时面临的极大阻碍,有合作社负责人反映,农产品电商物流配送成本约占总成本的 12%—15%,快要赶上甚至超过销售净利率,还不如维持传统销售方式,而距离农产品电商物流园区较近的合作社,由于物流成本降低则促进了电商采纳选择与采纳程度。因此,以物流因素为代理变量的合作社支持是影响合作社电商采纳行为的重要因素。

(三)稳健性分析

Box(1953)最早提出了稳健性这一概念,目的是验证实证结果的可靠性,下面进一步对电商采纳的影响因素进行稳健性分析。目前学术界主要有以下四种稳健性检验方法:一是从变量的角度尝试更换被解释变量或核心解释变量进行重新估计,或者加入更多控制变量重新估计,来检验结果是否依然显著;二是从数据的角度尝试剔除可能影响结论的特殊样本、更换研究数据或者依据不同标准调整分类进行重新估计,来检验结果是否依然显著;三是从计量方法的角度尝试更换计量模型重新估计,来检验结果是否依然显著;四是从内生性处理的角度加入内生变量的工具变量重新估计,来检验结果是否依然显著。其中除了加入内生性处理的检验方法外,学者们运用最多的是第三种稳健性检验方法。因此,本部分运用不同的计量模型来检验估计结果是否稳健,验证思路是分别使用 Logit 模型和 Tobit 模型考察合作社采纳电商选择的影响因素以及合作社采纳电商程度的影响因素,并对 Logit 模型取边际效应作进一步分析。最后将此部分结果与 Heckman 模型估计结果进行比较,检验技术、组织和环境层面影响变量的系数显著性是否发生改变。稳健性检验估计结果如表 4-5 所示。

表 4-5 稳健性检验估计结果

解释变量	Logit				Tobit	
	电商采纳选择		平均边际效应		电商采纳程度	
	系数	标准误	系数	标准误	系数	标准误
感知有用性	1.491***	0.377	0.170***	0.037	0.424***	0.089
感知易用性	0.364**	0.183	0.042**	0.021	0.126***	0.043
感知风险	−1.247***	0.413	−0.142***	0.043	−0.301***	0.103
产业类型	−0.390	0.461	−0.045	0.053	0.065**	0.028
土地规模	0.422*	0.222	0.048*	0.025	0.081	0.053
社员规模	−0.227	0.287	−0.026	0.032	−0.006	0.063
高层支持	0.288*	0.164	0.033*	0.018	0.053	0.035
资金充裕度	0.201	0.204	0.023	0.023	0.030	0.042
政府支持	0.041	0.122	0.005	0.014	−0.025	0.027
合作者支持	3.123***	0.858	0.357***	0.090	0.513***	0.143
常数项	−10.784***	2.408			−3.025***	0.542
Observations	300		300		300	
LRchi²	113.73				106.28	
Prob>chi²	<0.001				<0.001	

表 4-5 中 Logit 回归结果显示,感知有用性、感知易用性、感知风险、土地规模、高层支持和合作者支持对合作社电商采纳选择均具有显著影响,产业类型、社员规模、资金充裕度和政府支持对合作社电商采纳选择的影响不显著,这与 Heckman 模型估计结果一致。Tobit 模型回归结果显示,感知有用性、感知易用性、感知风险和合作者支持对合作社电商采纳程度具有显著影响,除产业类型外,组织层面因素和政府支持对合作社电商采纳程度影响不显著,与上文 Heckman 模型估计结果一致。这表明上文估计结果是稳健可靠的。由于 Logit 模型的平均边际效应更适合度量解释变量变动对合作社电商采纳概率的影响,进一步来看,从边际效应估计结果进行分析发现,感知有用性和感知易用性每增加 1 个单位,合作社电商采纳的概率分别上升 17.0% 和 4.2%,感知风险增加 1 个单位,合作社电商采纳的概率下降 14.2%,土地规模和高层支持每增加 1 个单位,合作社电商采纳的概率分别上升 4.8% 和 3.3%,外部环境中存在合作者支持时,合作社电商采纳的概率上升 35.7%。这表明相较于电商技术掌握难度,提高电商采纳效益、业务合作者的外在支持和降低风险感知,对提升合作社电商采纳概率更为重要。

为检验技术层面、组织层面和外部环境层面因素对合作社电商采纳的影响,本章基于理论分析整合 TAM 框架与 TOE 框架构建的合作社电商采纳影响因素模型,利用实地调研的 300 家安徽省合作社数据,运用 Heckman 模型实证分析了影响合作社电商采纳行为包括电商采纳选择和电商采纳程度两个过程的影响因素,并运用 Logit 模型和 Tobit 模型进行稳健性检验。

本章得到如下结论:一是技术层面因素(感知有用性、感知易用性、感知风险)、组织层面因素(土地规模和高层支持)、外部环境因素(合作者支持)对合作社电商采纳选择具有显著影响,其中感知有用性、感知风险与合作者支持的影响效应相对更大。而组织层面因素(资金充裕度)

和外部环境因素（政府支持）没有对合作社电商采纳选择产生显著影响。这表明，技术本身带给合作社负责人的感知状况尤其是有用程度和风险损失是极为重要的技术采纳壁垒。资金充裕度和政府支持并未发挥理论预期的作用，应引起关注。二是技术层面因素（感知有用性、感知易用性、感知风险）、组织层面因素（产业类型）和外部环境因素（合作者支持）对合作社电商采纳程度具有显著影响，而组织层面影响因素（土地、社员规模和高层支持、资金充裕度）和外部环境因素（政府支持）均没有对合作社电商采纳程度产生显著影响，这表明，合作社负责人对技术的主观感知和外部物流条件对电商的持续性深层次使用起决定性作用。总体而言，合作社负责人对技术层面的主观感知对电商采纳选择和电商采纳程度均具有显著影响，这揭示了合作社对收益的期待、成本的规避和不确定的担忧是选择是否开展农产品电商或开展农产品电商程度一直关注的问题，农产品电商的实质成效是合作社采纳电商与否的首要考量。合作社组织特性主要决定了技术采纳门槛的高低，不是后续电商采纳行为的核心影响要素，合作社在采纳电商时要注意不同电商采纳阶段对资本禀赋的需求有所不同，结合自身禀赋特点探索适宜本社的农产品电商发展路径。外部物流条件对合作社电商运营成本和服务上的优势营造了更有利的电商采纳环境，注重合作社外部物流条件的改进很有必要。

由此可见，影响合作社电商采纳与否与采纳程度的重要因素各有侧重，明确这些有助于加强合作社对电商的采纳与应用。为发挥数字化背景下合作社组织引领作用，既要促进合作社积极参与数字化变革，又要探讨合作社参与后对农户的功能作用如何？随着农产品电商的开展，电商采纳已作为合作社适应数字化变革的方式，本章研究结论已经科学认识哪些因素影响合作社电商采纳以及如何促进合作社电商采纳，而电商采纳对合作社影响效应是有益的吗？具体来说，采纳电商是否增进了合作社运营收益？又能否带动社员农户共享数字红利？由于越规范的合作社越能体现出与社员利益共享,电商采纳是否改善了合作社治理不规范困境? 基于此,有必要从定量的角度出发,在测度合作社综合绩效、经营绩效、收入绩效和治理绩效的基础上,研究电商采纳对合作社绩效的影响效应。第五章将对此进行分析。

第五章　电商采纳对农民合作社绩效
#　　　影响的实证分析

　　根据第三章理论分析,电商采纳通过对农产品供应链产生"扁平化""生态化"和"一体化"变革促进合作社组织模式发生转变,首先基于交易成本理论遵循成本最小化选择与社员的交易方式,形成了两种合作社对农产品供应链的组织形式。其次基于价值增值理论电商采纳通过信息反馈机制、竞争淘汰机制和成本分摊机制分别产生了协同增值、赋能增值和规模增值效应,导致两种组织形式下合作社均能实现农产品价值增值,基于此提出假说1合作社采纳电商有助于提升合作社经营绩效。再次基于资源依赖理论由结构依赖和过程依赖的变化得知,合作社与普通社员在管理交易方式下提高了社员谈判话语权和社员对农产品价值增值的分配,在市场交易方式下并没有改善社员谈判话语权,但是受社员有限理性和分配高成本、及时获得心理等的限制,管理交易方式下社员对农产品价值增值的获得可能较大程度上转为提高一次返利形式,而非按交易额返还盈余的二次返利,故合作社采纳电商可能不会改善合作社治理规范但能够提高社员收入,而市场交易方式下合作社可能扩大农产品收购量,也能够增加社员收入,基于此提出假说2合作社采纳电商有助于提高合作社收入绩效,假说3合作社采纳电商对合作社治理绩效影响不显著。最后综合上述分析,提出假说4合作社采纳电商有助于提高合作社综合绩效。

一、研究设计与数据分析

(一) 模型设定与变量选取

1. 模型设定

本章通过检验电商采纳与合作社绩效的因果关系,来测度电商采纳对合作社绩效的影响。鉴于以下原因,拟采用 Maddala(1983)提出的内生转换(ESR)模型进行验证。第一,从理论上看,合作社电商采纳行为是合作社根据自身资源禀赋和组织特征等因素选择的结果,合作社绩效与这些可观测或不可观测的因素相关,且合作社绩效较高时也可能反向促进电商采纳的行为,因此需要将遗漏变量、互为因果等原因产生的内生性问题考虑在内。第二,ESR模型不仅能够有效克服样本自选择和内生性问题,兼顾可观测因素和不可观测因素引起的影响,得到一致性估计,还能够实现反事实分析并考虑处理效应的异质性问题。具体模型如下:

构建合作社电商采纳决策方程与合作社绩效模型:

$$C_i^* = \gamma_j Z_{ij} + \vartheta_i \qquad (5-1)$$

$$Y_i = \alpha_i C_i + \sum_{j=1}^{n} \beta_j X_{ij} + u_i \qquad (5-2)$$

式(5-1)中,C_i^*为虚拟变量C_i的潜变量,当$C_i^*>0$时,$C_i=1$,表示合作社进行电商采纳;当$C_i^* \leq 0$时,$C_i=0$,表示合作社不进行电商采纳;Z_{ij}是决定电商采纳与否的外生解释变量。为了进一步识别出Z_{ij},Z_{ij}中至少包含一个识别变量,选取"互联网感知有用性"作为识别变量。ϑ_i是随机扰动项。式(5-2)式中Y_i是合作社 i 的绩效水平。X_{ij}为决定合作社绩效的其他变量,包括合作社理事长特征、组织特征及区域特征等变量。u_i为随机扰动项。

ESR 模型利用完全信息极大似然法进行估计。根据估计结果,能够测算出两类合作社电商采纳对绩效的平均处理效应。有、无电商采纳合作社的条件期望绩效决定方程及两种反事实情境下的绩效水平分别表示如下：

$$E(Y_{1i}|C_i=1)=\beta_{1j}X_{1ij}+\sigma_{\mu1\vartheta}\lambda_{1i} \tag{5-3}$$

$$E(Y_{0i}|C_i=0)=\beta_{0j}X_{0ij}+\sigma_{\mu0\vartheta}\lambda_{0i} \tag{5-4}$$

$$E(Y_{0i}|C_i=1)=\beta_{0j}X_{1ij}+\sigma_{\mu0\vartheta}\lambda_{1i} \tag{5-5}$$

$$E(Y_{1i}|C_i=0)=\beta_{1j}X_{0ij}+\sigma_{\mu1\vartheta}\lambda_{0i} \tag{5-6}$$

在上式中，$\sigma_{\mu1\vartheta}=\text{cov}(\mu_1,\vartheta)$，$\sigma_{\mu0\vartheta}=\text{cov}(\mu_0,\vartheta)$，$\sigma_\vartheta^2=\text{var}(\vartheta)$，将$\sigma_\vartheta^2$标准化为1，$\vartheta$是期望为0的随机误差项。两两相减得出，有电商采纳行为合作社绩效平均处理效应（ATT）和无电商采纳行为合作社绩效平均处理效应（ATU），如式（5-7）（5-8）所示：

$$ATT=E(Y_{1i}|C_i=1)-E(Y_{0i}|C_i=1)=(\beta_{1j}-\beta_{0j})X_{1ij}+(\sigma_{\mu1\vartheta}-\sigma_{\mu0\vartheta})\lambda_{1i}$$
$$\tag{5-7}$$

$$ATU=E(Y_{1i}|C_i=0)-E(Y_{0i}|C_i=0)=(\beta_{1j}-\beta_{0j})X_{0ij}+(\sigma_{\mu1\vartheta}-\sigma_{\mu0\vartheta})\lambda_{0i}$$
$$\tag{5-8}$$

为进一步考察电商采纳影响合作社多维绩效的作用机制，采用 Bootstrap 法来验证理论分析中提到的合作社渠道接入机制、价值增值机制等的中介效应。Bootstrap 法从样本中重复取样，采用偏差矫正的非参数百分位法直接估计系数乘积 ab，检验95%的置信区间是否包含 0，如果不包含 0，则乘积系数显著，表示存在中介效应。Bootstrap 法检验系数乘积的显著性是学术界普遍认可的检验方法，这种方法不严格要求总体分布及参数必须服从正态分布，计算得出的置信区间也更精确（温忠麟和叶宝娟，2014；Zhao X et al.，2010）。

2. 变量选取

在因变量方面：从合作社经营绩效、收入绩效和治理绩效综合测量合作社总绩效，其中合作社经营绩效反映合作社作为一个组织整体的经营收入和利润状况，合作社收入绩效反映合作社社员的收入增进效应，合作社治理绩效反映合作社治理与规范程度。合作社各维度指标数据采取因子分析法提取绩效得分进行衡量。

在自变量方面:电商采纳变量是合作社是否采纳电商的行为,为二分位变量,通过询问"合作社是否通过互联网销售农产品?"作为代理变量。由于测度合作社绩效的部分变量存在缺失值,故本部分用于分析的有效样本为296家合作社。在有效样本中,有69家合作社通过互联网销售农产品,占总样本的23.31%,还有227家合作社没有通过互联网销售农产品,占总样本的76.69%。

在控制变量方面:从组织内部和外部两个层面选取共同影响合作社绩效和电商采纳的变量。从组织内部看,资源禀赋会影响组织行为选择及其结果,结合现实考察并借鉴郭红东和丁高洁(2013)等研究文献,选取理事长性别、受教育程度、年龄以及合作社成立年限、社员规模、注册资本等反映合作社资源禀赋情况,同时设置是否为特色种植类合作社控制合作社类别属性。从组织外部看,政府支持拓展了合作社资源获取空间,有利于提升合作社供应链竞争能力,选取近三年政府补贴额度作为政府支持的代理变量。

(二)农民合作社绩效测度

1.模型选择与指标体系构建

通过将合作社经营绩效、收入绩效和治理绩效加权,综合性衡量合作社总绩效水平。在构建合作社绩效评价体系中,学者们多通过专家赋权法(罗颖玲等,2014)、层次分析法(赵佳荣,2010)、因子分析法(徐旭初,2009;崔宝玉等,2016)、主成分分析法(文雷,2016)等确定指标权重。由于多元统计分析方法不受主观因素的影响,具有客观性,且因子分析可从原变量中找出测评多变量间内部依赖关系的替代变量因子,能对社会经济现象进行深层次分析,因此选取因子分析法获取合作社各绩效的数据。参考徐旭初和吴彬(2010)、崔宝玉等(2016)设置的绩效评价指标体系,遵循科学性、可操作性、代表性和可比性原则,将经营绩效设置了合作社经营收入、合作社年利润额和合作社主产品品牌度 3 个子指标,收入绩效设置了社员人均可支配年收入和入社后可支配收入提高比例 2 个子指标,治理绩效设置了决策方式规范程度①和按交易量返还盈余比例 2 个子指标。

由于因子分析法要求变量间存在相关关系,因此在因子分析前先通过 Bartlett 球型检验和 KMO 检验对模型适用性进行检验。KMO 检验的取值为 0—1,取值越接近于 1 表示变量间相关性越强,因子分析法的适用性越强,当 KMO 值大于 0.5 时即可采用因子分析法。同时,Bartlett 球型检验的 p 值应拒绝各个变量各自独立的原假设,即 Bartlett 球型检验 p 值应至少在 5%的置信水平上显著。使用 SPSS23.0 对数据进行因子分析获取合作社绩效公共因子,结果显示,Bartlett 球型检验值为 1085.936,相应 p 值为 0.000,KMO 值为 0.669,这两个检验结果均表明变量适合做因子分析,模型适用性耦合度较高。

表 5-1　KMO 和巴特利特检验

KMO 取样适切性量数	0.669	
巴特利特球形度检验	近似卡方	1085.936
	自由度	21
	显著性	0.000

2. 提取变量因子与测度合作社绩效

基于 SPSS23.0 软件采用主成分提取法对数据进行因子分析,采用最大方差法对原始因子荷载矩阵进行正交旋转,按学者普遍认可的特征根大于 1 来提取因子个数,可以得到累计方差贡献率为 79.50%的三个公共因子(见表 5-2)。其中,公因子 1 旋转后的方差贡献率为 39.50%,公因子 2 旋转后的

---

① "决策方式规范程度"根据问卷中,"您所在的合作社重大事项如何决策?(A)理事长决定(B)理事会成员商议决定(C)通过成员(代表)大会征求社员代表意见(D)其他的回答赋值,结合实地调研与专家讨论,当选择中仅有"A"或者"D"时,赋值为 1,当选择中为"A、B"或者"B"时赋值为 2;当选择为"A、C"时赋值为 3,当选择为"A、B、C"时赋值为 4,当选择为"C"或者"B、C"时赋值为 5。

方差贡献率为 21.36%,公因子 3 旋转后的方差贡献率为 18.64%。碎石图大斜率位置上具有三个因子进一步表明提取 3 个因子是合适的。这三个公共因子能够包含大部分原始数据信息,因此,将合作社绩效界定为经营绩效、收入绩效和治理绩效具有较好的信度和效度。

表 5-2　总方差解释表

成分	初始特征值			提取载荷平方和			旋转载荷平方和		
	总计	方差%	累积%	总计	方差%	累积%	总计	方差%	累积%
1	2.872	41.034	41.034	2.872	41.034	41.034	2.765	39.501	39.501
2	1.521	21.725	62.759	1.521	21.725	62.759	1.495	21.355	60.856
3	1.172	16.739	79.498	1.172	16.739	79.498	1.305	18.642	79.498
4	0.619	8.845	88.343						
5	0.502	7.173	95.516						
6	0.254	3.629	99.144						
7	0.060	0.856	100.000						

注:提取方法:主成分分析法。

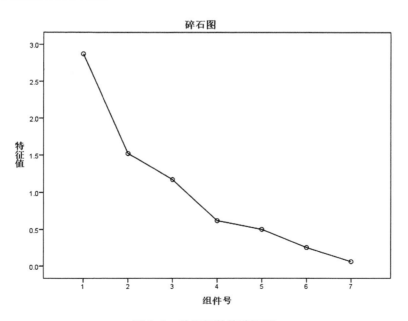

图 5-1　特征根数值碎石图

　　旋转因子荷载矩阵结果如表5-3所示。因子荷载绝对值越大,表明变量与公共因子的相关程度越大,该变量上的信息能够被该公共因子较好地替代和传达。根据荷载值对提取的公因子进行命名,合作社经营收入、合作社年利润额和合作社主产品品牌度指标最大的荷载值在公因子1上,故将公因子1命名为经营绩效因子,社员人均可支配年收入和入社后可支配收入提高比例指标最大的荷载值在公因子3上,故将公因子3命名为收入绩效因子,决策方式规范程度和按交易量返还盈余比例指标最大的荷载值在公因子2上,故将公因子2命名为治理绩效因子。

表5-3　合作社绩效评价体系因子载荷矩阵

	经营绩效	治理绩效	收入绩效
社员人均可支配年收入	0.332	−0.026	0.728
入社后可支配收入提高比例	−0.091	0.093	0.867
决策方式规范程度	0.079	0.857	0.060
按交易量返还盈余比例	−0.036	0.865	0.012
合作社年利润总额	0.904	−0.015	0.088
合作社经营收入	0.971	0.040	0.079
合作社主要产品品牌度	0.937	0.038	0.073
累计方差贡献率/%	39.501	60.856	79.498

注:1.提取方法为主成分方法;2.旋转方法:具有凯撒标准化的旋转法;3.旋转在4次迭代后已收敛。

　　下面对合作社不同维度绩效和综合绩效进行测度,由因子分析法可以得出因子得分系数矩阵,基于该系数矩阵能够计算出三个公因子的得分,并进一步加权计算综合因子得分。由因子得分系数矩阵计算公因子与各变量间的线性方程式,从而得到三个公因子表达式和三个公因子得分。在计算中需要注意线性方程中的变量均为变量取标准化后代入。公因子表达式如下所示:

$$经营绩效因子=0.044X_1-0.133X_2+0.014X_3-0.024X_4+0.332X_5$$
$$+0.358X_6+0.346X_7 \tag{5-9}$$

$$治理绩效因子=-0.067X_1+0.009X_2+0.574X_3+0.583X_4-0.025X_5$$
$$+0.012X_6+0.011X_7 \tag{5-10}$$

$$收入绩效因子=0.552X_1+0.703X_2-0.015X_3-0.041X_4-0.030X_5$$
$$-0.048X_6-0.049X_7 \tag{5-11}$$

接下来测算综合因子得分,以三个公因子的方差贡献率为权重,对三个公因子得分进行加权可以得到合作社综合绩效得分。综合绩效得分表达式如下:

$$合作社综合绩效=0.395/0.795×经营绩效+0.214/0.795×治理绩效$$
$$+0.186/0.795×收入绩效$$

综上,通过因子分析法得到被解释变量合作社综合绩效、经营绩效、收入绩效和治理绩效的绩效水平数据,从而进行实证分析。

(三)描述性统计与方差分析

各变量描述性统计如表5-4所示。由表5-4可以看出,样本合作社中理事长男性占比高达90%,受教育程度均值为2.697,这意味着合作社理事长多为初中、高中或者中专学历,小学和大专及以上学历占比较少。合作社理事长年龄均值为3.073,意味着合作社理事长多处于40—49岁年龄段,是当下农村相对较为年轻人员,合作社成立年限均值为5年,合作社社员规模均值为1.78,表明社员人数多为5—20户。在样本合作社类别中特色种植类合作社占比27%。表5-4中所列控制变量与前人研究的变量值特征较为类似(孙天合等,2021),这反映了样本数据的可靠性。

表 5-4　变量说明及描述性统计

	变量名称	变量赋值	均值	标准差	最小值	最大值
理事长情况	性别	1=男;0=女	0.900	0.301	0	1
	受教育程度	1=小学;2=初中;3=高中/中专;4=大专及以上	2.697	0.880	1	4
	年龄	1=30岁及以下;2=30—39岁;3=40—49岁;4=50—59岁;5=60岁及以上	3.073	0.870	1	5
合作社情况	合作社成立年限	年	5.187	3.075	1	28
	注册资本	万元	4.754	1.123	−0.693	8.517
	社员规模	1=5户及以下;2=5—20户;3=20—150户;4=150户及以上	1.780	0.744	1	4
	特色种植	1=是;0=否	0.270	0.445	0	1
外部环境	近三年政府补贴额度	万元	0.937	1.123	0	9.6
识别变量	互联网认知情况	1=很不重要;2=不重要;3=一般;4=重要;5=很重要	2.237	1.528	1	5
	物流支持情况	1=有,0=无	0.240	0.427	0	1

　　表5-5列出了主要特征指标的参数 t 检验结果。结果显示,未控制合作社其他经济特征条件下,是否采纳电商使合作社综合绩效、经营绩效和收入绩效差值在1%的水平上正向显著,对治理绩效也表现出正向影响,但不显著。根据初步的方差分析,可以据此猜测电商采纳合作社对部分合作社绩效存在正向促进作用,还可据此判断电商采纳合作社多表现为理事长受教育程度高、合作社成立年限久、社员规模大、注册资本多、补贴程度较高的特点。另外,特色种植类合作社在采纳电商上存在显著差异,由此可初步判断电商采纳可能对特色种植类合作社比非特色种植类合作社影响较大。T 检验结果为后续回归分析提供了基础判断。

表 5-5　电商采纳与非采纳合作社变量差异的描述性统计

变量	无电商采纳合作社		有电商采纳合作社		差异	T 值
	观测值	均值	观测值	均值		
综合绩效	227	-0.148	69	0.489	-0.638***	-8.435
经营绩效	227	-0.221	69	0.726	-0.947***	-7.504
治理绩效	227	-0.025	69	0.083	-0.108	-0.786
收入绩效	227	-0.138	69	0.452	-0.590***	-4.424
性别	227	0.907	69	0.884	0.023	0.572
受教育程度	227	2.634	69	2.899	-0.264**	-2.217
年龄	227	3.110	69	2.942	0.168	1.407
合作社成立年限	227	4.982	69	5.899	-0.916**	-2.178
社员规模	227	1.709	69	2.014	-0.305***	-3.012
注册资本	227	4.700	69	4.925	-0.225	-1.454
近三年政府补贴额度	227	0.374	69	1.449	-1.075***	-5.045
特色种植合作社	227	0.211	69	0.449	-0.238***	-4.003

注：*、**、*** 分别表示在 10%、5% 和 1% 的统计水平上显著；差值比较采用参数 T 检验。

二、实证结果与比较分析

（一）综合绩效模型估计结果

1. ESR 模型估计结果

首先，需要判断 ESR 模型及识别变量的选取是否恰当。对合作社电商采纳决策与合作社绩效构建联立方程进行检验。ESR 模型拟合结果如表 5-6 所示，两阶段方程独立性 LR 检验及模型拟合优度 Wald 检验均在 1% 水平上显著，反映误差项系数的 rho_1 和 rho_2 分别在 5% 和 1% 水平上的水平上显著，其中，rho_1 为 -0.638，rho_2 为 -0.910，这表明，存在不可观测因素同时影响合作社电商采纳和绩效,选择 ESR 模型克服样本选择偏差、遗漏变量等内生性问题是合适的,合作社电商采纳具有负向选择效应。同时对识别变量"互联网认知情况"和"物流支持情况"有效性进行检验:一方面,豪斯曼检验 p 值及 DWH 检验 p 值均在 1% 水平上拒绝原假设,这表明,电商采纳是合作社绩效的内生变量。另一方面,弱工具变量检验一阶段 F 统计值为 28.833,远大于 10,过度识别检验 Hasen J 统计量均不显著,表明该识别变量不是弱工具变量且满足外生性假设,故识别变量的选取也是合适的。

ESR 模型包括了合作社电商采纳决策选择模型、采纳电商和非采纳电商合作社绩效的回归结果。从选择模型看,合作社电商采纳与理事长年龄、受教育程度和合作社社员人数正向相关,但并不显著。理事长性别、受教育程度没有通过显著性检验,与曾亿武等(2018)估计的农户采纳电商模型结论一致。这可能是因为,由于样本中一半以上理事长年龄位于 40 至 50 之间,对新事物、新技术接受能力较弱,从而对电商的了解与采用程度不高。当前,合作社电商采纳仍处于低层次参与状态,例如通过微商产品展示和销售,大多还未涉入个性化包装、供应链管理等环节,高中/中专学历已经能够掌握互联网的基本应用,因此受教育程度影响并不显著。电商采纳决策与合作社社员人数并不直接相关,结合调查数据发现,样本合作社 87.67% 的重大事项决策仍由理事长或理事会决定,合作社社员代表大会年召开次数均值仅为 1.65 次,合作社仍呈现资本控制和精英治理驱动形态,社员很少参与其中。近三年政府补贴额度对合作社电商采纳产生正向影响,说明在政府对合作社提供的资金扶持一定程度上增加了合作社采纳电商的意愿和行为。相较于非特色种植类合作社,特色种植类合作社更倾向于采纳电商,原因可能在于采纳电商对该类农产品的附加值增值和渠道拓展空间效用更大。

进一步比较两组合作社绩效回归结果发现,电商采纳合作社与非电商采纳合作社绩效影响因素存在一定差异,揭示了合作社电商采纳的异质性效应。首先,理事长受教育程度、合作社社员人数分别对两组合作社绩效产生显著影响,这与前人研究结论基本一致(梁巧等,2014)。原因可能在于,已有研究发现理事长文化程度等与合作社绩效显著相关(刘小童等,2013),在非采纳合作社,理事长受教育程度越高越有助于利用人力资本突破合作社发展困境提高经营绩效,而在采纳电商合作社,电商技术并不是受教育程度越高掌握越熟练,经实践观察,经过专业技能培训或从事相关行业经验的理事长经营效果更好,但受教育程度并非普遍偏高。合作社经营规模越大,越能够容易发挥规模效应(Key & Mcbride,2003)。合作社社员人数对电商采纳合作社绩效具有显著正向影响,样本合作社中,社员人数在 10 人及以下的占比 50%,合作社尚未达到"最优组织边界",合作社绩效会随社员人数增加而提升,而相较于非电商采纳合作社,电商采纳合作社社员人数对绩效影响更显著,作用更大。其次,注册资本对两类合作社绩效影响均不显著,原因可能是,合作社绩效主要依赖于资本的实际利用而非"名义"资本投入。最后,特色种植类合作社绩效在 1%水平上低于非特色种植类合作社,这可能在一定程度上反映了特色种植类农产品由于存储流通成本高、加工程度低而在提升合作社绩效上受到限制。

表 5-6　合作社电子商务采纳决策方程与合作社综合绩效水平方程联立估计

变量	电商采纳选择方程	合作社综合绩效	
		电商采纳合作社	非电商采纳合作社
性别	−0.183	0.169	0.051
	(0.303)	(0.218)	(0.115)
受教育程度	0.143	−0.030	0.074*
	(0.113)	(0.087)	(0.041)
年龄	0.044	0.026	0.009
	(0.110)	(0.090)	(0.039)
合作社成立年限	0.005	0.000	0.015
	(0.035)	(0.028)	(0.012)
社员规模	0.150	0.265***	0.052
	(0.136)	(0.100)	(0.053)

续表

变量	电商采纳选择方程	合作社综合绩效	
		电商采纳合作社	非电商采纳合作社
注册资本	−0.001	0.061	0.048
	(0.084)	(0.056)	(0.032)
近三年政府补贴额度	0.092*	0.059	0.014
	(0.054)	(0.039)	(0.026)
特色种植合作社	0.450**	−0.257*	0.014
	(0.206)	(0.154)	(0.087)
物流支持	1.253***		
	(0.188)		
互联网认知	0.225***		
	(0.061)		
常数项	−2.573***	−0.146	−0.923***
	(0.753)	(0.590)	(0.242)
rho_1		−0.638**	
		(0.258)	
rho_2			−0.910***
			(0.325)
观测值	296	296	296
对数伪似然值		−318.723	
模型拟合优度检验		25.35***	
方程独立性检验		22.48***	

注:*、**、*** 分别表示在10%、5%和1%水平上显著;括号内数字为标准误。下同。

2. ESR 模型的平均处理效应

根据以上 ESR 模型的拟合结果进行反事实估算,得到电商采纳对样本合作社绩效影响的平均处理效应,见表5-7。由表5-7可知,采纳电商合作社绩效为0.487,在不采纳电商的反事实假设下,其绩效为下降1.013,且在1%水平上显著。而非电商采纳合作社绩效为−0.150,在采纳电商的反事实假设下,其绩效提升0.959,且在1%水平上显著。因此,从绩效变化看,在控制了可观测与不可观测因素下,电商采纳能够促使合作社绩效提高一倍以上。这表明,电商采纳有益于合作社绩效提升进而惠及社员,并可能成为社员与合作社拓展合作空间的潜在有效工具。由此假说4得以验证。

电商采纳对合作社综合绩效的增进效应反映了电商对合作社绩效的总体效果,然而合作社作为人合组织,还需进一步分析电商采纳对合作社不同层面绩效的影响,尤其是对社员收入提升和对合作社管理规范化层面的作用。实际上,如果合作社不同利益主体的权利和收益诉求均能得到满足,就容易激发组织成员合作动机,促使社员产生合作意向,衍生合作行为,获取最大化目标价值,这有助于促使合作社在制度管理上形成利益共享、风险共担的稳定"合伙人"制度,有益于合作社的高质量发展。那么,合作社绩效提升是由经营绩效、收入绩效与治理绩效的共同增进带来的吗？下文将实证检验电商采纳对合作社经营、收入和治理绩效的影响效应。

表5-7　电商采纳对合作社绩效处理效应

	电商采纳	非电商采纳	ATT	ATU
电商采纳合作社	0.487 (0.049)	−0.526 (0.033)	1.013*** (0.059)	——
非电商采纳合作社	0.809 (0.020)	−0.150 (0.013)	——	0.959*** (0.024)

3. 稳健性检验

(1)基于PSM的稳健性检验

倾向得分匹配法(PSM)通过匹配再抽样使观测数据尽可能接近随机实验数据,能最大程度消除样本偏差,是效应评估的常用方法。毛其淋和许家云(2014)认为完全控制协变量的随机实验方法能较为真实地推断两个变量间的实际因果关系。而本研究中比较电商采纳组与非电商采纳组的合作社综合绩效差异,可能存在选择性偏差和内生性问题的干扰,通过 PSM 构造反事实框架处理上述问题有助于评估真实因果效应。因此,采用 PSM 模型对电商采纳的处理效应进行稳健性检验。通过平衡性检验是使用 PSM 法的前提条件,表 5-8 报告了采用近邻匹配法(K=4)的平衡性检验结果。为有效取得实验组与控制组间的系统性差异最佳拟合效果,先使用"psetimate"命令对匹配协变量进行筛选,再将筛选后的协变量进行倾向得分匹配。由平衡性检验结果可以发现,匹配后全部协变量的标准化偏差大幅度降低,绝大部分匹配后标准化偏差绝对值低于 10%,大多数 T 值检验的结果不拒绝实验组与控制组无显著差异的原假设,表明匹配结果能够较好地平衡数据,平衡性检验得以通过。

表 5-8 平衡性检验结果

变量	类型	均值		标准化偏差	标准化偏差变化	T 值
		实验组	对照组			
性别	匹配前	0.884	0.907	−7.6	16.6	−0.57
	匹配后	0.875	0.855	6.4		0.32
受教育程度	匹配前	2.899	2.634	30.8	81.7	2.22
	匹配后	2.906	2.955	−5.6		−0.31
年龄	匹配前	2.942	3.110	−19.9	47.9	−1.41
	匹配后	2.891	2.978	−10.3		−0.65
合作社成立年限	匹配前	5.899	4.982	29.3	71.9	2.18
	匹配后	5.453	5.195	8.2		0.55
社员规模	匹配前	2.015	1.709	38.9	67.5	3.01
	匹配后	1.922	1.823	12.6		0.73
注册资本	匹配前	4.925	4.700	19.3	24.4	1.45
	匹配后	4.897	5.067	−14.6		−0.87
近三年政府补贴额度	匹配前	1.449	0.374	60.6	97.4	5.04
	匹配后	1.266	1.294	−1.6		−0.08
特色种植合作社	匹配前	0.449	0.211	52.0	79.3	4.00
	匹配后	0.406	0.357	10.8		0.57
c. 近三年政府补贴额# c. 近三年政府补贴额	匹配前	6.551	1.899	41.0	94.0	3.44
	匹配后	5.828	6.106	−2.5		−0.12
c. 年龄#c. 年龄	匹配前	9.290	10.458	−23.0	65.4	−1.63
	匹配后	8.984	9.389	−8.0		−0.52

续表

变量	类型	均值		标准化偏差	标准化偏差变化	T 值
		实验组	对照组			
c. 特色种植合作社#c. 合作社成立年限	匹配前	3.246	1.035	64.1	79.6	5.62
	匹配后	2.594	2.142	13.1		0.74
c. 社员规模#c. 受教育程度	匹配前	5.855	4.612	41.2	80.9	3.13
	匹配后	5.594	5.356	7.9		0.46
c. 注册资本#c. 社员规模	匹配前	10.085	8.211	36.6	88.6	2.87
	匹配后	9.531	9.317	4.2		0.24
c. 近三年政府补贴额度#c. 社员规模	匹配前	3.739	0.802	56.4	84.2	4.94
	匹配后	3.125	2.662	8.9		0.47

表 5-9 列出了分别使用倾向得分近邻匹配法(K=1 和 K=4)、核匹配法以及马氏匹配法四种方法测算的电商采纳对合作社综合绩效平均处理效应结果。本部分选择四种主流方法进行匹配的原因在于,运用多种匹配方法得到相近或者一致的结论,能更好地表明匹配结果的稳健性(王慧玲和孔荣,2019)。结果显示,在未匹配时,电商采纳对合作社总绩效的影响效应为0.637,经过上述四种方法倾向得分匹配后,电商采纳对合作社总绩效影响的净效应分别为 0.426、0.449、0.444 和 0.639,且 T 统计量均在 1% 的置信水平上显著,表明四种不同匹配方法得到的平均处理效应结果基本一致,也与上文通过内生转换模型实证分析得出的处理效应结果保持一致,反映了电商采纳显著提升了合作社综合绩效水平的结论具有较好的稳健性。

表 5-9 电商采纳对合作社综合绩效的平均处理效应

PSM 匹配方法	综合绩效		
	对照组	处置组	T 检验值
匹配前	0.489	−0.148	8.44
近邻匹配(1)	0.443	0.017	3.36
近邻匹配(4)	0.443	−0.006	4.30
核匹配	0.443	−0.001	4.38
马氏匹配	0.489	−0.150	7.57

（2）更换估计方法的稳健性检验

为进一步验证基准回归结果的稳健性，表5-10中四列分别给出了以合作社总绩效为被解释变量，以电商采纳为核心解释变量的OLS回归结果以及工具变量法回归结果，其中第2—4列分别为2SLS估计、LIML估计以及GMM估计结果。OLS估计法给出了没有考虑电商采纳内生性的简单估计，说明合作社采纳电商从整体来看对合作社总绩效水平有明确的正向影响。后三列估计方法都考虑到电商采纳的内生性问题，加入工具变量进行回归估计，其中2SLS估计法在球形扰动的假定下最有效率，GMM估计法在扰动项存在异方差或自相关时更为有效，而LIML估计方法在存在若工具变量且小样本估计时优于2SLS估计法（陈强，2014）。对比发现，在不同估计方法下估计的电商采纳系数均在1%的水平上正向显著，符号和显著性均未发生改变，电商采纳显著提高了合作社总绩效水平，这与前文基准回归结果一致，再次表明基准回归所得结论具有较好的稳健性。

表5-10　更换估计方法的稳健性检验

变量	（1）OLS	（2）2SLS	（3）LIML	（4）GMM
	综合绩效	综合绩效	综合绩效	综合绩效
电商采纳	0.478*** (0.087)	0.944*** (0.184)	0.952*** (0.187)	0.936*** (0.184)
性别	0.086 (0.085)	0.090 (0.095)	0.090 (0.096)	0.082 (0.094)
受教育程度	0.056 (0.035)	0.045 (0.038)	0.045 (0.038)	0.045 (0.038)
年龄	−0.001 (0.032)	0.009 (0.034)	0.010 (0.034)	0.011 (0.034)
合作社成立年限	0.012 (0.010)	0.011 (0.011)	0.011 (0.011)	0.012 (0.011)
社员规模	0.137*** (0.049)	0.121** (0.049)	0.121** (0.049)	0.120** (0.049)
注册资本	0.057** (0.025)	0.043 (0.027)	0.043 (0.027)	0.040 (0.027)

续表

变量	（1）OLS	（2）2SLS	（3）LIML	（4）GMM
	综合绩效	综合绩效	综合绩效	综合绩效
近三年政府补贴额度	0.071** (0.028)	0.044 (0.029)	0.044 (0.029)	0.047* (0.028)
特色种植合作社	0.018 (0.077)	−0.066 (0.088)	−0.068 (0.088)	−0.067 (0.088)
常数项	−0.962*** (0.212)	−0.942*** (0.224)	−0.942*** (0.225)	−0.920*** (0.223)
观测值	296	296	296	296
R-squared	0.326	0.236	0.232	0.238

（二）多维绩效模型估计结果

理论上，如果合作社综合绩效提升源于经营绩效、收入绩效与治理绩效的共同增进，就意味着，在电商采纳情境下，合作社作为"统分结合"的双层经营组织，在追求经济性目标的同时，实现了交易性与治理性目标，实践中，外部信息技术冲击有可能促使合作社发展和演化出"合伙人"制度，并促使合作社治理由传统的"精英利益保护导向"范式转向"社员利益保护导向"范式。

1. 经营绩效模型估计结果

（1）平均处理效应分析

在测算平均处理效应前需要先判断 ESR 模型及识别变量的选取是否恰当。对合作社电商采纳决策与合作社经营绩效构建联立方程进行检验。ESR模型拟合结果如表 5-11 所示，两阶段方程独立性 LR 检验及模型拟合优度 Wald 检验均在 1%水平上显著，反映误差项系数的 rho_1 不显著，rho_2 在 1%的水平上显著，其中，rho_1 为−0.080，rho_2 为−1.345，这表明，存在不可观测因素同时影响合作社电商采纳和经营绩效，选择 ESR 模型克服样本选择偏差、遗漏变量等内生性问题是合适的，合作社电商采纳具有负向选择效应。同时对识别变量"互联网认知情况"和"物流支持情况"有效性进行检验,由豪斯曼检验 p 值及 DWH 检验 p 值均在 1% 水平上拒绝原假设可知,电商采纳是合作社经营绩效的内生变量,电商采纳的弱工具变量检验与上文弱工具变量检验结果一致,此处及下文不再重复表述。

合作社电商采纳决策方程与合作社经营绩效水平方程联立估计结果与上文大致相同,不再详细阐述,本部分基于内生转换模型回归结果测算采纳电商合作社在采纳电商与反事实框架下未采纳电商对经营绩效的平均处理效应,以及非采纳电商合作社在反事实框架下采纳电商与未采纳电商对经营绩效的平均处理效应。表 5-12 是基于 ESR 模型测算的估计结果,可以发现,电商采纳合作社的经营绩效为 0.726,在未采纳电商的反事实假设下经营绩效为 -1.108,电商采纳对实验组合作社经营绩效的平均处理效应为 1.834,在 1% 的水平上显著。非电商采纳合作社的经营绩效为 -0.222,在采纳电商的反事实假设下经营绩效为 0.489,电商采纳对控制组合作社经营绩效的平均处理效应为 0.711,在 1% 的水平上显著。这表明,电商采纳能够显著增进合作社经营绩效,根据前文理论分析,可能原因在于市场扩大、农产品价值增值等增加了合作社经营收入和利润。由此假说 1 得以验证。

表 5-11 合作社电子商务采纳决策方程与合作社经营绩效水平方程联立估计

变量	电商采纳选择方程	合作社经营绩效	
		电商采纳合作社	非电商采纳合作社
性别	−0.316 (0.292)	−0.027 (0.361)	0.151 (0.189)
受教育程度	0.175 (0.108)	−0.032 (0.143)	0.059 (0.067)
年龄	0.071 (0.102)	0.084 (0.150)	0.009 (0.065)
合作社成立年限	0.011 (0.033)	0.013 (0.046)	0.031 (0.020)
社员规模	0.096 (0.134)	0.295* (0.165)	0.052 (0.088)

续表

变量	电商采纳选择方程	合作社经营绩效	
		电商采纳合作社	非电商采纳合作社
注册资本	-0.011 (0.082)	0.257*** (0.092)	0.120** (0.052)
近三年政府补贴额度	0.116** (0.053)	0.236*** (0.066)	-0.029 (0.042)
特色种植合作社	0.534*** (0.192)	-0.278 (0.266)	-0.017 (0.137)
物流支持	1.116*** (0.189)		
互联网认知	0.181*** (0.057)		
常数项	-2.391*** (0.704)	-1.495 (0.995)	-1.551*** (0.400)
rho$_1$		-0.080 (0.302)	
rho$_2$			-1.345*** (0.266)
观测值	296	296	296
对数伪似然值		-461.692	
模型拟合优度检验		44.74***	
方程独立性检验		23.64***	

表 5-12　电商采纳对合作社经营绩效处理效应

	电商采纳	非电商采纳	ATT	ATU
电商采纳合作社	0.726 (0.094)	-1.108 (0.054)	1.834*** (0.108)	——
非电商采纳合作社	0.489 (0.037)	-0.222 (0.021)	——	0.711*** (0.043)

（2）稳健性检验

首先,进行 PSM 稳健性检验。本部分 PSM 的平衡性检验结果与表 5-8 一致,同样表明 PSM 匹配变量有效降低了实验组与控制组间的系统性差异,通过了平衡性检验,本处及下文不再重复列出。表 5-13 列出了分别使用倾向得分近邻匹配法(K=1 和 K=4)、核匹配法以及马氏匹配法四种方法测算的电商采纳对合作社经营绩效平均处理效应结果。结果显示,在未匹配时,电商采纳对合作社经营绩效的影响效应为 0.947,经过上述四种方法倾向得分匹配后,电商采纳对合作社经营绩效影响的净效应分别为 0.628、0.751、0.747 和 0.971,且 T 统计量均在 1%的置信水平上显著,表明四种不同匹配方法得到的平均处理效应结果基本一致,也与上文通过内生转换模型实证分析得出的电商采纳对经营绩效处理效应结果保持一致,这表明电商采纳对合作社经营绩效水平具有显著促进作用的结论是稳健的。

表 5-13　电商采纳对合作社经营绩效的平均处理效应

PSM 匹配方法	经营绩效		
	对照组	处置组	T 检验值
匹配前	0.726	-0.221	7.50
近邻匹配(1)	0.640	0.012	2.98
近邻匹配(4)	0.640	-0.111	4.19
核匹配	0.640	-0.107	4.24
马氏匹配	0.726	-0.245	7.41

其次,更换估计方法进行稳健性检验。表 5-14 中四列分别给出了以合作社经营绩效为被解释变量,以电商采纳为核心解释变量的 OLS 回归结果以及工具变量法回归结果,其中第 2—4 列分别为 2SLS 估计、LIML 估计以及 GMM 估计结果。OLS 估计法给出的估计结果显示在电商采纳在 1%的显著水平上正向促进合作社经营绩效水平。后三列估计方法都考虑到电商采纳的内生性问题,并加入工具变量进行重复回归估计。对比发现,在 2SLS、LIML 和 GMM 估计方法下估计的电商采纳系数分别在 1%、5%和 1%的水平上正向显著,正负符号未发生改变,估计系数依然显著,且各系数大小变化不大,这表明电商采纳显著提高了合作社经营绩效水平,与前文估计结果保持高度一致,因此该研究结论具有稳健性。

表 5-14　更换估计方法的稳健性检验

变量	（1）OLS	（2）2SLS	（3）LIML	（4）GMM
	经营绩效	经营绩效	经营绩效	经营绩效
电商采纳	0.680 *** (0.147)	0.853 *** (0.310)	0.878 ** (0.348)	0.929 *** (0.312)
性别	0.153 (0.152)	0.155 (0.148)	0.155 (0.148)	0.132 (0.148)
受教育程度	0.045 (0.060)	0.041 (0.060)	0.041 (0.060)	0.024 (0.060)
年龄	−0.000 (0.056)	0.004 (0.055)	0.004 (0.055)	0.006 (0.055)
合作社成立年限	0.026 * (0.015)	0.026 * (0.015)	0.026 * (0.015)	0.027 * (0.015)
社员规模	0.191 ** (0.079)	0.185 ** (0.077)	0.184 ** (0.077)	0.169 ** (0.077)
注册资本	0.164 *** (0.044)	0.159 *** (0.045)	0.158 *** (0.045)	0.143 *** (0.045)
近三年政府补贴额度	0.127 *** (0.042)	0.117 *** (0.044)	0.116 ** (0.045)	0.120 *** (0.045)
特色种植合作社	0.010 (0.118)	−0.022 (0.126)	−0.026 (0.129)	−0.045 (0.127)
常数项	−1.753 *** (0.372)	−1.745 *** (0.369)	−1.744 *** (0.369)	−1.597 *** (0.369)
观测值	296	296	296	296
R-squared	0.312	0.308	0.306	0.302

2. 收入绩效模型估计结果

（1）平均处理效应分析

在测算平均处理效应前需要先判断 ESR 模型及识别变量的选取是否恰当。对合作社电商采纳决策与合作社收入绩效构建联立方程进行检验。ESR 模型拟合结果如表 5-15 所示，两阶段方程独立性 LR 检验及模型拟合优度 Wald 检验均在 1% 水平上显著，反映误差项系数的 rho_1 在 10% 的水平上显著，rho_2 不显著，其中，rho_1 为 −0.414，rho_2 为 0.120，这表明，存在不可观测因素同时影响合作社电商采纳和收入绩效,选择 ESR 模型克服样本选择偏差、遗漏变量等内生性问题是合适的,合作社电商采纳具有负向选择效应。同时对识别变量"互联网认知情况"和"物流支持情况"有效性进行检验,由豪斯曼检验 p 值及 DWH 检验 p 值均在 1%水平上拒绝原假设可知,电商采纳是合作社收入绩效的内生变量,识别变量通过了弱工具变量检验。

在合作社电商采纳决策方程与合作社收入绩效水平方程联立估计结果的基础上,测算合作社实际采纳电商和反事实假设下未采纳电商,以及合作社实际未采纳电商和反事实假设下采纳电商四种情况下的期望收入绩效水平,进而得出电商采纳对合作社收入绩效的平均处理效应。表 5-16 是基于 ESR 模型测算的估计结果,可以发现,电商采纳合作社的收入绩效平均处理效应为0.360,非电商采纳合作社的收入绩效平均处理效应为 1.659,均在 1%的水平上显著。这表明,两组合作社采纳电商均能大幅提高合作社收入绩效水平,且电商采纳对非采纳电商合作社的收入绩效影响相对更大。然而,通过对比发现,电商采纳对合作社收入绩效的平均处理效应 0.360 远远低于对合作社经营绩效的平均处理效应 1.834,这表明,电商采纳虽能够提升社员的人均可支配收入,但对合作社经营收入有更明显增进作用,产业链分工收益和电商红利更多被合作社而不是社员所获取。由此假说 2 得以验证。

表 5-15　合作社电子商务采纳决策方程与合作社收入绩效水平方程联立估计

变量	电商采纳选择方程	合作社收入绩效	
		电商采纳合作社	非电商采纳合作社
性别	−0.118 (0.314)	0.215 (0.552)	−0.313* (0.165)
受教育程度	0.151 (0.117)	−0.264 (0.221)	0.007 (0.058)
年龄	0.050 (0.115)	−0.122 (0.231)	−0.034 (0.056)
合作社成立年限	0.003 (0.036)	−0.047 (0.071)	0.006 (0.017)

续表

变量	电商采纳选择方程	合作社收入绩效	
		电商采纳合作社	非电商采纳合作社
社员规模	0.103 (0.143)	0.463* (0.256)	−0.062 (0.077)
注册资本	0.021 (0.086)	−0.161 (0.143)	−0.044 (0.046)
近三年政府补贴额度	0.103* (0.057)	−0.161 (0.099)	0.135*** (0.038)
特色种植合作社	0.456** (0.206)	−0.946** (0.395)	−0.061 (0.122)
物流支持	1.164*** (0.205)		
互联网认知	0.268*** (0.067)		
常数项	−2.769*** (0.744)	2.699* (1.501)	0.508 (0.344)
rho_1		−0.414* (0.212)	
rho_2			0.120 (0.152)
观测值	296	296	296
对数伪似然值	−478.925		
模型拟合优度检验	13.51*		
方程独立性检验	12.78***		

表 5-16　电商采纳对合作社收入绩效处理效应

	电商采纳	非电商采纳	ATT	ATU
电商采纳合作社	0.447 (0.073)	0.087 (0.034)	0.360*** (0.080)	——
非电商采纳合作社	1.522 (0.036)	−0.137 (0.014)	——	1.659*** (0.037)

（2）稳健性检验

首先,进行 PSM 稳健性检验。在通过平衡性检验后,表 5-17 列出了分别使用倾向得分近邻匹配法(K=1和K=4)、核匹配法以及马氏匹配法四种方法测算的电商采纳对合作社收入绩效平均处理效应结果。结果显示,在未匹配时,电商采纳对合作社收入绩效的影响效应为0.590,经过上述四种方法倾向得分匹配后,电商采纳对合作社收入绩效影响的净效应分别为0.502、0.484、0.455和0.625,且T统计量分别在10%、5%、5%和1%的置信水平上显著,四种不同匹配方法得到的平均处理效应结果正负性与显著性基本一致,也与上文通过内生转换模型实证分析得出的电商采纳对收入绩效处理效应结果保持一致,验证了该研究结论是稳健可靠的。

表5-17 电商采纳对合作社收入绩效的平均处理效应

PSM 匹配方法	收入绩效		
	对照组	处置组	T 统计量
匹配前	0.452	−0.138	4.42
近邻匹配(1)	0.483	−0.019	1.79
近邻匹配(4)	0.483	−0.001	2.16
核匹配	0.483	0.028	2.13
马氏匹配	0.452	−0.173	3.49

其次,更换估计方法进行稳健性检验。表5-18中前四列分别给出了以合作社收入绩效为被解释变量,以电商采纳为核心解释变量的OLS回归结果以及工具变量法回归结果,其中第2—4列分别为2SLS估计、LIML估计以及GMM估计结果。OLS估计法给出的估计结果显示在电商采纳在1%的显著水平上正向促进合作社收入绩效水平。后三列估计方法都考虑到电商采纳的内生性问题,以及可能存在的弱工具变量或异方差问题,并加入工具变量进行重复回归估计。对比发现,在2SLS、LIML和GMM估计方法下估计的电商采纳系数均在10%的水平上正向显著,正负符号未发生改变,估计系数依然显著,可见,控制内生性问题后电商采纳依旧对合作社收入绩效水平存在显著正向

影响。更换估计方法的稳健性检验结果与前文估计结果吻合进一步支持了研究结论的可靠性。

表5-18　更换估计方法的稳健性检验及电商采纳对合作社治理绩效的影响

变量	(1)OLS 收入绩效	(2)2SLS 收入绩效	(3)LIML 收入绩效	(4)GMM 收入绩效	OLS 治理绩效
电商采纳	0.613*** (0.235)	0.961* (0.499)	0.969* (0.508)	0.743* (0.466)	-0.013 (0.136)
性别	-0.220 (0.254)	-0.217 (0.259)	-0.217 (0.259)	-0.272 (0.248)	0.227 (0.142)
受教育程度	-0.044 (0.055)	-0.052 (0.057)	-0.052 (0.057)	-0.028 (0.052)	0.161** (0.067)
年龄	-0.060 (0.043)	-0.053 (0.043)	-0.053 (0.043)	-0.039 (0.040)	0.051 (0.070)
合作社成立年限	-0.011 (0.013)	-0.012 (0.014)	-0.012 (0.014)	-0.008 (0.013)	0.007 (0.019)
社员规模	0.041 (0.088)	0.029 (0.082)	0.029 (0.082)	-0.011 (0.073)	0.120 (0.088)
注册资本	-0.079* (0.047)	-0.089* (0.048)	-0.089* (0.048)	-0.060 (0.038)	-0.023 (0.058)
近三年政府补贴额度	0.051 (0.064)	0.031 (0.077)	0.031 (0.077)	0.054 (0.073)	-0.014 (0.043)
特色种植合作社	-0.282** (0.130)	-0.345** (0.155)	-0.346** (0.157)	-0.257* (0.135)	0.294** (0.148)
常数项	0.760* (0.401)	0.776* (0.399)	0.776* (0.399)	0.622* (0.365)	-1.002** (0.467)
观测值	296	296	296	296	296
R-squared	0.094	0.075	0.074	0.088	0.057

3.治理绩效模型估计结果

(1)OLS模型估计结果

首先判断 ESR 模型及识别变量的选取是否恰当。对合作社电商采纳决策与合作社治理绩效构建联立方程进行估计发现,模型拟合优度未通过 Wald

检验,这表明 ESR 模型拟合效果不好。进一步对电商采纳进行内生变量检验,豪斯曼检验 p 值及 DWH 检验 p 值均无法拒绝变量外生原假设,由此可知电商采纳不是合作社治理绩效的内生变量,基于 OLS 模型的多元线性回归可以得到无偏估计,因此估计电商采纳对合作社治理绩效的影响可以使用 OLS 模型进行回归。这可能是因为因变量是综合性指标,与自变量关系不明显所致。

其次,考察电商采纳对合作社治理绩效的影响。表5-18第5列汇报了电商采纳对合作社治理绩效的 OLS 回归结果,结果显示估计系数为-0.013,但统计上并不显著,电商采纳对合作社治理绩效增进并无显著促进作用。由此假说3得以验证。可见,电商采纳并未对决策方式规范化和按交易量(额)返还盈余比例的提高产生明显促进作用,该结论从经验结果上回应了电商采纳对合作社治理改善的讨论。据此推断,既有学者从理论上所探讨的因电商采纳所可能重构的合作社内部权利配置不仅没有实现,还可能由于技术与资本投入的进一步增加而导致合作社要素契约治理作用的增强,电商采纳并没有改变普通社员资源劣势方的弱势地位,核心社员占据治理主导和驱动地位并拥有剩余控制权和索取权的事实以及盈余分配制度法理与实践二元分离的缺陷现状是合作社发展所面临的长期性难题,在电商采纳情境下,也尚未寻得有效解决办法。

(2)稳健性检验

采用 PSM 对电商采纳影响合作社治理绩效的效应进行稳健性检验。在通过平衡性检验后,表5-19列出了分别使用倾向得分近邻匹配法(K=1 和 K=4)、核匹配法以及马氏匹配法四种方法测算的电商采纳对合作社治理绩效平均处理效应结果。由匹配结果可知,在未匹配时,电商采纳对合作社治理绩效的影响效应为 0.108,且 T 统计值为 0.79,没有通过显著性检验,经过前三种方法倾向得分匹配后,电商采纳对合作社治理绩效影响的净效应分别为-0.014、-0.138 和-0.123,系数符号发生变化但显著性未发生改变,经过马氏匹配法得到的净处理效应为 0.041,系数符号和显著性均未发生改变,这四种匹配方法的结果没有根本性差异,均反映了电商采纳对合作社治理绩效的影响不显著,也与上文通过 OLS 模型实证分析得出的电商采纳无法显著促进治理绩效增进的结论保持一致,支持了该研究结论的稳健性。

表 5-19　电商采纳对合作社治理绩效的平均处理效应

PSM 匹配方法	治理绩效		
	对照组	处置组	T 统计量
匹配前	0.083	−0.025	0.79
近邻匹配(1)	0.042	0.056	−0.06
近邻匹配(4)	0.042	0.180	−0.80
核匹配	0.042	0.165	−0.76
马氏匹配	0.083	0.042	0.24

(三) 分组绩效模型估计结果

为进一步检验电商采纳对不同特征合作社的作用效果,分别从合作社特征和理事长特征两个层面结合现有数据对合作社进行分组,讨论电商采纳对合作社绩效影响的组间差异。第一,由于不同类型的农产品在生产自然属性和市场交易特性上存在较大差异,使合作社采纳电商后在流通和交易农产品时面临不同的成本和收益,合作社产业类型可能会对合作社电商采纳的影响效应产生影响。第二,由于存在规模经济效应,运营规模较大的合作社采纳电商带来的收益要比运营规模较小的合作社大得多,合作社组织规模也可能会对绩效产生较大影响。第三,由于受教育水平越高的理事长对政策感知和市场响应速度越灵敏,越容易制定出有利于合作社发展的战略性决策,合作社理事长受教育程度可能对组织绩效产生较大影响。第四,由于拥有不同从业经历的合作社理事长往往具备不同的企业家才能,对组织运营效果存在差异性影响,故合作社理事长从业经历可能对组织绩效产生影响。基于此,对合作社产业类型、组织规模、理事长教育程度和理事长从业经历进行分组,分别考察不同组别下电商采纳对合作社绩效影响的异质性。

1.基于合作社产业类型的异质性分析

表5-20展示了电商采纳对三种类型合作社绩效的平均处理效应,结果发现,首先,电商采纳对粮食种植合作社、特色种植合作社以及养殖合作社的经营绩效均具有提升作用,且分别在1%、1%、5%的置信水平上显著。三种类型合作社的平均处理效应(ATT)分别为1.684、1.240、0.536,这表明电商采纳对粮食种植合作社的经营绩效提升效果最明显,对特色种植、养殖合作社的绩效提升效果依次递减。其原因可能在于,粮食种植合作社在采纳电商销售农产品时,往往对农产品进行标准化和深加工处理,且该类农产品流通损耗低、销售时间长,更可能从电商运营中获得较高盈利。而特色种植类农产品和养殖类农产品,面临的最大问题是运输成本高、储存难度大、市场风险高,导致经营利润提升幅度低于粮食种植合作社。其次,电商采纳对粮食种植合作社、特色种植合作社的收入绩效均具有提升作用,且均在1%的置信水平上显著,但对养殖合作社的收入绩效影响不显著。粮食种植合作社的ATT值0.251低于特色种植合作社的ATT值0.640,表明电商采纳对特色种植合作社的收入绩效提升效果最明显。其原因可能在于,特色种植合作社线上销售生鲜农产品时,销售量和销售价格更依赖于社员的生产管理,这使社员在经营利润分配上的话语权上升,从而有利于合作社收入绩效提高。而粮食种植合作社采纳电商后,为提高农产品附加值,增加了相应的加工设备等专用性资产投资,导致社员收入提升幅度低于特色种植合作社。最后,电商采纳对三种类型合作社的治理绩效影响均不显著。这意味着,电商采纳对合作社主要带来经济层面的影响。在反事实情境下,三种类型的非电商采纳合作社,采纳电商均促进经营绩效提高,但降低了种植类合作社的收入绩效。可能原因在于,非采纳电商合作社在电商运营中还面临资本、技术等其他问题负向影响收入绩效。

表5-20　电商采纳对合作社绩效的平均处理效应:产业类型的异质性

组织类型分组	经营绩效		收入绩效		治理绩效
	ATT	ATU	ATT	ATU	回归系数
粮食种植合作社	1.694*** (0.894)	0.783*** (0.823)	0.251*** (0.385)	−0.448*** (0.655)	−0.037 (0.253)
特色种植合作社	1.240*** (0.623)	0.831*** (0.409)	0.640*** (0.194)	−0.822*** (0.162)	0.240 (0.268)
养殖合作社	0.536** (0.577)	2.218*** (0.813)	0.935 (2.785)	11.867*** (3.061)	−0.192 (0.261)

2. 基于合作社组织规模的异质性分析

根据土地规模中位数值,将合作社分为土地规模为150亩及以下和土地规模大于150亩两组合作社。表5-21展示了电商采纳对拥有不同土地规模合作社绩效的平均处理效应,结果发现,首先,电商采纳对两组合作社的经营绩效均具有提升作用,且均在1%的水平上显著。由ATT值1.761<2.014可知,电商采纳对土地规模大于150亩的合作社经营绩效提升效果最明显。其原因在于,土地规模较大的合作社开展农产品电商时,在农产品标准化、绿色化生产和加工流通上投入的成本会随着数量扩大而降低,产生成本规模经济效应,同时,大批量的农产品供应降低了电商运营的市场风险。其次,电商采纳对两组合作社的收入绩效影响均不显著,但对非采纳电商合作社的收入绩效均具有提升作用,且土地规模大于150亩的非采纳电商合作社在反事实情况下,收入绩效的提升效果较大。其原因可能在于,电商采纳使市场不确定性增加,土地规模越大的合作社,在市场营销和运营管理上越依赖于社会资本和资金资本,这可能使合作社与普通社员间的联结弱化,不利于合作社收入绩效提高。最后,电商采纳对两组合作社的治理绩效影响均不显著。在反事实情境下,非电商采纳合作社的经营绩效和收入绩效均能够通过电商采纳得到提高。这表明不同规模合作社的治理制度安排,均没有受到电商技术的影响,同时,电商采纳对合作社经营、收入绩效的影响不受组织规模约束。

表 5-21　电商采纳对合作社绩效的平均处理效应：组织规模的异质性

组织规模分组	经营绩效		收入绩效		治理绩效
	ATT	ATU	ATT	ATU	回归系数
土地规模为 150 亩及以下的合作社	1.761*** (0.999)	1.144*** (0.745)	-0.045 (0.498)	0.864*** (0.278)	0.031 (0.211)
土地规模大于 150 亩的合作社	2.014*** (0.844)	-0.178** (0.510)	0.427 (2.245)	6.765*** (1.880)	0.027 (0.203)

3. 基于理事长教育程度的异质性分析

根据合作社理事长的受教育情况，以九年义务教育为界，将合作社分为理事长教育程度为初中及以下和理事长教育程度为高中及以上两组合作社。表 5-22 展示了电商采纳对两组合作社绩效的平均处理效应，结果发现，首先，电商采纳对两组合作社的经营绩效均具有提升作用，且均在 1% 的置信水平上显著。由 ATT 值 0.606<2.087 可知，电商采纳对合作社理事长教育程度为高中及以上的合作社经营绩效提升效果更明显。这表明，具有较高学历的合作社理事长，对政策和市场变化的感知程度较高，创新意识和学习培训能力较强，更能有效利用电商和制定切实可行的战略规划，进而提高合作社经营绩效。其次，电商采纳对合作社理事长教育程度为初中及以下的合作社收入绩效具有提升作用，但对合作社理事长受教育程度较高的合作社收入绩效提升效果不显著。其原因可能在于，较高学历的理事长更关注合作社的长期发展和经营水平的提高，更注重对产品质量提升和品牌形象塑造，再加上分配机制不完善，从而导致合作社采纳电商后收入绩效没有得到改善。最后，无论合作社理事长受教育程度如何，电商采纳对合作社治理绩效的影响均不显著。在反事实情境下，非电商采纳合作社的经营绩效和收入绩效在采纳电商后均能得到提高。这表明，电商采纳对合作社决策和利益分配等的制度安排影响不大，较高和较低教育程度的理事长均能使合作社从采纳电商中获益。

表5-22 电商采纳对合作社绩效的平均处理效应:教育程度的异质性

教育程度分组	经营绩效		收入绩效		治理绩效
	ATT	ATU	ATT	ATU	回归系数
初中及以下学历	0.606*** (0.632)	0.594*** (0.613)	1.609*** (0.966)	1.596*** (0.926)	0.070 (0.227)
高中及以上学历	2.087*** (0.885)	0.634*** (0.679)	0.151 (0.671)	1.412*** (0.714)	0.106 (0.198)

4.基于理事长从业经历的异质性分析

根据合作社理事长是否具有非农从业经历,将合作社分为有从业经历和无从业经历的两组合作社。表5-22展示了电商采纳对两组合作社绩效的平均处理效应,结果发现,首先,电商采纳对两组合作社的经营绩效均具有提升作用,且均在1%的置信水平上显著。由ATT值1.819>0.368可知,电商采纳对理事长有从业经历的合作社经营绩效提升效果更明显。以上结果表明,理事长丰富的从业经历如担任村干部、外出务工、自主创业等,在采纳电商运营管理合作社中发挥促进作用。经过从业经验的长期积累,理事长不仅在机会识别上具有敏锐的判断能力,在争取政策支持或筹集资金上具有一定社会资本优势,还能发挥自身信誉、魅力组织广大社员强化资源整合,更有助于合作社通过电商采纳改善经营绩效。其次,电商采纳对两组合作社的收入绩效均具有提升作用,且分别在10%、1%的置信水平上显著,由ATT值0.183<0.510可知,电商采纳对理事长无从业经历的合作社收入绩效提升效果更明显。可能原因在于,虽然具有从业经历的理事长具有一定合作精神和奉献精神,但与没有从业经历的理事长相比,与普通社员间资源禀赋差异更大,社员异质性负向影响了电商采纳对合作社收入绩效的提升作用。最后,电商采纳对合作社治理绩效的影响均不显著。在反事实情境下,非电商采纳合作社在采纳电商后经营绩效和收入绩效均得到大幅度提高,其中有从业经历的非电商采纳合作社经营绩效提升效果更明显,无从业经历的非电商采纳合作社收入绩效提升效果更

明显。这表明,无论理事长是否具有从业经历,电商采纳均没有改善合作社治理绩效,同时,应鼓励非电商采纳合作社理事长积极开展农产品电商。

表 5-23　电商采纳对合作社绩效的平均处理效应:从业经历的异质性

从业经历分组	经营绩效		收入绩效		治理绩效
	ATT	ATU	ATT	ATU	回归系数
有从业经历	1.819*** (0.779)	1.342*** (0.758)	0.183* (0.456)	0.411*** (0.916)	−0.044 (0.227)
无从业经历	0.368*** (0.818)	0.112** (0.456)	0.510*** (1.105)	2.197*** (1.015)	0.141 (0.186)

三、影响机制与综合讨论

(一)影响机制理论探讨

根据第三章理论分析,结合实践、文献梳理与现有调研数据,提出电商采纳对合作社不同绩效影响的机制路径并进行检验。首先,由于合作社采纳电商具有销售规模效应和品牌赋能效应,本部分主要从渠道接入机制和价值增值机制来检验电商采纳对合作社经营绩效的作用机制。第一,渠道接入机制。电商采纳能够降低信息搜寻成本、解决信息不对称等问题(Montealegre et al.,2007),其不仅能够发掘潜在客户,扩大市场份额,还能够缩减分销渠道,更好引导生产(Baorakis et al.,2002),增加农产品适销性从而促进增收。许竹青等研究发现,信息有效供给能使市场消费规模明显增加(许竹青等,2013),曾亿武等(2018)也证实,农产品电商能使市场均衡价格和均衡产量显著提升,从而在生产、营销环节产生超额利润。第二,价值增值机制。网上消费用户群可以通过在线体验、声誉和评价对合作社农产品表示认同或质疑,这种认同和质疑会通过网络传播效应而放大,因此,无论是以微商为代表的"社交"型电商还是以淘宝等为代表的"平台"型电商,都会将消费者需求、体验和价值观植入到合作社管理之中,并借助数据检索、网络品牌推广等提升农产品认知度,进而激发消费者溢价购买意愿(张传统和陆娟,2014)。

其次,由于合作社采纳电商后可能会提高对社员的一次返利和收购量,本部分主要从价格改进机制和销量增加机制来检验电商采纳对合作社收入绩效的作用机制。一是,价格改进机制。由于农产品电商市场的"完全竞争性"以及消费市场的转型升级,只有绿色、优质农产品才能在线上竞争中脱颖而出(曾亿武和郭红东,2016)。合作社与社员的交易稳定性既依赖于所交易的农产品数量,更依赖于所交易的农产品质量及其差异,如果社员所交易的符合品质要求和技术标准的农产品数量达不到规模经济效应,合作社交易成本就会增加,因此,为降低交易成本,形成交易共同体,合作社更倾向以"市场价+附加价"定价方式收购社员符合交易要求的农产品,这会促使社员交易收入的帕累托改进。二是,销量增加机制。由于网络接入和传播机制,合作社电商采纳会扩大农产品销售半径,促进农产品品牌化和单品价值增加,在盈余分配规则不变情况下,会提高社员的盈余分配收入。

最后,由于持股增加意味着自身的结构被依赖性增加,且合作社股权比例很大程度上决定了合作社决策方式以及盈余分配的方式,是合作社治理机制的选择以及社员间的权力关系的决定性因素(黄胜忠和徐旭初,2008;孔祥智和蒋忱忱,2010;应瑞瑶等,2016),本部分主要从社员和理事会成员出资机制来检验电商采纳对合作社治理绩效的作用机制。一是,增加了普通社员持股比例。契约制度、技术标准、责任清单以及大数据处理技术降低了社员与合作社之间交易不确定性,形成了交易预期,增进了交易频率和稳定性,进而促使合作社社员增加场地、设施等专用性资本投入,增加合作社持股比例,一定程度上能够形成商品契约对要素契约的反向治理。而普通社员持股比例增加时,有可能产生相对股权制衡作用抑制大股东侵占行为(Salazar & Gorriz,2011),有利于保证普通社员获得合理的利润分配和行使决策权,从而正向促进治理绩效。二是,增加了核心社员持股比例。互联网技术的发展伴随着"数字鸿沟"的产生,显然,电商采纳也存在技术获取的"门槛效应",电子商务利用能力、程度因人力资源异质性而具有差异,而且,随着电商的推广使用,合作社在产品展示、广告促销、客户服务和线下产品供应管理等方面需要更多资源投入(邵占鹏,2017),用于农残检测、筛选分级、个性化包装和敏捷物流等专用性资本投入也会增加,这可能会进一步提升资源禀赋优势方即核心社员的股权比例,股权集中度加剧,推动剩余控制权和索取权进一步向核心社员集中,从而负向抑制治理绩效改善。但是总体而言,在多数普通社员资本、人力、社会资源匮乏且有限理性的情况下,电商采纳效应可能表现为普通社员的增资幅度低于核心社员而难以发挥股权制衡作用和保证普通社员权益,从而并不会使合作社治理绩效提升。

(二) 影响机制实证分析

据理论机制探讨可知,合作社电商采纳可能通过渠道接入机制和价值增值机制增进经营绩效,通过价格改进机制和销量增加机制增进收入绩效,以及通过社员和理事会成员出资机制影响治理绩效。为进一步验证电商采纳影响合作社多维绩效的作用机制,使用 Bootstrap 法以及 MacKinnon & Dwyer(1993)、Herr(2013)改进的二分类变量中介效应检验方法检验其作用机制是否存在。在代理变量上[①],基于样本选择和数据可得性,并借鉴相关学者研究(曾亿武等,2018;郭红东和丁高洁,2013;Key & Mcbride,2003),选取销售区域扩大比例、品牌提升度度量合作社渠道接入和价值增值情况,选取收购价和收购量增幅度量合作社社员收入改进情况,选取占股 10%以上社员数和理事会成员出资比例占比度量合作社股权比例情况。检验结果如表 5-24 所示。

---

① 中介变量选取的解释说明:销售区域扩大比例,根据调研问卷中"您所在合作社农产品的营销范围?"的回答进行赋值,共"本市""省内其他地市""国内其他省市""国外"四个选项,依次赋值为 1—4;品牌提升度,根据"合作社主产品有无地方以上品牌或地方影响力"赋值为 0—1 变量;收购价增幅,采用"您所在合作社去年向社员收购农产品的收购价格比未采纳电商时增幅多少?(%)"的实际值衡量;收购量增幅,采用"合作社去年向社员收购农产品数量是多少(斤/年)?"的实际值衡量;占股 10%以上社员数,以占股 10%以上社员人数来衡量;理事会出资占比,以"理事会出资占合作社总资本比例?(%)"衡量。

表 5-24　中介效应检验结果

中介变量	直接效应	95％置信区间	p	间接效应	95％置信区间
销售区域扩大比例	0.712(0.131)	0.4547,0.9688	0.000	0.235(0.070)	0.1214,0.4040
品牌提升度	0.172***	——	0.000	0.030***	——
收购价增幅	0.516(0.138)	0.2444,0.7865	0.0002	0.075(0.032)	0.0278,0.1520
收购量增幅	0.5523(0.136)	0.2846,0.8199	0.0001	0.038(0.055)	-0.0468,0.1919
占股10%以上社员数	0.073(0.137)	-0.1970,0.3433	0.5946	0.034(0.030)	-0.0052,0.1211
理事会出资占比	0.116(0.139)	-0.1570,0.3881	0.8342	-0.008(0.014)	-0.0273,0.0288

注:偏差矫正的非参数百分位 bootstrap 自举数:5000;其中,品牌为二分变量,采用 MacKinnonandDwyer (1993)和 Herr(2013)改进的二分类变量中介效应检验方法计算得出;*、**、*** 分别表示在10%、5%和1%的统计水平上显著。

由表 5-24 可知,销售区域扩大比例间接效应置信区间 CI 为[0.1214, 0.4040],在95%的置信区间上不包含0,这表明,销售区域扩大在电商采纳对合作社经营绩效影响中起到了中介作用,由于直接效应显著,进一步确定为部分中介效应。品牌提升度也在1%水平上起到了显著部分中介作用。合作社通过采纳电商不仅扩大了销售半径,还降低了消费者商品选择成本与风险,提高了消费信任,增强了购买黏性,实现了农产品价值增值,提升了合作社经营绩效。合作社收购价提升对收入绩效具有显著的部分中介作用,而收购量增加的中介作用却不显著,这表明,合作社以"市场价+附加价"交易方式收购符合交易标准和要求的农产品,一定程度上能够实现社员收入的帕累托改进,然而,由于电商销售对农产品质量有较高要求,合作社往往对所交易的农产品分类分级处理,并"掐尖"收购,并未引发普通社员销售量大幅增加,其收购量可能更多来自个别交易大户,这在一定程度上减弱了电商采纳的收入增进效应。合作社占股10%以上社员数、理事会成员出资占比对治理绩效不具有显著的间接效应,这也进一步验证了上文实证研究结果,合作社普通社员股权占比较少,没有形成与合作社的要素契约联接,也未形成商品契约对要素契约的反向治理,普通社员依旧在合作社权利配置博弈中处于弱势地位,影响合作社规范发展。

（三）绩效增进与"合伙人制度"讨论

事实上,电商采纳影响合作社绩效的讨论,既是对电商采纳能否提升合作社效益、优化合作社治理的理论反思,实然也构成了合作社"合伙人"制度能否形成的理论逻辑。本书认为,合作社"合伙人"制度形成的核心思想就是通过赋予持股比例较少的普通社员更多的决策控制权和收益分配权,促使合作社与社员之间形成长期稳定的资源共享、风险共担的共同体,保证合作社和社员之间更好协作以实现组织成长,显然,社员对合作社决策权与收益权的分享更多体现在合作社组织演进进程之中。但要说明的是,合作社农业"合伙人"制度的形成既可以体现在合作社的组织演进进程之中,但同样也可以反映为合作社组织演进的结果,这是因为,"合伙人"制度形成既是合作社核心社员与普通社员之间摒弃"数字鸿沟"、要素禀赋分化、风险偏好差异以及契约制度选择冲突的过程,也是合作社经营绩效、收入绩效和治理绩效共同提升的结果,如果合作社多维绩效没有同步增进,自然会影响合作社与社员之间的下期和远期合作,从而掣肘合作社"合伙人"制度的形成。

通过实证分析结果发现,合作社采纳电商显著提高了合作社综合绩效、经营绩效和收入绩效,但没有显著提高合作社治理绩效,且合作社采纳电商对合作社经营绩效的增进效应大于收入绩效。这意味着,合作社开展农产品电商的红利更多地被合作社所攫取,而关乎普通社员利益保护的治理绩效并没有显著改进。"合伙人"制度的实践应用,除了需要满足合作方达成合作意愿,还取决于良好的合作关系能否得以维系,更依赖于良好的治理机制的运行。电商采纳情境下,虽然收入绩效的一定程度增进激励了社员的参与,可能促使社员由休眠社员转变为积极社员,但由于收入绩效增进相对有限和缺乏良好的治理制度安排,导致核心社员内部人控制、普通社员机会主义行为依旧存在,难以形成长期的利益共同体。故而本书认为,在电商采纳情境下,合作社没有由"精英利益保护"范式向"社员利益保护"范式转变,合作社与社员之间难以维系持续的合作关系，合作社共治共享的"合伙人"制度没有形成。

　　本章基于前文理论分析以安徽省300家合作社为研究对象，采用内生转换模型分析了电商采纳对合作社综合绩效、不同维度绩效、不同分组绩效的影响，并运用中介效应方法检验了电商采纳对合作社不同维度绩效的作用机制。研究结论如下：第一，合作社电商采纳能够显著提高其综合绩效，电商采纳的综合绩效相对于非采纳电商时提高了一倍以上。第二，合作社电商采纳对多维绩效的影响具有异质性，电商采纳显著提高了合作社经营绩效和合作社收入绩效，但合作社经营绩效的增进效应高于收入绩效，电商采纳对合作社治理绩效的影响并不显著，即并未有效提高合作社治理绩效。由此可见，合作社电商采纳确实一定程度上提升了合作社利润和社员收入，但供应链价值增值收益还是更多被合作社所获取，且合作社也并未因为电商采纳而形成有效治理机制。据此推出，合作社采纳电商没有实现经营、收入和治理多维绩效的共同增进，合作社共治共享的"合伙人"制度还远未形成，作为外生性技术冲击的电商采纳通过供应链变革即使重构了生产组织模式和资源配置方式，也尚未全方位改善价值分配形态，从而表明推动合作社的规范化治理不能仅寄望于依靠外部技术的变革，还应该夯实合作社规范化治理机制，真正落实合作社年报制度和"空壳社"清理整顿行动，并推动合作社监测制度由示范社向所有合作社覆盖。第三，电商采纳对不同组别绩效的影响具有异质性。粮食种植合作社以及土地规模较大、理事长教育程度较高、理事长具有从业经历的合作社，通过电商采纳提升的经营绩效更明显。特色种植合作社以及土地规模较小、理事长教育程度较低、理事长没有从业经历的合作社，通过电商采纳提升的收入绩效更明显。但电商采纳对不同分组合作社的治理绩效影响均不显著。第

　　四,合作社通过渠道接入、价值增值和收购价提高增进了合作社经营绩效和收入绩效,但是,收购量增加并没有对增加社员收入起到显著作用,同时,社员也没有形成与合作社的要素契约联接,也未形成商品契约对要素契约的反向治理。

第六章　电商采纳对农民合作社绩效影响的案例分析

　　第四章和第五章分别定量分析了合作社电商采纳的影响因素,以及电商采纳对合作社绩效的影响效应、作用机理。随着农产品电商在合作社中的深入开展,现实情境中涌现出一部分典型合作社,它们充分把握电商发展机遇,利用电商平台深度嵌入农产品供应链,整合农产品产业链,实现了自身经营状况和组织管理的改善。该成功经验对推动合作社进行数字化转型和带动社员共享数字红利,具有标杆作用。而在数字化转型背景下,电商采纳影响合作社绩效过程的理论研究尚滞后于现实需求,本章将基于双案例比较分析,对第二章构建的理论模型和第五章的实证研究结果进行再检视,从实践的角度归纳和提炼出电商采纳与合作社绩效关系的理论命题。本章采用质性研究法,既能扎根于合作社数字化发展实情,验证研究结论与现实的契合度,又能对电商影响合作社绩效的整个过程进行动态考察,打开因果变量间的"黑匣子",展示内在关系的行为细节,从而弥补定量研究不足,拓展前文研究结论。

　　本章从供应链交易视角出发,对比分析壹体合作社与滁谷合作社的电商采纳实践,以检验电商采纳改善合作社绩效尤其是治理绩效的可行性和可能存在的影响效应异质性。基于第四章中不同交易方式下电商采纳影响合作社绩效的理论分析框架,不同交易情境的合作社采纳电商后与社员基于交易成本最小化原则形成两种交易模式即管理交易模式和市场交易模式,两种交易模式作为不同的组织形式和资源整合形式对合作社绩效产生了异质性影响,在价值发现、价值生产和价值创造阶段的不同资源整合程度决定了不同的合作社经营绩效,其资源整合方式决定了不同的合作社治理绩效,最后共同影响了合作社的收入绩效。下文基于这一研究思路结合调研观察,从调研合作社中根据理论抽样原则选取典型案例开展进一步探讨。

一、案例选取与案例描述

(一)案例选取

本章试图探讨电商采用后,合作社"如何"组织与社员交易以及分配剩余的内在机理。在研究方法上采用双案例进行分析,理由在于:一是案例研究适用于对现象背后个体的复杂互动关系进行过程剖析和理论构建(Eisenhardt,1989),能有效回答关于"如何"的问题。二是与单案例研究相比,双案例遵循复制逻辑,通过反复印证和相互补充增强了理论构建的普适性和稳健性(Yin,2009),与多案例研究相比,双案例更强调案例匹配性,适用于对两个相反或相互加强的案例进行分析,还兼顾了案例的故事性(毛基业和陈诚,2017)。

对于案例的选择,Eisenhardt(1991)认为,选择的案例是出于构建理论的需要,以便于回答研究问题。Stutton 和 Staw(1995)认为双案例选择存在"最不同案例"与"最相似案例"两种方法。因此,为保证研究结论信度,应用理论抽样原则,聚焦研究问题对应的现象,选择相关变量明显变异的最不同案例。笔者在安徽省宿州市、滁州市共调查了 25 家合作社,最终选取了宿州市砀山县壹体水果种植专业合作社(以下简称"壹体合作社")和滁州市来安县滁谷农产品专业合作社(以下简称"滁谷合作社")作为研究对象。两家合作社均应用电商平台促进农产品上行,实现了数字化供应链变革,但治理机制的表现却截然不同,具有较强对比性与互补性。第一,两家合作社均以电商渠道为主要销售路径,基本实现供应链"去中介化",两家合作社理事长具有较强的价值发现能力,均实现了农产品供应链资源整合并推动价值链向两端延伸。第二,两家合作社只获得政府扶持电商发展的项目或政策优惠,可以排除干扰合作社治理的外部因素。第三,两家合作社的交易主体、交易客体特征存在明显差异,与社员形成了理论框架中两种完全不同的交易结构,由于社员生产特征、农产品品质属性、标准化难易程度不同,壹体合作社、滁谷合作社分别与社员进行有限管控的管理交易和随行就市的市场交易。壹体合作社的社员进行连片种植,生鲜产品具有强经验品、信任品属性且难以标准化,滁谷合作社的社员多为分散种植户,杂粮产品具有搜寻品属性且容易标准化。第四,两家合作社在不同价值增值环节资源整合的程度显著不同,壹体合作社统一管理社员的生产,对农产品进行初加工,而滁谷合作社不管理社员生产,对农产品进行精深加工。第五,两家合作社的剩余分配方式形成鲜明对比,壹体合作社具有比较健全、规范的盈余分配制度,通过按交易额返还盈余与社员建立了相对紧密的利益联结方式,对社员的依赖程度也较高,而滁谷合作社不按交易额返还剩余,与社员的利益联结方式较松散化。

(二)案例描述

1. 壹体合作社情况介绍

壹体合作社成立于 2013 年 7 月,理事长由绳某担任。绳某具有丰富的工作经历,2001—2008 年在广州、深圳等地共从事了 6 年的销售工作,其中从事保险销售 3 年,2008 年返乡筹建了一家保险公司,2009—2011 年成立并运营自己的保险代理公司。以往的销售经历和工作环境,使绳某具有较强的销售业务能力和信息敏感性。2011 年,绳某抓住国家发展政策对农业发展的机遇,开始尝试用通信软件如 QQ、微信和短信向外地销售砀山酥梨,取得成功。然而,由于本地农户种植不专业、用药不规范等导致本地酥梨产量少、质量差、价格低,不利于农户增收和市场销售,2013 年 7 月,绳某与其他 5 位发起人联结本村 100 多户从事水果种植的农户成立了壹体合作社,向社员及周边农户提供水果种植管理、加工与销售服务。绳某的亲戚是发起人之一,虽不是村干部,但深受本地村民的尊重与信赖,也颇受乡镇干部重视,具有丰富的社会资源。合作社注册资本为 120 万元,绳某投入的资本占 70%。由于砀山酥梨产量增加,壹体合作社面临销售困难的问题。2014 年,绳某去外地学习电商销售经验。2015 年,砀山县入选全国第二批电子商务示范县,在此机遇下,壹体合作社注册了砀山县壹体乐购电子商务有限公司,进驻电商产业园,依靠政府给的展示渠道、政策资源,以及绳某积累的资金和管理经验等,正式从事专业化电商销售,打开了农产品销路。壹体合作社的电商销售平台有天猫旗舰店、1688 批发网店铺、淘宝店铺、云集平台和小程序等,通过电商销售,壹体合作社销售额在 2018 年突破 1 亿元,相较于 2014 年的销售额 300 万元提升了 30 倍,带动 200 户社员实现增收。

基于以往销售经验和对电商的了解,绳某深知电商用户对水果质量要求较高,决定走中高端水果品牌化路线。由于水果品质不易检测,且部分农户为追求产量导致生产不规范,为保证农产品质量,壹体合作社对社员生产进行精准化统一管理,要求社员遵守剪枝、间苗、清园等田间管理规范,在果树成长时需按标准统一施肥、疏果和病虫防治,在果树成熟时按要求采摘水果、剪果蒂,要求社员全员参加每年关键节点的培训,详细记录用药记录等管理过程,每月进行 2—3 次农残检测,经过管理,合作社通过了绿色产品认证、有机产品认证,建立了包含 700 亩标准化果园的生产基地,还建立了质量安全可追溯体系与二维码防伪体系。通过对农产品质量严格把关,农产品的质量安全得以控制。由于电商市场竞争非常激烈,为使好的产品与价格对接,壹体合作社以电商技能为支撑,以品牌为品质保证,一方面,每年花费几万元雇佣运营代理进行销售推广和文案策划,雇佣美工和客服做好电商服务;另一方面,分别于2015年、2018年注册了"酥里香"和"百里绳世"品牌,积极参与线下线上活动推广,打造优质农产品形象提升品牌价值。壹体合作社还通过"县长带货"等政府背书的方式获取大众信任。由于生鲜农产品品质难以标准化,易损易耗且储存时间短,为了降低退货率、坏果率和延长销售周期,壹体合作社还在加工和流通产业链环节进行了管理和资源整合:一是购置色选机利用光谱原理依据颜色、糖分、重量和外观筛选出合格水果,并分为特级、一级和二级,采用礼盒装和普通装两种形式进行包装。包装材料为5.5—6元/箱,约等于普通水果的平均价值;二是加入宅急送联盟,配送范围包括新疆、西藏、青海和甘肃,均能保证3天内送到,快递费用平均12—13元/箱;三是每年花费20万元—30万元承租冷库,通过存储保鲜技术使水果仅有成熟期到采摘期2个月的断档期,将酥梨等水果加工成梨膏和水果罐头。即便如此,由于酥梨等水果品质不一,壹体合作社难以大批量筛选出相应规格的水果采用已定制的包装材料进行包装,不同批次的水果要求采购新规格的内外包装又导致旧包装积压库存产生损耗,同时消费者在线上购买水果时对产品质量偏差的包容度极低容易发生退货行为,因此合作社采用电商销售生鲜农产品的标准化问题突出,依旧面临较高的运营成本。

　　正是对电商产品质量的要求,在对种植过程管理的同时,壹体合作社作出如下交易要求:一是与采用电商前的统一收购方式不同,合作社对社员产品采用分级分类方式收购。二是合作社主要收购社员按管理标准种植的水果,以及协议农户种植的水果,不收购非社员的和生产不达标的水果。合作社对社员产品的收购占合作社总交易额的90%以上。三是在交易时,社员要向合作社提供所使用农资的一式三联销售单和生产过程的用药记录。然而,由于种植土地、实际劳动力投入和具体生产行为都为社员提供,为了稳定货源保证销售信誉,壹体合作社需要社员的要素投入和产品资源。再加上电商配套设施投入成本巨大,也为获取规模经济摊薄了成本,壹体合作社通过优化技术、交易和信息服务来促进与社员的交易,例如邀请县政府专家培训社员种植技术、储存技术,优先销售社员水果和提供优惠10%的农资购买价格,向社员分享市场行情、价格资讯等信息。壹体合作社还建立了较为规范的盈余分配制度。根据合作社规定,农户须缴纳300元取得社员身份,社员可以自由退社,入社费在社员提出退社申请后返还。财务人员在社员账户上详细记载社员的交易量、交易额和应分摊的国家财政扶持资金、接受捐赠份额。在盈余分配时,壹体合作社扣除所赚利润的40%用于留存发展,剩下60%按照社员购买农资的量、销售量进行返还,壹体合作社还为社员提供以下福利:帮助社员贷款弥补资金短缺、年底实物返还社员以及向贫困户发送过年过节福利。

2.滁谷合作社情况介绍

滁谷合作社成立于2019年12月[1],向周边农户提供杂粮的加工与销售服务。合作社理事长由赵某担任,其丈夫高某为实际负责人。高某自2004年开始外出打工,先后在无锡、常州、河南、郑州、长沙、广东等全国各地从事不同工作,2013年回到无锡江阴市用打工积蓄承包三个乡镇的快递点从事快递物流。在做收派快递业务时,高某发现网上有较多的农特产品订单,也看好农村电商发展趋势,便决定返乡帮助村民通过电商卖本地土特产。2017年,高某创办了滁州市滁谷食品有限公司,同时利用来安县政府提供的5万元电商扶贫补助金,开设了农村淘宝服务站,在淘宝店铺上销售从本地农户收购的农产品。由于两年的积累线上订单量逐步增长,且高某自己不从事生产,货源完全来自对本地或外地农产品的收购,为节约交易成本,2019年,高某与赵某联合其他3位本地村民共同成立了滁谷合作社,3位村民均为高某亲戚,合作社注册资本为100万元,高某和赵某投入的资本共占70%。在成立初期,滁谷合作社与29户农户签订种植合同。滁谷合作社的电商销售渠道主要包括淘宝店

---

① 2020年1月是注册登记时间,实际上滁谷合作社在2019年底就开始以合作社名义与农户进行合作。

铺、拼多多店铺、天猫旗舰店和抖音直播平台,电商销售额占总销售额的70%以上。经过发展,2020年,滁谷合作社通过电商平台整合自身、本地农户与政府多方资源,使电商销售额达到1300万元,社员规模也增加到151户农户。

　　滁谷合作社不是一开始就做杂粮业务的,而是经历了几番选品波折,起初时在线上销售生鲜农产品,由于持续性降雨、价格波动大以及储存问题,大蒜头销售损失30万元,由于高达90%的退货率、高昂的售后服务成本以及较高的储运要求,黄桃销售也损失惨重。经历选品失败的高某面临资金问题,县政府为鼓励电商创业,向他资助6万元,自此开始转做杂粮销售。由于杂粮初级农产品销售的利润空间低,在销售一段时间后,高某决定对杂粮进行精深加工。2020年9月,滁谷合作社投资560万元在张山镇建设400多平方米的加工厂,投资200万元左右采购榨油机、磨粉机、炒料机等机器设备,配置了3条生产流水线和精加工流水线对杂粮深度加工,将收购的芝麻等杂粮后经不同工艺加工为食用油、调味酱和芝麻饼等。根据销售定位,加工品包装以加工品种类、大中小批量、袋装或瓶装等组合成多种包装规格,分区储存陈列于仓库的货架上。基于自有工厂,滁谷合作社以绿色保鲜、零添加的安全加工工艺和包装设计为核心,以营养养生为文化内涵打造推广自有品牌形象,2019年先后注册了产品品牌"滁谷""哑娘"。由于高某因快递工作积累了较多的优质电商客户,可以经常向他们学习运营思维,也比较熟悉PS软件操作,除了品牌战略,滁谷合作社还通过电商运营增强市场竞争力:一是通过观测顾客点击量、直通车数据等进行数据分析和选品推广,例如从多款油品中选择推广市场份额较大的几款油品;二是通过更新宣传图片和美工、图文设计增加产品引流,宣传图片要吸引消费者、亮丽且清晰质量高;三是通过大众款、家庭款、畅销款、热卖款产品组合分类引导,改进营销方案增加点击购买转化率。在流通环节,滁谷合作社与申通、邮政两家第三方物流合作,由于高某具有多年物流从业经验,熟知各个物流单位快递网点及快递员的价格与利润构成,在快递单量增加后,合作社将每单配送成本从8元压到1.8元。

滁谷合作社没有对社员生产进行管理。这是因为,合作社所在村庄以丘陵地形为主,土地贫瘠,属于易旱缺水地区,本地农户常年从事杂粮种植和畜禽养殖,杂粮种植面积小、品种杂且地块分散。滁谷合作社基于电商用户需求,通过提供免费种子和签订保底协议引导社员种植相应品种,但不参与生产过程的管控,也很难对社员生产行为进行约束,当发生自然灾害时,合作社仅收购现存产量的产品,社员承担全部生产损失。由于同一品种的杂粮质量差异不大,滁谷合作社不仅收购社员产品,也收购非社员产品,当本地产量不足时再向外地采购。在初级产品交易时,滁谷合作社主要通过杂质程度、颗粒大小、颜色形状来判断产品质量,不对产品进行绿色有机认证。根据市场行情,滁谷合作社以高于市场价的方式与社员进行交易,没有按交易额返还合作盈余,也没有其他福利发放,但由于给社员带来高于市场价的销售收益和稳定的销售渠道,颇受社员信赖与赞誉。

二、案例分析

(一)壹体合作社电商采纳的案例分析

1. 资源匹配与交易方式

壹体合作社与社员的交易以管理交易为主。壹体合作社收购的水果主要来自社员和签订协议的农户。由于水果种植管理中的病虫害防治和农资品投入情况与水果品质高度相关,壹体合作社权威支配产业链上包括生产环节的资源配置,建立了严格的产前、产中、产后的技术标准和规范,如育苗时设有剪枝、间苗、清园等田间管理规范,果树成长时统一施肥、疏果、病虫防治等技术标准,果树成熟时培训社员掌握不伤果子的采摘技巧,全程定期进行农残检测,并于收购时再次查阅种植户生产环节的管理过程如用药记录。壹体合作社不收购不达标和没按给定标准生产的水果。因此,壹体合作社与社员的交易实质上属于管理交易方式。壹体合作社之所以采取管理交易方式,主要是因为当同类农产品具有异质性属性时,管理交易将比市场交易更有效率(Martnize & Reed,1996)。一是宿州市砀山县水果种植面积大,基本实现连片种植,且县各级积极推进农户土地流转,小规模社员往往将土地托管给合作社,从而过于分散的社员种植户并不多,这使得壹体合作社容易对社员生产进行集约化管理;二是水果属于高价值农产品,其价值实现与产品质量密切相关,如酥梨市场批发价约 5 元 1 斤时,特级优质果卖到 10 元 1 个,但由于其经验品、信用品属性,如果不参与农户种植管理,一方面多数社员并不掌握农产品生产的法律法规标准,另一方面壹体合作社很难精准检测水果质量,对社员的谈判成本和监督成本都很高;三是由于水果耐储存性、运输便利性、供需平滑性均较低,壹体合作社与社员面临较高的资产专用性投资。为节约交易成本,保证农产品交易的稳定性,壹体合作社选择参与生产环节的要素投入与管理,与社员形成了相对紧密的资源匹配模式与合作关系。

2. 资源整合与价值增值过程

(1)价值发现。壹体合作社的理事长绳某具有持续价值发现的能力,能够搜寻机会、评估机会并利用机会实现资源整合获取潜在收益。在电商采用前,由于信息不对称,本地存在"社员产品卖不到好价钱、市场买不到好产品"的矛盾问题,绳某基于对本地酥梨特色农产品的定位认识(通过与来往客户交流,判断酥梨市场的需求状况)和对农业电商发展的了解,带领社员采用电商技术,促使好产品与高价格实现更好地对接,产生供需匹配的协同效应。在电商运营过程中,壹体合作社不断地模仿、学习成功经验,并调整电商采用类型适应市场竞争,电商平台先是微商代理,再由淘宝转向天猫旗舰店、社区平台(云集平台)、微信小程序等。在未来运营方向上,壹体合作社规划发展休闲农业、建造自有冷库、拓宽种养范围等,不断寻找资源整合的新价值增长点,提高资源配置效率。

（2）价值生产。壹体合作社与社员共同完成了价值生产过程。一方面，砀山县玄庙镇农户的酥梨种植缺乏技术指导，在病虫害的防治上用药不统一、不规范，整村的酥梨产量低、质量差，生产效率不高。由于电商市场对产品质量和规模均有要求，壹体合作社利用其权力参与社员生产过程的管理，转变粗放型种植为标准化、信息化管理的集约型种植，不仅通过了有机、绿色等质量认证，还提高了社员生产效率，产生管理协同效应。壹体合作社还通过活动预售、梨树认领、直播互动等，得到消费者需求信息的精准反馈，用于指导社员生产。另一方面，壹体合作社采用电商后，水果种植面积达到 1700 亩左右，种植种类包括酥梨、黄桃和苹果，种植规模较大。这使统一购买生产资料的管理制度有效降低了农资交易成本，如壹体合作社供应的生产资料具有不低于市场价 10% 的团购价优势，降低了社员的亩均生产成本。也使合作社的生产工具（割草机、施肥机、开沟机）、色选机等既对社员公用，也对外服务出租，提高了设备使用效率、降低闲置成本，产生规模经济效应。

（3）价值创造。电商推动了壹体合作社凭借其资本优势对农产品包装、加工、组织运输和销售的全产业链环节嵌入，实现价值创造。壹体合作社在 2015 年采用电商时，就同步参与了加工、流通和销售环节的运营，以确保货源与市场有效对接，这使资源、要素、技术和市场的整合效率大幅提高。第一，电商平台直连终端消费者，具有小批量购买、多样化需求的特征，壹体合作社将不同水果标准化进行分级分类销售，根据果形、大小将酥梨分为特级、一级和二级三种规格，或者礼盒装、普通装两种规格，使消费者以较低的搜寻成本识别不同质量水果，提高匹配效率，增加了产品附加值。壹体合作社还对水果进行初级加工，如制作梨膏、罐头等，售价比鲜果增加一倍。第二，在流通环节上，壹体合作社 80% 的销量是直达消费终端，通过与宅急送等第三方物流合作，以散单配送替代整车配送，保证水果三日内送达，降低了流通损耗和协调成本，产生协同效应。第三，壹体合作社注重销售环节的品牌建设，先后注册了"酥里香"和"百年绳世"，并积极参与农交会、采梨节等活动宣传推广，增加品牌影响力。如 2017 年在合作社理事长绳某参加某央视节目时,因重塑砀山梨品牌形象的精神,合作社获得了天猫生鲜 100 万元的采购大单。"中国梨都、酥梨之乡"、明清贡梨等历史文化和膳食健康文化增加了壹体合作社品牌的情感性价值。第四,由于电商销售的前期固定投入成本高,较大的交易量、销售量规模才能产生运营和销售的规模效应。壹体合作社电商销售的前两年并不具有稳定的销售流量,电商销售的净利润不高,当客户通过电商平台积累起来后,如使赴砀山县调研、旅游的外地人以较低的搜寻成本买到本社产品,通过业主群和微信朋友圈转发、淘宝店铺展示引流等,壹体合作社获得了稳定的销售流量,现在通过电商向外供应日均 10 万斤酥梨,平均净利润不低于 15%。

3. 资源依赖与剩余分配

在壹体合作社领导的电商生态系统中,普通社员的权力非对称的弱势地位得到改善,议价能力得到提升,参与合作剩余分配表现为:合作社向社员提供低于市场价 10% 的农资,收购产品价格高于市场价 10%—20%,向务工社员支付工资。社员的合作剩余分配有所增加,这是由其资源整合模式下的结构依赖、过程依赖程度减弱决定的。

从结构依赖来看,壹体合作社的要素边际贡献更大,但社员的要素边际贡献相较于电商采用前有所增加,社员不可替代性较强。第一,壹体合作社的资源禀赋在价值发现、价值生产和价值创造环节均具有较大的边际贡献,壹体合作社通过信息搜集和与科研院所合作研发拓展更有潜力的种植品种产生了企业家才能增值,通过对社员水果种植全程统防统治产生了技术增值、信息增值,通过对水果加工、包装、直销消费者,延长了销售周期、降低了流通损耗,产生了时间增值、空间增值和链接增值,通过建设宣传维护品牌形象,产生了品牌增值、服务增值。而社员在价值生产环节遵循合作社的标准规范产生了农产品使用价值,在价值创造环节提供劳动力对水果分拣包装进一步增加农产品使用价值。由于壹体合作社的利润空间主要取决于产品质量,故社员的要素边际贡献增加了。第二,壹体合作社社员具有较强的不可替代性。社员既不一定种植合作社研发的新品种,也能自愿选择是否按合作社标准采购化肥等生产资料,当水果质量更优异时,还能选择以高价将产品卖给其他收购商,而壹体合作社的交易主体最好是全程管理规范的社员,选择范围窄。因此社员资源要素的结构替代性更弱。

从过程依赖来看,壹体合作社相对社员的资产专用性较高,承担的农业风险更多。第一,壹体合作社在整个农产品价值增值阶段投入专用性资产,包括人力资本、场地、设施设备和品牌资产。如学习种植管理技术,建设标准化果园 700 亩,租用冷库、农残检测设备等存储场地,购置大型农业机械色选机、中小型农业机械开沟机等,创建水果品牌。这些固定资产建设投入大,设施设备用途单一,知识技术适用范围窄,品牌产品来源质量要求高,从而资产专用性较强。而社员在价值生产阶段种植水果的销售渠道比较多,且砀山县土地流转机制完善,退出成本低,因此,合作社比社员的资产专用性高。第二,壹体合作社相较于电商采用前承担了更多的农业风险。交易完成后,合作社承担了全部市场风险和部分生产风险,一方面,合作社为避免供货不足参与社员生产管理,与社员共担了生产风险,如 2018 年因涝灾导致社员水果产量下降,合作社交易量也下降;另一方面,电商销售的市场风险比传统销售市场风险大,当消费者对产品质量的体验与信息描述不一致时,协调成本更高。例如,壹体合作社由于同规格的水果在大小、口感不完全一致遭到消费者投诉时,只能全额退款而不是协商降价销售。

4.合作社绩效分析

壹体合作社通过采纳电商实现了资源整合和农产品价值增值,进而从渠道接入、农产品价格提升和成本降低三个层面提高了经营绩效。从资源整合和价值增值过程分析可以发现,一方面,壹体合作社通过开通"数字果园客户端"进行网络推介和直销客商,开通之初就实现了近 200 棵梨树的认领,实现了产销协同和渠道接入效应,合作社理事长绳总、电商专营人员小芳及部分社员均表明,壹体合作社的电商销售模式有效解决了水果流通渠道的"痛点",目前酥梨日电商销售量高达 10 万斤。与此同时,壹体合作社精细化管理下的优质产品质量和三日达的快递配送便利度也从管理协同和物流协同层面提高消费者需求满意度进一步强化了渠道接入效应。另一方面,壹体合作社不断研发酥梨种植技术和更有潜力的种植品种,还采购"酥梨色选机"对酥梨从重量、大小、果型、颜色和糖分进行五级分拣,以降低酥梨外形和口感差异过大的问题,并进行统一商标包装,实现研发、加工和品牌层面的赋能增值和农产品价格提升效应,如分拣后的中高端优质水果最高售价 10 元/个,比 5 元/斤的售价贵 4 倍不止,熬制的 180g 梨膏售价 60 多元,水果价值大幅度提升。最后,壹体合作社理事长指出"规模越大,越能把电商做起来",在生产上流转和托管土地水果种植面积 1700 亩左右,为保证 10 万斤/天的充足供应延长生产线,并于 2018 年 7 月通过云集平台大批量销售鲜果,从而产生规模经济效应实现净利润增加和成本降低效应。壹体合作社 2015 年采纳电商后,2016 年总销售额突破 2600 万元,2017 年总销售额突破 4800 万元,2018 年总销售额突破 1 亿元,相较于 2014 年利润提升了 30 倍,经营绩效大幅度提高。

　　壹体合作社通过采纳电商改变了资源整合的方式和农产品价值分配的博弈力量,进而在决策方式和盈余分配方式两个层面影响治理绩效。从资源依赖和剩余分配分析可以发现,壹体合作社普通社员权力地位得以改善,自 2013 年合作社成立后,每年召开一次社员大会,并设有监事会和理事会,但是监事会社员主要关注技术、销售等层面的管理,理事会社员 6—7 人不参与实际管理和决策,在重大事项决策上仍以理事长为主。而在盈余分配上通过三种分红方式返还盈余,一是销售分红(实物返还),壹体合作社年底根据社员购买农资量按 1000 以内、1000—2000 等返还化肥,相当于社员在购买农资上价格优惠 10%;二是收购分红,壹体合作社对社员收购价比市场价高 10%—

20%;三是劳动分红,壹体合作社雇佣社员为长短工。以上社员分红并非均摊,每位社员的盈余分配为几十元至几千元不等。实际上,销售分红、收购分红本质上是"一次让利"的范畴,而"一次让利"替代二次返利依旧偏离了合作社对惠顾返还原则的宗旨,合作社后续经营的利润无法在社员间分享(任大鹏和于欣慧,2013)。由此可见,壹体合作社采纳电商后,虽制度安排和治理机制较为完整规范,但治理绩效没有得到改善。

壹体合作社通过强化资源整合和变革资源整合方式与社员进行管理交易,通过观察,壹体合作社社员收入增加主要体现在按照要求生产的产量、收购量增加和收购价格提高上。一方面,经过合作社指导管理,社员投入农资质量和数量优化,"烂果、坏果少了","不需要操心卖水果",产量和收购量均得以提升,然而值得注意的是,种植规模更大的核心社员是合作社的主要交易对象,提升效应高于普通社员;另一方面,按照壹体合作社要求生产的农产品质量得到改进,合作社对社员的收购价提高,"种植水果能卖好价钱",与此同时二次返利对"一次让利"的转化也是社员收购价格增加的重要原因。如壹体合作社收购价1.4元/斤,而市场价1.2元/斤,经过产量和价格增加效应,壹体合作社社员收入同比增加不低于20%。然而,相较于合作社较高的营业收入,社员收入增长显然与后续经营利润产生脱节。基于此可以发现,壹体合作社收入绩效提升但提升幅度还有待提高。

综上可知,壹体合作社采纳电商获得了经营绩效大幅度和收入绩效小幅度提升,但治理绩效并未改善,仅使治理形式、制度章程和安排更为规范。

(二) 滁谷合作社电商采纳的案例分析

1. 资源匹配与交易方式

滁谷合作社与社员的交易以市场交易为主。由滁谷合作社与社员签订的种植合同可知,合作社并不参与社员生产阶段的决策,也不提供化肥等生产资料,合作社对社员的控制力度和控制范围极低,就种植户而言,能够自主控制生产种植的全过程。在收购时,合作社根据市场行情按统一价或分级价收购。基于此,滁谷合作社与社员的交易属于市场交易方式。原因如下:一是,在滁州市张山镇罗顶村,存在大量的散户进行小规模、分散经营种植,农户投入的资产专用性也较弱,进入和退出的壁垒都较低,市场交易方式能够节约谈判成本和监督成本。二是,谷物、籽物类农产品具有较强的搜寻品属性。合作社可以根据谷物、籽物的大小、颜色等外观属性判断产品质量,并且同一品种的产品同质性较高,产品的质级认定相对容易。三是,滁谷合作社的产品以精深加工的食品为主,对原材料品质、有机属性的要求并不高,社员的交易品只需满足基本质量标准。为了节约交易成本,合作社选择不参与生产环节的过程管理,与社员形成了松散型的资源匹配模式与合作关系。

2. 资源整合与价值增值过程

(1)价值发现。滁谷合作社负责人高某(企业家才能)也具有持续价值发现的能力,在识别机会、评估机会并利用机会中作出以下战略性决策。一是商业机会的识别,高某在做快递生意时,敏锐地观察到消费者对网购农产品的需求,便决定返乡开网店销售本地土特产。二是运营业务的选择,滁谷合作社起初做大蒜、黄桃等生鲜蔬果的电商销售,由于市场竞争激烈、商品同质化严重,很快便因货物堆积、储存困难、价格波动大、售后维护成本高等问题而损失惨重,经历失败后,高某转变运营思维,开始做储存、流通损坏率较低的杂粮特色农产品销售,规避降低了以上风险和运营成本,实现组织良性运转。三是运营方案的调整,由于物流从业经验以及电商社会资源丰富,滁谷合作社负责人高某具有较强的电商运营能力,能够通过电商销售的数据分析、测试,选择适应消费市场的相应品种,并引导社员投入生产,产生协同效应。

(2)价值生产。滁谷合作社的社员自主完成价值生产过程。第一,滁谷合作社不指导社员在生产过程中的化肥、农药等生产资料的投入,不对农产品绿色、有机属性进行控制,由于杂粮是本地主要产业,社员凭借以往种植经验在自有土地上从事生产,种植的原粮质量能够满足基本标准规范,但同种类产品同质化严重。第二,罗顶村以丘陵地形为主,机械化程度低,社员生产的原粮为劳动密集型产品,技术含量与产品附加值均不高。滁谷合作社没有对社员生产过程进行管理,既没有产生管理协同效应,也没有形成规模经济优势,社员的价值生产处于价值增值链的底端,价值增值幅度小。

(3)价值创造。滁谷合作社将产业链延伸到加工、流通和销售环节,拓宽价值增值网络,实现价值创造。首先,滁谷合作社的加工环节是价值增值的核心环节,由于谷物、籽物类初级农产品的附加值较低,合作社投资建设400多平方米的加工厂,购置精加工流水线、生产流水线等设备对农产品深度加工,从产品质量和食品安全上提高加工产品的附加值。如芝麻经不同工艺加工的芝麻油色味不同,色泽越清亮价格越高。合作社还对加工后的食品进行内包装和外包装的外观设计,在卖相、包装上增加附加值,如同一规格的杂粮粉,瓶装比袋装价格更贵些。其次,在流通环节,滁谷合作社与第三方物流合作,将加工农产品发往全国各地,尤其是广东地区,节省了多重流通中介的利润分成,增加利润空间,产生协同效应。再次,滁谷合作社立足当地种植杂粮的资源优势与安全加工工艺,以营养养生文化塑造品牌形象,但滁谷合作社的品牌建设还处于起步阶段,与其他品牌产品仍具有一定的同质性。目前滁谷合作社主要依靠营销技能上的优势,通过选择合适的图片、美工设计改进营销方案,来保证电商销售产品的引流和点击购买转化率。最后,滁谷合作社通过电商销售也实现了销售规模的增加,从而产生规模经济效应,如在物流配送上,每单配送成本从8元降为1.8元。

3.资源依赖与剩余分配

在滁谷合作社领导的电商生态系统中,普通社员处于权力非对称的弱势地位,缺少议价能力,参与合作剩余分配的形式主要为合作社向社员提供高于市场价的收购价格,获得的合作剩余分配较少。这是由其资源整合模式下的强结构依赖和强过程依赖决定的。

从结构依赖来看,滁谷合作社具有更大的要素禀赋边际贡献和不可替代性,对社员的结构依赖程度低,谈判力量强。第一,滁谷合作社的资本禀赋和技术禀赋在价值发现、价值创造阶段具有较大的边际贡献。滁谷合作社通过电商数据分析提供给社员的种植品种信息产生了信息增值,通过将收购的原粮农产品直销消费者节省流通成本产生了链接增值,通过将谷物、籽物加工为调味酱、食用油、炒货等提高产品附加值产生了功能或产品类型增值,而社员仅通过土地、劳动力和必要的生产资料种植杂粮作物在价值生产阶段产生了农产品使用价值增值,由于滁谷合作社利润空间主要来自合作社对原粮的精深加工,故合作社比社员的要素边际贡献更大。第二,滁谷合作社具有较强的不可替代性。一方面,由于杂粮种植规模小,农户销售渠道单一,杂粮卖出价格低,销量也不高,而通过滁谷合作社电商渠道销售时,既能卖出杂粮农产品,又能获得高于市场价格的收益,因此,社员更愿意选择与滁谷合作社进行交易;另一方面,滁谷合作社电商销售杂粮加工品时,通过对加工环境、工艺流程、资质证书、检验报告等信息展示形成了较强的市场竞争力,具有较高的资金、技术壁垒,是难以被模仿或替代的。而杂粮农产品具有很强同质性,无论是社员还是非社员,均是合作社的交易对象,很容易被替代。由此,滁谷合作社的结构替代性较低。

从过程依赖来看,滁谷合作社社员的资产专用性相对较高,承担的农业风险相对较少,对合作社的过程依赖程度高,谈判力量弱。第一,滁谷合作社社员在价值生产环节进行杂粮种植,由于本地市场资源匮乏,杂粮农产品具有很强的实物资产专用性,表现为储存时间短、销售半径小、特定用途单一。而滁谷合作社在价值创造环节投入了场地资产、设备资产、品牌资产和技术资产,其中场地资产为400多平方米的标准化加工厂房,设施设备资产为谷物深加工、杂粮粉生产、芝麻油精炼等生产线设备,总投资约为560万元,专用性程度较高,品牌资产为"滁谷""哑娘"农产品品牌,品牌原料来源不单一且网上推广成本小,专用性程度较低,技术资产为电商销售技术,容易转移至其他领域,专用性程度也不高。由于资源整合过程中销售问题突出且合作社技术资产专用性弱,社员农产品反而具有强专用性。第二,滁谷合作社与社员完成交易后,承担了全部的市场风险,社员承担全部的生产风险,由于电商市场竞争更激烈,标准规范更严苛,产生了更多的不确定性,市场风险增加,从而合作社承担了更多的农业风险。

4.合作社绩效分析

滁谷合作社通过采纳电商也在资源整合和农产品价值增值的过程中从渠道接入、农产品价格提升和成本降低三个层面提高了经营绩效。从资源整合和价值增值过程分析可以发现,首先,滁谷合作社理事长不仅开设淘宝店铺帮助村民解决本地土特产销售难的问题,还通过大数据分析、运营策划、营销设计等吸引消费者和增加点击购买转化率,其对商业机会的识别、运营业务的选择以及运营方案的调整均产生了产销协同和渠道接入效应,并在流通环节与申通、邮政两家第三方物流合作节省多重流通中介,产生物流协同和提高消费者满意度,强化渠道效应。其次,滁谷合作社积极引进畅销品种,着重根据销售定位投资建厂对收购的芝麻等杂粮进行精深加工,经不同工艺加工成的食用油、调味酱和芝麻饼等通过内外包装设计为大中小批量不等、袋装或瓶装的不同规格产品,而杂粮粉利润空间远高于杂粮初级农产品,同一规格的杂粮粉,瓶装价格高于袋装价格。同时滁谷合作社以营养养生文化内涵树立"滁谷""哑娘"品牌形象打造高端油品,其中"哑娘"瓶装黑芝麻油网上售价高达88元。由此可见滁谷合作社通过加工、品牌赋能实现了价值增值和农产品价格提升效应。最后,滁谷合作社货源完全来自对本地或外地农产品的收购,社员属于分散化种植不产生生产规模效应,但是滁谷合作社在运营和销售层面上实现了规模效应和成本降低效应,如"快递单量增加后,合作社将每单配送成本从 8 元压到 1.8 元"。通过采纳电商,滁谷合作社 2020 年电商销售额达到 1300 万元,经营绩效大幅度增加。

滁谷合作社采纳电商并未从根本上改变资源整合方式和改善社员在农产品价值分配的弱势博弈地位,故而滁谷合作社的决策方式和盈余分配方式两个层面的治理绩效没有改善。从资源依赖和剩余分配分析可以发现,滁谷合作社普通社员对合作社的结构依赖和过程依赖较强,从而在合作社治理中完全没有话语权。滁谷合作社发起人均为理事长高某亲戚,成立后没有召开过社员大会,也没有设立理事会和监事会,各事项决策均由理事长高某决定。而在盈余分配上滁谷合作社没有按交易额进行盈余返还,与社员交易时以高于商贩收购价对社员农产品进行收购。实际上,滁谷合作社与社员交易的初衷在于降低原材料采购成本,与社员直接交易省去了多重批发商的转手利润,如批发商渠道黑芝麻每斤采购成本为 13—15 元,而社员渠道黑芝麻每斤采购成本为 8—9 元,当商贩对农户以 6—7 元价格进行收购时,合作社以略高于市场价的方式进行采购。收购价格完全由合作社决定,社员农户获得稳定的销售渠道和转移市场风险。由此可见,滁谷合作社的制度安排和治理机制并不规范,电商采纳没有改变合作社与社员农户间松散化的资源整合方式,对治理绩效没有产生任何改善效果。

滁谷合作社通过采纳电商强化资源整合但以松散化资源整合方式与社员进行市场交易,通过观察,滁谷合作社社员收入增加主要体现在收购价格提高上。一方面,由于滁谷合作社并不对社员生产进行指导管理,社员农户根据自身种植经验投入农资和种植管理,杂粮等农产品产量与合作社电商采纳前相比并未有所增加,且社员农户大多数为小规模种植户,在与商贩进行交易时,其面临的主要问题是销售的不稳定性和商贩基于销售渠道优势对农产品进行压价收购的问题。而滁谷合作社对社员农户采取"农户生产多少,就收购多少"的交易方式,故而在收购量上对社员农户影响不大,但保证了社员农产品销量稳定性。另一方面,滁谷合作社给社员的收购价格略高于市场收购价或者略高于商贩压价收购价,在一定程度上保证了社员收入的小幅度增长,故而滁谷合作社社员的收入增加主要来自收购价格提升效应。然而可以看到,滁谷合作社与社员的交易属于买断型交易,社员与合作社运行管理以及加工、销售环节的利润严重脱节,基本享受不到合作社电商红利,滁谷合作社收入绩效增长有限。

综上可知,滁谷合作社采纳电商获得了经营绩效大幅度和收入绩效有限提升,但对治理绩效没有产生影响,其治理形式、制度章程和安排并未趋于规范。

基于上述分析,电商采纳对壹体合作社与滁谷合作社的资源整合程度、资源整合模式以及绩效变化影响情况如表 6-1 所示。

表 6-1　壹体合作社与滁谷合作社的案例对比分析

		壹体合作社	滁谷合作社
资源匹配	交易情境	水果连片种植、经验品及信任品属性、社员较高的资产专用性投资	散户小规模种植、搜寻品属性、社员较低的资产专用性投资
资源整合	价值发现	发现并评估电商销售酥梨机会及收益;调整电商运营模式,寻找新业态价值增长点;壹体合作社要求社员按照协议使用相应种苗等生产资料	识别电商销售本地土特产机会;调整运营业务选择;调整电商运营方案;滁谷合作社不对社员生产资料提出要求
	价值生产	参与社员生产指导:病虫害防治、集约型种植、精准生产、社员具有生产规模效益	不参与社员生产指导;社员凭借以往种植经验自主种植、生产不具备规模效益
	价值创造	将水果标准化进行分级分类销售;将水果进行初级加工;与宅急送等第三方物流合作,保证水果三日内送达;注册品牌"酥里香"和"百年绳世";两年后平台积累稳定客户量,存在运营和销售的规模效应	加工谷物和籽物类初级农产品为食用油、调味酱和芝麻饼等;与第三方物流合作,将加工农产品发往全国各地;注册了产品品牌"滁谷""哑娘";依靠营销技能优势,实现销售和运营的规模经济效应

续表

		壹体合作社	滁谷合作社
资源依赖	博弈关系	第一,滁谷合作社的资源禀赋在价值发现、价值生产和价值创造环节均具有较大的边际贡献;而社员在价值生产环节遵循合作社的标准规范产生了农产品使用价值,社员的要素边际贡献增加; 第二,壹体合作社社员具有较强的不可替代性; 第三,壹体合作社在农产品整个价值增值阶段投入专用性资产,包括人力资本、场地、设施设备和品牌资产; 第四,壹体合作社相较于电商采用前承担了更多的农业风险	第一,滁谷合作社的资本禀赋和技术禀赋在价值发现、价值创造阶段具有较大的边际贡献; 第二,滁谷合作社具有较强的不可替代性; 第三,滁谷合作社技术资产专用性弱,社员农产品反而具有强专用性; 第四,滁谷合作社承担了全部的市场风险,社员承担全部的生产风险
合作社绩效	经营绩效	2018 年总销售额突破 1 亿元,相较于 2014 年利润提升了 30 倍	通过采纳电商,滁谷合作社2020 年电商销售额达到 1300万元
	治理绩效	每年召开一次社员大会,设有监事会和理事会; 通过销售分红(实物返还)、收购分红(一次让利)和劳动分红三种分红方式返还盈余	不召开社员大会,不设立理事会和监事会; 没有按交易额进行盈余返还
	收入绩效	壹体合作社社员收入同比增加不低于 20%	收购价格完全由合作社决定,社员农户获得稳定的销售渠道和转移市场风险

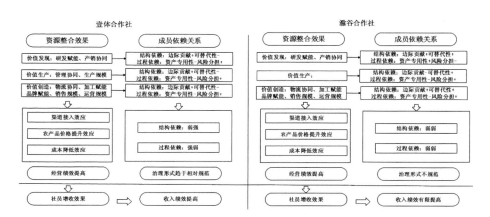

图 6-1　电商采纳对两家合作社的影响效应对比

三、案例讨论

综合上述案例分析发现,由于交易情境的不同,合作社与社员的交易形成两种不同的资源匹配模式。壹体合作社和滁谷合作社在电商采用后,组织生产能力提升,但由于由交易主体和交易客体来衡量的交易环境不同,基于交易成本最小化的原则,分别选取了不同的交易模式,壹体合作社选择管理交易模式,滁谷合作社选择市场交易模式。不同交易模式下电商采纳对合作社的资源整合程度、资源整合模式以及绩效变化影响总结见图 6-1 和表 6-2。

表 6-2　壹体合作社与滁谷合作社电商采纳的资源整合情况对比

	壹体合作社	滁谷合作社
资源匹配	管理交易方式	市场交易方式
资源整合	价值发现、价值生产、价值创造	价值发现和价值创造
资源依赖	结构依赖(弱强)+过程依赖(强弱)	结构依赖(弱弱)+过程依赖(弱弱)
剩余分配	相对规范	不规范
合作社绩效	经营绩效大幅度增加 治理绩效没有改善 收入绩效小幅度增加	经营绩效大幅度增加 治理绩效没有改善 收入绩效有限增加

不同交易模式实现资源整合的模式存在差异。合作社将社员以不同的交易方式联结起来,在具体的组织形式上呈现出不同的资源配置和整合方式。管理交易方式决定了壹体合作社使用自身管理资源参与农产品的价值生产,使合作社既参与了供应链前端的整合,又参与了供应链后端的整合,从而由合作社控制的产业链在前后关联更为紧密,产生全产业链的协同作用。采用市场交易方式的滁谷合作社并不参与农产品价值的生产,不进行供应链前端的整合,而更注重在供应链后端加工和销售环节进行价值创造,导致供应链前后端关联不紧密。对比可知,两家合作社的资源整合模式存在差异。

不同交易模式下资源整合模式的差异直接决定了资源依赖关系的不同。

供应链前端资源整合密切的模式,使合作社对社员的结构依赖和过程依赖都增强,主要表现在合作社更难以找到替代资源和专用性资产增加,一方面壹体合作社由于参与农产品价值生产,前端的资源整合使合作社投入了与农产品生产相关的专用性资产增加;另一方面,全产业链上进行资源整合的一体化程度更高,为适应电商销售标准,壹体合作社在价值发现、价值生产和价值创造阶段非常依赖合作方,社员的可替代性下降,由此社员的谈判话语权上升。故而壹体合作社更有可能让渡部分加工环节、流通环节和销售环节的利润与社员共享。

供应链后端的资源整合模式,使合作社对社员的结构依赖和过程依赖都很弱。滁谷合作社没有参与供应链前端整合导致前后关联不紧密,使电商情境下社员依旧受限于农业生产者的角色,相对依赖与合作社进行交易以降低销售风险。这种社员参与主体作用较弱的组织形式是不完整的组织形式,通过这种方式被整合进合作社的社员,边缘化地位进一步固化,没有改变自身的弱势地位,只能获得生产环节的农产品价值,难以与合作社共享产业链延伸和电商销售带来的价值增值,无法从产业链整合中获得长远和更多利益。

不同交易模式下资源整合模式的差异也决定了对合作社绩效的不同影响。首先,两种交易模式下的资源整合均能提高合作社经营绩效,但管理交易模式下的提升效应更大。管理交易模式下壹体合作社通过价值发现、价值生产和价值创造阶段的协同(产销、管理和物流协同)、增值(研发、加工和品牌增值)和规模(生产、运营和销售规模)效应实现经营绩效提升,市场交易模式下滁谷合作社通过价值发现和价值创造阶段的协同(产销和物流协同)、增值(加工和品牌增值)和规模(运营和销售规模)效应实现经营绩效提升,由此可见,两种交易模式下电商采纳均提高了资源整合程度,促使合作社深度嵌入供应链,前后拓展产业链,实现农产品价值链增值和经营绩效大幅度提高。

其次,资源整合模式的差异着重对合作社治理绩效产生了区别较大的影响效应。管理交易模式下壹体合作社采纳电商后改变了与社员间的资源依赖关系,提高了社员博弈地位,从而促进合作社治理形式与制度安排趋于规范,但可能受农户有限理性以及二次分配的核算成本约束(任大鹏和于心慧,2013),通过实物返还和一次让利等替代二次返利的形式本质上没有改善治理绩效。而市场交易模式下滁谷合作社采纳电商后并没有改善社员对合作社的资源依赖关系,导致社员在农产品价值分配中基本没有话语权,合作社的治理形式与制度安排不完整也没有趋于规范,合作社治理绩效在形式上与实质上均未得到改善。最后,资源整合模式的差异进一步导致合作社收入绩效提升幅度不同,供应链前端资源整合密切的模式能够通过收购量和收购价提高增加社员收入,供应链后端的资源整合模式主要通过提高收购价增加社员收入,即管理交易模式下的社员收入提高幅度高于市场交易模式。

基于此,本章通过案例分析再次验证了电商采纳对合作社绩效的影响,在合作社经济绩效层面,电商采纳能够通过深嵌供应链和促进资源整合提高合作社经营收入和社员收入,而在合作社治理绩效层面,电商采纳能在一定程度上促进合作社治理规范,但并未实现要素契约的反向治理和激励相容。具体而言,管理交易模式下合作社的剩余分配更公平,与电商采用前相比,由于社员的博弈力量增强,合作社按交易额返还的制度实施更规范了。但合作社采用电商并未改变市场交易模式下的剩余分配规范问题。

本章基于第三章理论分析框架,通过对安徽省宿州市砀山县壹体合作社和滁州市来安县滁谷合作社开展农产品电商的案例进行对比分析,从供应链变革视角进一步验证和揭示了电商采纳对合作社绩效影响的动态过程与作用机理。案例分析结果表明,第一,受交易成本的限制,电商采纳对不同的交易情境下的合作社组织产生不同作用,要增加合作社对农户的组织能力,除了电商合作社内生地遵循成本控制的逻辑,还应倡导合作社以利益共享的逻辑来参与社员的生产管理,积极建立起社员与供应链后端高价值增值环节的关联,实现小农户对供应链的深度嵌入。第二,合作社不同组织方式即不同的资源配置形式,如管理交易方式和市场交易方式,产生了不同的资源整合和农产品价值增值,均能通过渠道接入效应、农产品价格提升效应和成本降低效应增加合作社经营收入从而提升合作社经营绩效,鼓励合作社采纳电商深度嵌入供应链、延伸产业链对合作社发展具有促进作用。第三,管理交易方式下合作社在价值发现、价值生产和价值创造三个环节的资源整合上形成闭环,对社员的资源依赖程度提高,这有利于提高社员在剩余分配时的谈判地位,促进合作社剩余分配趋于规范。而市场交易方式下合作社的资源整合在价值生产环节出现断点,对社员的依赖程度不高,从而电商采纳不仅没有改善合作社治理绩效,也没有促进合作社治理趋于规范,因此,电商合作社要尽量与社员建立管理交易的组织形式,同时借助政府帮扶降低二次返利的治理成本,有助于社员分享数字红利。第四,合作社采纳电商有助于提高社员收入,社员对合作社博弈力量越强收入提高幅度越大。基于此,若要提高社员与合作社的谈判地位,就需要改善社员资源的结构、过程依赖状况,在短期内,社员无法突破资本、技术等禀赋限制,但可以通过增加社员的不可替代性和风险承担意愿来与合作社共享合作剩余,有助于增加社员收入,而长期内,通过促进合作社社员资源禀赋同质化将有助于缓解成员利益的异质化,使合作社全体社员发展为风险共担、收益共享的共同体,从而保障普通社员利益和提高收入绩效,实现合作社高质量可持续发展。

第七章　研究结论与政策建议

本书在对相关研究成果综述的基础上，运用技术采纳理论、组织治理理论、价值增值理论以及资源依赖理论整合构建合作社采纳电商影响因素以及电商采纳对合作社绩效影响效应的分析框架，并基于安徽省 6 市 300 家合作社的实地调研数据与 25 家采纳电商合作社的深度访谈资料，揭示合作社发展、电商开展环境和电商采纳的现状，通过实证方法采取计量模型和双案例对比，分析了合作社电商采纳的影响因素以及影响效应。本章在对全文概括性总结的基础上，先归纳盘点本书的主要研究结论，再针对本研究的主要研究结论提出相应的政策建议，最后指出文章的研究局限和进行研究展望。

一、研究结论

合作社电商采纳决策受到技术、组织和环境三个层面因素的影响。根据构建的合作社电商采纳理论框架，利用 Heckman 模型实证检验合作社电商采纳选择与电商采纳程度的影响因素，实证结果显示，第一，技术层面因素（感知有用性、感知易用性、感知风险）对合作社电商采纳选择和电商采纳程度均具有显著影响，其中感知有用性和感知易用性为正向显著影响，感知风险为负向显著影响。这表明合作社负责人感知技术采纳后的收益变化、成本投入和风险承担对其采纳电商与否和是否加大电商采纳程度的决策至关重要,在这三个变量中,感知有用性的影响程度大于感知风险,感知风险大于感知易用性,这反映了农业从业者对高成本高风险技术的规避心理突出,要想提高合作社电商的采纳率必须在技术特征上提高技术的易用性、降低技术的风险性并使采纳者认可技术的有用性。第二,组织层面因素(土地规模、高层支持)对合作社电商采纳选择具有显著影响,资金充裕度对合作社电商采纳选择影响不显著,组织层面因素(产业类型、组织规模、高层支持、资金充裕度)对合作社电商采纳程度影响均不显著。其中,合作社土地规模越大、合作社理事长教育程度越高越倾向于采纳电商。除产业类型外,合作社组织层面的因素对合作社电商采纳程度的决策影响都不显著,这一结果与理论预期不符,这是由于电商应用过程中存在未预料到的其他问题干预了组织层面因素的影响,比如农业特有属性与电商模式的兼容性弱或者满意度更决定采纳者的持续使用行为及深度使用行为等。这一研究结果表明,合作社组织特性主要决定了技术采纳门槛的高低,不是后续电商采纳行为的核心影响要素,合作社在采纳电商时要注意不同电商采纳阶段对资本禀赋的需求有所不同,结合自身禀赋特点探索适宜本社的农产品电商发展路径。第三,环境层面因素(合作者支持)对合作社电商采纳选择与电商采纳程度均具有正向显著影响,而环境层面因素(政府支持)对合作社电商采纳选择与电商采纳程度均不产生显著影响。这表明合作社外部支持条件是影响其电商决策的重要因素,尤其是冷链物流是保障生鲜农产品销售采纳和持续深层次采纳电商的关键,政府应加大对冷链物流的建设和财政支持。在政府支持上,应从政府支持对象和支持方式上结合实际因地制宜地进行相应完善。

电商采纳能够显著提升合作社综合绩效,其中对合作社经营绩效和收入绩效影响显著,对合作社治理绩效影响不显著。根据理论构建的电商采纳对合作社绩效影响的分析框架,以安徽省300家合作社为研究对象,采用内生转换模型分析了电商采纳对合作社多维绩效、分组绩效的影响,并运用中介效应方法检验电商采纳对合作社多维绩效的作用机制。研究结论如下:第一,合作社电商采纳能够显著增进其绩效,电商采纳的绩效相对于非采纳电商时增进了一倍以上。这表明合作社数字化变革有助于促进合作社参与分享数字农业红利。第二,合作社电商采纳对多维绩效的影响具有异质性,合作社绩效的提升不是多维绩效共同增进的结果。合作社经营绩效和收入绩效显著增进,然而,经营绩效的增进效应高于收入绩效,治理绩效并未显著增进。合作社电商采纳确实一定程度上提升了合作社利润和社员收入,但供应链价值增值收益还是更多被合作社所获取,合作社也并未因为电商采纳而形成有效治理机制,共治共享的"合伙人"制度还远未形成,合作社电商采纳并非"一网就灵"。这表明在鼓励合作社与社员"触网"的同时应关注其对合作社规范治理的影响。第三,电商采纳对不同组别绩效的影响具有异质性。粮食种植合作社以及土地规模较大、理事长教育程度较高、理事长具有从业经历的合作社,通过电商采纳提升的经营绩效更明显。特色种植合作社以及土地规模较小、理事长教育程度较低、理事长没有从业经历的合作社,通过电商采纳提升的收入绩效更明显。但电商采纳对不同分组合作社的治理绩效影响均不显著。第四,合作社通过价值增值和渠道接入、收购价提高增进了合作社经营绩效和收入绩效,但是,收购量增加并没有对增加社员收入起到显著作用,同时,社员也没有形成与合作社的要素契约联接,也未形成商品契约对要素契约的反向治理。这表明合作社采纳电商后通过品牌化建设、产业链延伸等有助于实现农产品价值增值,而真正落实合作社规范化治理还应在合作能力、意识等方面改造社员,重构合作社的成员基础。

电商采纳通过影响合作社与社员间交易方式决定合作社在农产品供应链上的价值增值与价值分配,进而影响合作社多维绩效。根据理论构建的电商采纳对合作社绩效影响的分析框架,从供应链角度出发,借助两家采纳电商的合作社典型案例进行对比分析,探究电商情境下合作社"如何"组织与社员间交易以及分配剩余的内在机理,并进一步剖析合作社采纳电商后经营绩效、收入绩效和治理绩效的变化情况。主要研究如下:第一,合作社采纳电商后交易情境更加复杂,合作社与不同交易主体在不同交易客体上基于交易成本最小化相机决策最有利的交易方式。在交易主体上,对于分散的社员农户、生产未达标产品的社员农户以及非社员农户,合作社选择市场交易方式,对于生产达标产品的社员农户尤其是生产大户社员,合作社采取管理交易方式;在交易客体上,合作社选择经验品和信用品进行管理交易,选择搜寻品进行市场交易。总体而言,合作社通过电商采纳使农户组织化程度提升。第二,市场交易和管理交易方式分别属于松散型合作和紧密型合作组织形式,体现了对农产品供应链(产业链)的不同整合程度。市场交易方式下合作社主要通过价值发现和价值创造实现农产品价值增值,管理交易方式下合作社主要通过价值发现、价值生产和价值创造实现农产品价值增值。由此可以反映电商采纳提升了合作社经营绩效,而在价值分配方式不变的情况下,也可以提升社员收入,即提升合作社收入绩效。第三,不同的交易方式决定了不同的资源依赖关系,市场交易和管理交易方式下分别具有不同的资源整合模式。合作社采取市场交易方式时供应链前后端整合不紧密,对社员的结构依赖和过程依赖都很弱,难以改善社员在农产品价值增值分配上的弱势地位;合作社采取管理交易方式时供应链前后端整合紧密,对社员的结构依赖和过程依赖均增强,从而增加了社员的农产品价值分配。然而,根据实践观察,由于盈余返还方式多以实物返还或者一次让利为主,合作社治理绩效改善效果并不明显。

二、政策建议

(一)促进合作社电商采纳的相关建议

1. 构建"普及—完善—保障"三级电商技术应用推广体系

以满足合作社高收益需求为导向,从提升电商对合作社效率与效益的有用性感知方面来普及电商技术。一是通过组织培训、讲座向本地合作社宣传外地合作社成功应用电商案例,并加快培育本地合作社采纳电商获得盈利典型,以外地案例和本地经验共同对电商技术的有用性发挥示范、辐射作用,增进合作社负责人对电商采纳的有用性感知。二是基于网络消费者个性化需求特征,找准市场定位提升合作社对电商采纳的感知效益。比如,挖掘区域资源优势,开展特色农产品电商。网上消费者对特色农产品的付费意愿较高,能有效避免本地区产品同质化的不良竞争,从而易于合作社通过采纳电商实现农产品价值增值;比如调整农产品结构,增加农产品深加工比例或创建绿色优质品牌农产品,有助于增加合作社的电商销售收益。

以降低合作社成本投入为核心,从推进技术适用和通用的易用性感知方面完善电商技术。一是由于电商在内容形式上复杂多变,从事农业的农户或合作社负责人大多不具备电商相关知识,并且年龄普遍偏高,技术学习较为吃力,而配备专业的电商技术指导人员,有助于合作社负责人克服对电商采纳的恐惧和陌生心理,增加采纳信心。二是通过优化农产品电商运营规则,改善优化电商模式下对资金投入的成本过高问题,有助于增加合作社负责人对电商技术的易用性感知。如传统工业品在营销推广时通过竞价排名或购买搜索引擎点击率等高额资金投入的运营规则不适用于资金普遍匮乏的农业从业者。

以减少合作社面临不确定性因素为目标,从增加对电商技术的了解和认知,以及修订电商规则与农产品特性更兼容化以降低风险感知方面保障电商技术推广。一是针对电商相应规则及注意事项等进行培训宣传,以避免合作社因踩雷而产生抗拒心理,还可以帮助合作社合理规避可能遇到的风险。针对电商小批次多品类的包装问题,通过扩大合作社规模以尽可能地获取规模效应和降低沉没成本。针对农产品运输毁损问题,可以通过外包给专业的物流服务群体进行科学便捷配送的方式,减少运输毁损风险。二是重塑农产品电商交易规则,如针对农产品非标准化问题,设置合理的上下浮动区间,通过提前声明产品固有属性特征,获得消费者理解和认同,减少退换货频次和风险。

2. 构建"引—育"结合的合作社人才培养体系

开展农产品电商具有人力资本密集型特征,应从引进人才和培育人才两个层面满足合作社电商采纳对人才的中长期需求。在引进人才层面,一是注重从社会市场上引进电商运营专业人才和聘请职业经理人,通过采取多元化的招聘宣传渠道,借助电商、网络、猎头推荐等引进电商运营相关的美工、策划、营销推广和客服等以及经过专业训练、技术素养较高的职业经理人,并以提升薪酬待遇和完善人员晋升规划机制吸引和维护人才,合作社还可以优化对职业经理人的聘请方式如设置股权激励或专兼职结合等;二是注重从本地院校或本地生源引进电商相关专业和农业相关专业的大学生,一方面与本地院校合作鼓励本地院校大学生在寒暑假期间或实习期间以智力入社形式帮扶合作社和社员解决难题;另一方面委托当地政府关注本地生源大学生,向其宣传返乡就业的优惠和引进政策或者通过家访沟通唤起其建设家乡的责任感和动力,积极争取本地院校和本地生源大学生加入合作社;三是注重从政府选派公职人员或引进大学生村官,政府相关部门的技术推广人员、科研人员、基层干部等和大学生村官兼具管理人员和技术人员的双重身份,既具有技术和管理方面的丰富知识储备,又善于沟通协作和经营,其先进的管理理念和技术支持能力有助于服务合作社提高电商采纳率和利用率。

在培育人才层面,一是对合作社负责人进行人力资本投资,由于合作社负责人的战略眼光和运营理念对合作社决策影响至关重要,一方面通过邀请专家与合作社负责人就合作社运营存在问题进行深入沟通交流,向其传播数字化变革趋势和合作社运营的新思维以开阔其视野;另一方面通过本地政府建立合作社负责人培训基地,定期从国家政策发展变化、新技术新产品、管理实践经验和合作社发展困境解决方案等全方位对合作社负责人进行培训,既提升技术素养和管理运营能力,又培养其企业家精神和开拓创新精神。二是对合作社社员进行人力资本投资,由于合作社社员的支持与配合也影响合作社能否成功开展农产品电商,一方面要借助各类媒体向其宣传电商技术的应用基础和效益,培养其对电商采纳的信任、信心和耐心,正确看待电商运营中的利得与利失,积极适应合作社数字化变革;另一方面,培养合作社社员尤其学习能力较强的年轻社员信息化思维和电商运营理念,鼓励社员接受成人再教育和进行专业电商技能学习,成为合作社采纳电商所需的人力资本的坚实储备人才。

3. 构建"设施建设、平台搭建、政策支持"的外部环境保障体系

政府部门在设施建设时兼顾效益化有助于促进合作社提高电商采纳率和利用率。政府加大电商相关基础设施的建设与覆盖,对于生产规模小、资本禀赋不高的合作社来说降低了电商采纳门槛,虽然目前我国农村开展电商的网络信息技术设施等均已基本完善,电商产业园和物流园也如雨后春笋般出现,但仍应注意,一是电商深度发展配套基础设施不足问题,政府应从智慧农业、冷链物流方面加大设施建设投入,以有效改善合作社电商采纳成本压力和风险感知;二是部分产业园中电商企业和物流企业入驻率不高,难以形成集聚效应,甚至存在相关设施建设流于形式的现象,政府应积极从前端扶持转为终端扶持,从人才短板、技术短板、资金短板、认知短板上协助合作社等新型农业经营主体入驻电商产业园并实现效益,保障政府设施建设真正发挥服务效能和集聚效应;三是本地特色农产品存在同质化竞争问题,政府应积极协助成立本地农产品电商协会引导合作社、农业企业和农户共同推动农产品电商健康发展。

政府部门在平台搭建时兼顾协同化有助于促进合作社提高电商采纳率和利用率。一是搭建地方电商平台应兼顾与全网平台的接入,经调研发现不少合作社选择采纳本地电商平台开展农产品电商,应提倡政府部门在管理好本地电商平台健康有序运营的同时,尽可能地加强与全网性电商平台如淘宝、天猫、京东等平台积极对接,使得合作社能够以更低的成本间接入驻全网电商平

台、扩大电商市场和获取流量。二是搭建电商平台应兼顾与农业、农产品以及其他种群的兼容互动,如注意促使电商平台功能模块与农业生产、流通、加工、存储等各环节全面耦合协调,在电商平台界面上保证高品质、优品牌的农产品获取流量资源,更好满足网络消费者的期望需求,有益于形成对优质农产品优价的正向反馈。在电商系统上保证电商相关种群合作共享共赢,有助于实现生产者、物流服务者、技术支持者、政策扶持者等的良性互动。

政府部门在政策支持时兼顾普适化有助于促进合作社提高电商采纳率和利用率。从硬性针对性转向灵活针对性以改进政府政策支持的供给方式和供给方向。在供给方式上,由于合作社采纳电商的初期投入成本较高且存在投入产出的时滞延迟效应,只有较大规模或资金雄厚的合作社有能力实现销售额达到奖补标准,因此政府事后奖补形式往往难以扶持资金相对短缺和规模较小的合作社,在扶持方式上应设定标准门槛,对资金禀赋和规模较小的合作社采取先行补贴一半资金加销售额达标再奖励一半资金的形式促进更多合作社享受政府政策扶持,有助于促进合作社电商采纳率和利用率。在供给方向上,为树典型和立标杆政府项目资金往往向示范社倾斜,应在政府扶持项目模块专门划拨针对更具普遍性的小规模合作社专项资金,有助于合作社缓解经济压力尝试采纳新技术。

(二) 提升合作社组织绩效的相关建议

1. 引导合作社采纳电商,实现数字化适应和变革以提升经营绩效

科学引导合作社采用差异化方式采纳电商,通过渠道接入扩展销路提升经营绩效。一是不同规模的合作社可以权衡自身选择不同的电商销售平台或采纳方式。小规模合作社由于无法实现电商运营的规模效应,可以选择与其他小规模合作社联合起来共同在第三方电商平台或社交电商平台上销售农产品,或者成为本地网络零售商的供应客户;中等规模合作社可以选择地方组建

的电商平台和社交电商平台为主要销售渠道,以降低初期投入成本和运营风险;大规模合作社选择以第三方电商平台和 B2B 平台为主,以获取更充足的流量和交易量。二是不同种类合作社权衡产品特征选择不同的产品战略开展农产品电商。对于生鲜农产品类合作社应以优质安全的农产品为主吸引目标客户,而粮食农产品精深加工或加工成食品后才成为电商适销性农产品。

鼓励合作社通过差别定位、精深加工和品牌打造实现价值增值提升经营绩效。首先,合作社应发挥本社农产品优势,挖掘网络市场消费潜力和目标销售区域,精准定位目标客户群体树立竞争优势和生成消费者黏性;其次,合作社应深化农产品加工程度,对果蔬生鲜类农产品以鲜食为主的基础上在原料主产区加工成果蔬饮料、营养食品等高附加值耐储存品,对粮食类农产品以精加工为主的基础上完善原料品质评价工作以提高经济效益;最后,合作社应多方位赋予农产品不同属性的品牌价值增值,如赋予农产品绿色有机、健康生态的品质附加值,赋予农产品历史风俗、故事信仰的文化附加值,赋予农产品地域特色、奇特异的品类附加值。

2. 鼓励农户参与合作社,实现组织化和规模化以提升收入绩效

从农户自身角度来看,一是农户应积极主动参与合作社,不仅在名义上加入合作社,还要加强与合作社的业务合作和资金往来,在合作社组织下能够基于集体行动的逻辑对外进行集中谈判和集中买卖,以争取更多利润分配,能够基于规模经济效应降低单位农产品的生产和运营成本,还能够基于比较优势利用合作社先进技术和管理经验实现专业化合作效益。二是农户应增加对合作社的认知能力和承诺水平,农户应科学认识合作社的性质和本质性规定,对所在正规合作社保持良好的忠诚度,在经纪人或其他收购商报价高于合作社价格的情况下积极与合作社沟通维护权益,在市场行情不好的情况下不脱离组织,与合作社建立长期稳定的合作关系。三是农户还应以长远眼光和开放心态看待一次返利和二次盈余分配的收益,克服短视心理把按交易量返还盈

余看作获取利益的重要方式。

从合作社及政府角度来看,一是由于合作社中大部分普通社员为弱势农户,仅从合作社获取销售便利而分享潜在利润的份额有限导致参与性不强,合作社应注重普通社员的合作利得,不仅在生产经营服务方面给予更多帮扶,在购销价格上给予更多让利,还应该从社员精神层面建立起社员对合作社的认同感、归属感、责任感和发展利益关联感,激发社员主动参与合作社的积极性。二是政府在宣传上基于自身信誉借助电视广播、报纸海报或者网络等媒介增进农户对合作社的认知和了解,为农户参与合作社营造良好的氛围和环境。政府还可以设立专门的咨询机构,配置专家、辅导员、技术推广员为农户提供合作社组建、加入、业务等方面的答疑和服务,帮助小农户更好地融入合作社。

3. 持续支持且强化监管,实现规范与促进并行以提升治理绩效

从宏观制度环境上引导合作社规范治理机制,有助于提升治理绩效。由于合作社发展的差异性,各级政府应持续从政策、资金等层面扶持合作社发展,但在扶持力度加大的同时,需注意以促进合作社高质量发展为目标,落实合作社"民办官助"的特色,科学指导和管理合作社的数量与质量增长。为切实扶持真正服务农民的合作社,各级政府应加强对真伪合作社的识别与判定,落实合作社年报制度和"空壳社"清理整顿行动,推动合作社监测制度由示范社向所有合作社覆盖。如对于农户自愿联合成立的合作社,为减少以获取优惠政策为目的的逐利性合作社,应严格界定逐利性行为范围,定期考核与评定撤回已享有补贴,设置清晰的罚款机制;对于合作社在发展进程中演变为具有企业性质的合作社,协助其解决存在问题并引导其向规范化发展;对于诸如龙头企业等商业性组织为追求利益最大化而存在的"企业型"合作社,虽然投资于包括生产、加工等农业全产业链的各个领域,但多数情况下为披着合作社的外衣低价购置农户土地或农户农产品等盘剥农户利益的非合作性组织,应予以更正或者注销。

从微观组织内部夯实合作社规范治理机制,有助于提升治理绩效。在民主决策上,清晰界定社员代表大会、理事会和理事长的权力和义务,兼顾社员民主参与和集体决策质量的要求,政府应协助合作社积极探索全体社员参与投票的简易模式如创建微信群或电话投票等方式,让会员大会制度有效发挥真正效用。在股权结构安排上,为改善因股权高度集中而不利于平衡各参与主体利益的情形,应鼓励合作社以资金、技术、人才等多种资源入股的同时,科学设置股金结构,体现权力与义务对等的原则并突出社员交易规模的能力占比,激励和平衡全体社员。政府还可以通过增加政府项目资金对社员账户资本的量化补贴,鼓励社员入股并持有股权。在盈余分配上,政府可以帮助健全合作社的财务审计制度,既涵盖对合作社经营管理和财务方面的监督与审计,还能够指导和配备专门人员分担合作社在盈余分配机制上的管理成本,从而保障广大社员利益和促进合作社健康发展。

(三) 深化合作社资源整合的相关建议

1. 优化组织方式,形成以管理交易为主导的交易方式体系

根据组织方式相关内容,提出促进形成以管理交易为主导的交易方式体系建议。一是扶持本地特色农产品产业化发展,提倡种植户适度规模经营。针对本地规模小、土地分散的小农户种植情况,鼓励种植户通过土地流转或租赁等方式形成连片经营,使合作社与社员农户间的交易逐渐规模化,有助于促进合作社与其进行较为紧密的交易方式。二是提升农产品原材料的质量监管与检测标准,促使合作社积极参与社员生产管理。不仅对生鲜农产品实施生产过程安全管理,对粮食类等多用于加工成食品等消费品的农产品也应实施生产过程标准化、规范化管理,除了其搜寻品属性,还应多关注其农药化肥残留、营养成分等经验品属性。三是增加合作双方的专用性资产投资,提高交易双方合作的紧密性和持续性。由于生鲜养殖类农产品的附加值增值较高但品

质鉴定困难,合作社往往倾向于深化合作监督农户行为;而由于大部分粮食类农产品专用性投资获得的附加值增值不高,合作社与农户往往增加投资的意愿并不强烈,因此通过政府对农机补贴对象的选择,促进合作社对收购农产品的质量要求,以此提高合作双方的专用性资产投资,促进形成管理交易合作方式。

2. 强化资源整合能力,形成以价值增值为核心的盈利和动力机制

根据价值增值相关内容,合作社应注重农产品产业链向前后端延伸,增强企业家才能和企业运营能力,注重研发、加工、流通与销售环节的价值增值以及与生产环节的关联,促进形成以价值增值为核心的盈利和动力机制。首先,通过品牌定位精准化增强农产品适销性。在产前阶段,综合考虑目标消费群体需求、农产品自身属性和组织运营能力,前瞻性地科学选取能获得更高网络流量和成交量的农产品,包括农产品品类的选择以及品类下新品种的研发等,并积极打造农产品品牌战略,以此强化研发赋能和产销协同,减少因选品不适销而失败的沉没成本。其次,通过生产流程标准化、生产过程可视化打造现代高效农业。农产品生产过程的标准化和可视化实际上包括从选种、育苗、生产、加工、存储、流通与销售等各个环节的标准化、可视化。一方面,合作社应联合社员通过参考吸纳国际或国内先进标准积极参与制定农产品标准细则,提升农产品标准化水平;另一方面,合作社可以通过展示农产品培育、生长、采摘、运输等情境模式,多维度地增强消费者的可视化感受,提升消费者信任和流量转化率,以此强化协同效应、赋能效应和规模效应,有助于实现优质优价和投入产出的最优化。再次,通过产品包装规格化减少农产品物流风险。合作社应选择小批量、个性化且满足安全性和防护性要求的包装材料,结合农产品特性和品牌定位做好外观设计和规格材质选用,能有效降低农产品在流通过程中可能存在的毁损风险并提升消费者体验和农产品价值增值。最后,通过营销模式多元化提升农产品电商运营效率。合作社应注重利用电商数据分析开展预售、订单式业务等降低消费者需求不确定带来的市场风险,注重多样

化利用新媒体媒介创新营销方式,如多维度组合文字、图像、音频和视频,通过社交媒体(微博、微信、抖音、小红书、社群)增进与消费者的互动,实现生产端与消费端的高效率衔接,提高农产品电商运营效率。

3. 培养合作与协同意识,形成相互依赖的利益共同体

根据价值分配相关内容,合作社应注意供应链各增值环节与生产环节的关联,增加对广大普通社员农户的依赖程度,促进形成相互依赖的利益共同体。从短期来看,一方面,通过政府加强宣传与培训力度或合作社建立内部教育机制培养社员的主人翁意识,以此提高社员认知度、忠诚度以及风险共担意识。鼓励社员农户从风险承担层面约束自身行为,在社员农户共担风险的情况下合作社应给予及时积极的回报,如当社员农户在种植绿色有机农产品投入高额成本后,在市场行情不好或者遭遇市场波动时,合作社应从加工、流通、销售环节的利润中抽取部分用于弥补社员生产环节的损失。另一方面,通过合作社内部建立有效的信息交流机制,促使社员农户增加自身与合作社的协同化程度以提高自身的不可替代性。如当合作社基于市场需求变化调整原材料时,如果社员能够尽快地以低成本低损耗的方式满足合作社所需,能在一定程度上提升社员的不可替代性和价值分配的谈判话语权。社员农户与合作社的协同与积极配合还可以帮助合作社控制部分运营风险。从长期来看,鼓励普通社员农户增加边际贡献和降低资产专用性,由于其根本原因在于社员资源禀赋存在异质性,故促使合作社发展为相对同质的成员结构是一个长期目标。构建复合型"多主体"结构或可能成为改善社员异质性的有效方式,即将劳动力禀赋丰富的社员组织起来形成以劳动联合的主体,将资本禀赋丰富的社员组织起来形成以资本联合的主体,将技术、知识禀赋丰富的社员组织起来形成以知识联合的主体,将这些平等主体组织成为合作社新型成员,能在一定程度上保障合作社社员在边际贡献上的均等化,从而实现优势互补和价值分配的公平性。

参 考 文 献

[1]［英］安德鲁·坎贝尔等编著:《战略协同》,任通海、龙大伟译,机械工业出版社 2000 年版。

[2]蔡荣:《"合作社+农户"模式:交易费用节约与农户增收效应——基于山东省苹果种植农户问卷调查的实证分析》,《中国农村经济》2011 年第 1 期。

[3]陈共荣、沈玉萍、刘颖:《基于 BSC 的农民专业合作社绩效评价指标体系构建》,《会计研究》2014 年第 2 期。

[4]陈强:《高级计量经济学及 Stata 应用》(第二版),高等教育出版社 2014 年版。

[5]陈锐、王运陈、张社梅:《农民合作社职业经理人股权激励、决策行为与组织绩效研究》,《农村经济》2021 年第 9 期。

[6]陈文波、黄丽华:《组织信息技术采纳的影响因素研究述评》,《软科学》2006 年第 3 期。

[7]程亚、李欣月、张春:《农业经理人压力与合作社绩效关系的实证研究》,《浙江农业学报》2020 年第 11 期。

[8]程亚、王珂、葛云舟:《农业经理人素养会对农民专业合作社绩效产生影响吗——基于四川省 205 个样本的 SEM 分析》,《四川农业大学学报》2021 年第 6 期。

[9]储成兵:《农户病虫害综合防治技术的采纳决策和采纳密度研究——基于 Double-Hurdle 模型的实证分析》,《农业技术经济》2015 年第 9 期。

[10]崔宝玉、程春燕:《农民专业合作社的关系治理与契约治理》,《西北农林科技大学学报》2017 年第 6 期。

[11]崔宝玉、简鹏、刘丽珍:《农民专业合作社绩效决定与"悖论"——基于 AHP-QR 的实证研究》,《农业技术经济》2017 年第 1 期。

[12]崔宝玉、刘丽珍:《交易类型与农民专业合作社治理机制》,《中国农村观察》2017 年第 4 期。

[13]崔宝玉、徐英婷、简鹏:《农民专业合作社效率测度与改进"悖论"》,《中国农村经济》2016 年第 1 期。

[14]崔宝玉、杨孝岗、孙迪:《电商采纳与农民合作社内部信任》,《新疆农垦经济》2020 年第 3 期。

[15]崔宝玉:《浅谈电商采纳对合作社内部信任的影响》,《中国农民合作社》2020 年第 5 期。

[16]邓衡山、王文烂:《合作社的本质规定与现实检视——中国到底有没有真正的农民合作社?》,《中国农村经济》2014 年第 7 期。

[17]邓衡山、徐志刚、应瑞瑶:《真正的农民专业合作社为何在中国难寻?——一个框架性解释与经验事实》,《中国农村观察》2016 年第 4 期。

[18]董杰、陈锐、张社梅:《聘用职业经理人改善了农民合作社绩效吗——基于"反事实"框架的实证分析》,《经济学家》2020 年第 3 期。

[19]杜吟棠、潘劲:《我国新型农民合作社的雏形——京郊专业合作组织案例调查及理论探讨》,《管理世界》2000 年第 1 期。

[20]冯娟娟、田祥宇、霍学喜:《改善经济环境有助于提高农民合作社治理效率吗?——基于三阶段 DEA 模型的实证分析》,《农村经济》2019 年第 8 期。

[21]高恺、盛宇华:《新型农业经营主体采纳直播电商模式的影响因素与作用机制》,《中国流通经济》2021 年第 10 期。

[22]戈锦文、范明、肖璐:《社会资本对农民合作社创新绩效的作用机理研究——吸收能力作为中介变量》,《农业技术经济》2016 年第 1 期。

[23]戈锦文、肖璐、范明:《魅力型领导特质及其对农民合作社发展的作用研究》,《农业经济问题》2015 年第 6 期。

[24]管珊、万江红、钟涨宝:《农民专业合作社的网络化治理——基于鄂东 H 合作社的案例研究》,《中国农村观察》2015 年第 5 期。

[25]郭红东、丁高洁:《关系网络、机会创新性与农民创业绩效》,《中国农村经济》2013 年第 8 期。

[26]郭锦墉、肖剑、汪兴东:《主观规范、网络外部性与农户农产品电商采纳行为意向》,《农林经济管理学报》2019 年第 4 期。

[27]郭美荣、李瑾、冯献:《基于"互联网+"的城乡一体化发展模式探究》,《中国软科学》2017 年第 9 期。

［28］韩雷、张磊：《电商经济是效率和公平的完美结合吗》，《当代经济科学》2016年第3期。

［29］韩炜、杨俊、陈逢文：《创业企业如何构建联结组合提升绩效？——基于"结构—资源"互动过程的案例研究》，《管理世界》2017年第10期。

［30］韩旭东、李德阳、王若男：《盈余分配制度对合作社经营绩效影响的实证分析：基于新制度经济学视角》，《中国农村经济》2020年第4期。

［31］韩杨、曹斌、陈建先：《中国消费者对食品质量安全信息需求差异分析——来自1573个消费者的数据检验》，《中国软科学》2014年第2期。

［32］何大安：《互联网应用扩张与微观经济学基础——基于未来"数据与数据对话"的理论解说》，《经济研究》2018年第8期。

［33］何宇鹏、武舜臣：《连接就是赋能：小农户与现代农业衔接的实践与思考》，《中国农村经济》2019年第6期。

［34］侯佳君、曾以宁、刘云强：《自生能力、交易环境与农民专业合作社绩效——基于四川省321家农民专业合作社的实证研究》，《农村经济》2020年第11期。

［35］侯振兴：《区域农户农企采纳农产品电子商务的影响因素》，《西北农林科技大学学报（社会科学版）》2018年第1期。

［36］胡月莉、夏春萍、贾铖：《社会网络视角的农户农产品电商参与行为分析——基于湖北、山东、安徽、甘肃349份农户抽样调查数据》，《浙江农业学报》2021年第10期。

［37］黄胜忠、伏红勇：《公司领办的农民合作社：社会交换、信任困境与混合治理》，《农业经济问题》2019年第2期。

［38］黄胜忠、林坚、徐旭初：《农民专业合作社治理机制及其绩效实证分析》，《中国农村经济》2008年第3期。

［39］黄胜忠、张海洋：《农民专业合作社理事长胜任特征及其绩效的实证分析》，《经济与管理》2014年第5期。

［40］黄祖辉、邵科：《基于产品特性视角的农民专业合作社组织结构与运营绩效分析》，《学术交流》2010年第7期。

［41］黄祖辉、徐旭初：《基于能力和关系的合作治理——对浙江省农民专业合作社治理结构的解释》，《浙江社会科学》2006年第1期。

［42］纪汉霖、周金华、张深：《生鲜电商行业众包模式研究》，《物流工程与管理》2016年第1期。

［43］［美］杰弗里·菲佛、杰勒尔德·R.萨兰基克：《组织的外部控制——对组织

资源依赖的分析》,东方出版社 2006 年版。

[44]康芒斯:《制度经济学》,商务印书馆出版社 1962 年版。

[45]孔祥智、蒋忱忱:《成员异质性对合作社治理机制的影响分析——以四川省井研县联合水果合作社为例》,《农村经济》2010 年第 9 期。

[46]孔祥智:《对农民合作社的非议从何而起》,《人民论坛》2019 年第 4 期。

[47]李道和、陈江华:《农民专业合作社绩效分析——基于江西省调研数据》,《农业技术经济》2014 年第 12 期。

[48]李后建:《农户对循环农业技术采纳意愿的影响因素实证分析》,《中国农村观察》2012 年第 2 期。

[49]李鎏、蔡键、李怡:《电子商务平台对农产品经营的影响机理:技术创新驱动与市场渠道拓宽》,《农村经济》2021 年第 6 期。

[50]李琪、唐跃桓、任小静:《电子商务发展、空间溢出与农民收入增长》,《农业技术经济》2019 年第 4 期。

[51]李万君、李艳军、李婷婷:《政府支持如何影响种子企业技术创新绩效?——基于政策、组织和市场异质性的分析》,《中国农村经济》2019 年第 9 期。

[52]李想:《粮食主产区农户技术采用及其效应研究》,中国农业大学博士学位论文,2014 年。

[53]李晓静、陈哲、刘斐等:《参与电商会促进猕猴桃种植户绿色生产技术采纳吗?——基于倾向得分匹配的反事实估计》,《中国农村经济》2020 年第 3 期。

[54]李晓静、陈哲、夏显力:《参与电商对猕猴桃种植户绿色生产转型的影响》,《西北农林科技大学学报》(社会科学版)2021 年第 4 期。

[55]李晓静、刘斐、夏显力:《信息获取渠道对农户电商销售行为的影响研究——基于四川、陕西两省猕猴桃主产区的微观调研数据》,《农村经济》2019 年第 8 期。

[56]李怡文:《企业 IT/IS 采纳决策行为模型分析》,《现代管理科学》2006 年第 2 期。

[57]李勇坚:《电子商务与宏观经济增长的关系研究》,《学习与探索》2014 年第 8 期。

[58]梁巧、白荣荣:《农民合作社组织规模与绩效的关系探究》,《经济学家》2021 年第 8 期。

[59]梁巧、吴闻、刘敏等:《社会资本对农民合作社社员参与行为及绩效的影响》,《农业经济问题》2014 年第 11 期。

[60]梁文卓、侯云先、葛冉:《我国网购农产品特征分析》,《农业经济问题》2012 年

第 4 期。

[61]廖媛红:《农民专业合作社的社会资本与绩效之间的关系研究》,《东岳论丛》2015 年第 8 期。

[62]林海英、赵元凤、葛颖等:《贫困地区农牧户参与电子商务意愿的实证分析——来自 594 份农牧户的微观调研数据》,《干旱区资源与环境》2019 年第 6 期。

[63]林家宝、胡倩:《企业农产品电子商务采纳与常规化的形成机制》,《华南农业大学学报(社会科学版)》2017 年第 5 期。

[64]林家宝、胡倩:《企业农产品电子商务吸收的影响因素研究——政府支持的调节作用》,《农业技术经济》2017 年第 12 期。

[65]林家宝、罗志梅、李婷:《企业农产品电子商务采纳的影响机制研究——基于制度理论的视角》,《农业技术经济》2019 年第 9 期。

[66]林家宝、万俊毅、鲁耀斌:《生鲜农产品电子商务消费者信任影响因素分析:以水果为例》,《商业经济与管理》2015 年第 5 期。

[67]林乐芬、顾庆康:《农户入股农村土地股份合作社决策和绩效评价分析——基于江苏 1831 份农户调查》,《农业技术经济》2017 年第 11 期。

[68]刘滨、雷显凯、杜重洋等:《农民合作社参与农产品电子商务行为的影响因素——以江西省为例》,《江苏农业科学》2017 年第 14 期。

[69]刘江鹏:《企业成长的双元模型:平台增长及其内在机理》,《中国工业经济》2015 年第 6 期。

[70]刘洁、陈新华:《制度结构、交易环境与农民专业合作社的绩效——基于江西省 102 家农民专业合作社的实证分析》,《农村经济》2015 年第 10 期。

[71]刘同山、孔祥智:《关系治理与合作社成长——永得利蔬菜合作社案例研究》,《中国经济问题》2013 年第 3 期。

[72]刘同山、孔祥智:《治理结构如何影响农民合作社绩效?——对 195 个样本的 SEM 分析》,《东岳论丛》2015 年第 12 期。

[73]刘卫柏、徐吟川:《小农户有机衔接现代农业发展研究》,《理论探索》2019 年第 2 期。

[74]刘小童、李录堂、张然等:《农民专业合作社能人治理与合作社经营绩效关系研究——以杨凌示范区为例》,《贵州社会科学》2013 年第 12 期。

[75]鲁钊阳、廖杉杉:《农产品电商发展的区域创业效应研究》,《中国软科学》2016 年第 5 期。

[76]鲁钊阳、廖杉杉:《农产品电商发展的增收效应研究》,《经济体制改革》2016

年第 5 期。

[77]罗必良:《要素交易、契约匹配及其组织化——"绿能模式"对中国现代农业发展路径选择的启示》,《开放时代》2020 年第 3 期。

[78]罗建利、郭红东、贾甫:《技术获取模式、技术溢出和创新绩效:以农民合作社为例》,《科研管理》2019 年第 5 期。

[79]罗珉、李亮宇:《互联网时代的商业模式创新:价值创造视角》,《中国工业经济》2015 年第 1 期。

[80]罗颖玲、李晓、杜兴端:《农民专业合作社综合绩效评价体系设计》,《农村经济》2014 年第 2 期。

[81]吕丹、张俊飚:《新型农业经营主体农产品电子商务采纳的影响因素研究》,《华中农业大学学报(社会科学版)》2020 年第 3 期。

[82]马彪、彭超、薛岩等:《农产品电商会影响我国家庭农场的收入吗?》,《统计研究》2021 年第 9 期。

[83]马惊鸿:《农民专业合作社组织属性反思及法律制度创新》,《政法论丛》2016 年第 2 期。

[84]马克思:《资本论(第 2 卷)》,人民出版社 2004 年版。

[85]马太超、邓宏图:《农民专业合作社理事长的产生机制:经验观察与理论分析》,《中国农村观察》2019 年第 6 期。

[86]马彦丽、孟彩英:《我国农民专业合作社的双重委托—代理关系——兼论存在的问题及改进思路》,《农业经济问题》2008 年第 5 期。

[87]迈克尔·波特:《竞争优势》,华夏出版社 2005 年版。

[88]毛基业、陈诚:《案例研究的理论构建:艾森哈特的新洞见——第十届"中国企业管理案例与质性研究论坛(2016)"会议综述》,《管理世界》2017 年第 2 期。

[89]毛其淋、许家云:《中国外向型 FDI 对企业职工工资报酬的影响:基于倾向得分匹配的经验分析》,《国际贸易问题》2014 年第 11 期。

[90]潘劲:《中国农民专业合作社:数据背后的解读》,《中国农村观察》2011 年第 6 期。

[91]彭莹莹、苑鹏:《合作社企业家能力与合作社绩效关系的实证研究》,《农村经济》2014 年第 12 期。

[92]卿玲丽、屈静晓、刘文丽等:《农民专业合作社生态绩效评价研究——基于长沙 10 家种植专业合作社的调查》,《中南林业科技大学学报》2016 年第 3 期。

[93]邱国栋、白景坤:《价值生成分析:一个协同效应的理论框架》,《中国工业经

济》2007 年第 6 期。

[94]邱泽奇、张树沁、刘世定等:《从数字鸿沟到红利差异——互联网资本的视角》,《中国社会科学》2016 年第 10 期。

[95]邱子迅、周亚虹:《电子商务对农村家庭增收作用的机制分析——基于需求与供给有效对接的微观检验》,《中国农村经济》2021 年第 4 期。

[96]任大鹏、王敬培:《法律与政策对合作社益贫性的引导价值》,《中国行政管理》2015 年第 5 期。

[97]任大鹏、于欣慧:《论合作社惠顾返还原则的价值——对"一次让利"替代二次返利的质疑》,《农业经济问题》2013 年第 2 期。

[98]邵慧敏、秦德智:《内部信任对农民合作社绩效的影响分析》,《农村经济》2018 年第 3 期。

[99]邵科、郭红东、黄祖辉:《农民专业合作社组织结构对合作社绩效的影响——基于组织绩效的感知测量方法》,《农林经济管理学报》2014 年第 1 期。

[100]邵科、徐旭初:《成员异质性对农民专业合作社治理结构的影响——基于浙江省 88 家合作社的分析》,《西北农林科技大学学报(社会科学版)》2008 年第 2 期。

[101]邵占鹏:《农村电子商务中的空间压缩与价值》,《学习与探索》2017 年第 2 期。

[102]施晟、卫龙宝、伍骏骞:《"农超对接"进程中农产品供应链的合作绩效与剩余分配——基于"农户+合作社+超市"模式的分析》,《中国农村观察》2012 年第 4 期。

[103]苏群、李美玲、常雪:《财政支持对农民专业合作社绩效的影响——以种植业合作社为例》,《湖南农业大学学报(社会科学版)》2019 年第 1 期。

[104]苏昕、周升师、张辉:《农民专业合作社"双网络"治理研究——基于案例的比较分析》,《农业经济问题》2018 年第 3 期。

[105]孙浦阳、张靖佳、姜小雨:《电子商务、搜寻成本与消费价格变化》,《经济研究》2017 年第 7 期。

[106]孙天合、马彦丽、孙永珍:《农民专业合作社理事长提高社员有效参与的行为意向研究》,《农业技术经济》2021 年第 11 期。

[107]唐立强、周静:《社会资本、信息获取与农户电商行为》,《华南农业大学学报(社会科学版)》2018 年第 3 期。

[108]唐立强:《农户社会资本与电商交易平台的选择》,《华南农业大学学报(社会科学版)》2017 年第 4 期。

[109]唐跃桓、杨其静、李秋芸等:《电子商务发展与农民增收——基于电子商务进

农村综合示范政策的考察》,《中国农村经济》2020 年第 6 期。

[110]田晓、闫晓改:《新型农业经营主体电商采纳意愿影响因素研究》,《商业经济研究》2020 年第 3 期。

[111]万俊毅、曾丽军:《合作社类型、治理机制与经营绩效》,《中国农村经济》2020 年第 2 期。

[112]万俊毅、欧晓明:《产业链整合、专用性投资与合作剩余分配:来自温氏模式的例证》,《中国农村经济》2010 年第 5 期。

[113]万俊毅:《准纵向一体化、关系治理与合约履行——以农业产业化经营的温氏模式为例》,《管理世界》2008 年第 12 期。

[114]汪兴东、俞佩娟、廖青:《农村专业大户电商技术采纳及投资决策——基于 Heckman 模型的实证研究》,《西安财经大学学报》2021 年第 3 期。

[115]汪旭晖、张其林:《电子商务破解生鲜农产品流通困局的内在机理——基于天猫生鲜与沱沱工社的双案例比较研究》,《中国软科学》2016 年第 2 期。

[116]汪旭晖、张其林:《平台型网络市场"平台—政府"双元管理范式研究——基于阿里巴巴集团的案例分析》,《中国工业经济》2015 年第 3 期。

[117]王二朋、高志峰、耿献辉:《加工农产品的附加值来自哪里——消费偏好视角的分析》,《农业技术经济》2020 年第 1 期。

[118]王慧玲、孔荣:《正规借贷促进农村居民家庭消费了吗?——基于 PSM 方法的实证分析》,《中国农村经济》2019 年第 8 期。

[119]王金杰、牟韶红、盛玉雪:《电子商务有益于农村居民创业吗?——基于社会资本的视角》,《经济与管理研究》2019 年第 2 期。

[120]王丽佳、霍学喜:《成员异质性对合作社绩效评估影响及比较分析》,《农林经济管理学报》2016 年第 3 期。

[121]王胜、丁忠兵:《农产品电商生态系统——个理论分析框架》,《中国农村观察》2015 年第 4 期。

[122]王图展:《农民合作社议价权、自生能力与成员经济绩效——基于 381 份农民专业合作社调查问卷的实证分析》,《中国农村经济》2016 年第 1 期。

[123]王艳玲、张广胜、李全海:《基于技术接受模型的电商平台采纳行为及影响因素》,《企业经济》2020 年第 3 期。

[124]王勇、辛凯璇、余瀚:《论交易方式的演进——基于交易费用理论的新框架》,《经济学家》2019 年第 4 期。

[125]王瑜:《电商参与提升农户经济获得感了吗?——贫困户与非贫困户的差

异》，《中国农村经济》2019 年第 7 期。

［126］王真：《合作社治理机制对社员增收效果的影响分析》，《中国农村经济》2016 年第 6 期。

［127］温忠麟、叶宝娟：《中介效应分析：方法和模型发展》，《心理科学进展》2014 年第 5 期。

［128］文雷：《农民专业合作社治理机制会影响其绩效吗？——基于山东、河南、陕西三省 153 份问卷的实证研究》，《经济社会体制比较》2016 年第 6 期。

［129］吴彬、徐旭初：《合作社的状态特性对治理结构类型的影响研究——基于中国 3 省 80 县 266 家农民专业合作社的调查》，《农业技术经济》2013 年第 1 期。

［130］仵希亮：《农民专业合作社的利益相关者探析与共同治理结构构建》，《农村经济》2013 年第 10 期。

［131］肖端：《不完全契约视野的农民合作社组织绩效比较及其提升策略》，《宏观经济研究》2016 年第 5 期。

［132］肖静华、谢康、吴瑶等：《从面向合作伙伴到面向消费者的供应链转型——电商企业供应链双案例研究》，《管理世界》2015 年第 4 期。

［133］谢京辉：《品牌价值创造和价值实现的循环机制研究》，《社会科学》2017 年第 4 期。

［134］谢伟、李培馨：《影响企业电子商务采纳的关键因素》，《经济管理》2012 年第 2 期。

［135］徐龙志、包忠明：《农民合作经济组织的优化：内部治理及行为激励机制研究》，《农村经济》2012 年第 1 期。

［136］徐旭初、吴彬、应丽：《农民专业合作社财务绩效的影响因素分析——基于浙江省 319 家农民专业合作社的实地调查》，《西北农林科技大学学报（社会科学版）》2013 年第 6 期。

［137］徐旭初、吴彬：《治理机制对农民专业合作社绩效的影响——基于浙江省 526 家农民专业合作社的实证分析》，《中国农村经济》2010 年第 5 期。

［138］徐旭初：《农民专业合作社绩效评价体系及其验证》，《农业技术经济》2009 年第 4 期。

［139］许驰、张春霞：《理事长人力资本对福建林业专业合作社绩效的影响研究》，《林业经济问题》2016 年第 1 期。

［140］许竹青、郑风田、陈洁：《"数字鸿沟"还是"信息红利"？信息的有效供给与农民的销售价格——一个微观角度的实证研究》，《经济学（季刊）》2013 年第 4 期。

[141]薛岩、马彪、彭超:《新型农业经营主体与电子商务:业态选择与收入绩效》,《农林经济管理学报》2020 年第 4 期。

[142]闫贝贝、赵佩佩、刘天军:《信息素养对农户参与电商的影响——基于农户内在感知的中介作用和政府推广的调节作用》,《华中农业大学学报(社会科学版)》2021 年第 5 期。

[143]杨灿君:《"能人治社"中的关系治理研究——基于 35 家能人领办型合作社的实证研究》,《南京农业大学学报(社会科学版)》2016 年第 2 期。

[144]杨丹、刘自敏、徐旭初:《治理结构、要素投入与合作社服务绩效》,《财贸研究》2016 年第 2 期。

[145]杨光华、钱有飞:《论合作社民主管理的经济基础——基于两个农民合作社的调查思考》,《社会主义研究》2017 年第 3 期。

[146]杨光华、朱春燕:《规模扩大必然影响农民专业合作社的绩效吗?——基于集体行动理论的视角》,《农村经济》2014 年第 7 期。

[147]杨坚争、周涛、李庆子:《电子商务对经济增长作用的实证研究》,《世界经济研究》2011 年第 10 期。

[148]杨洁:《权利不对等条件下的"农超对接"收益分配》,《农业经济问题》2019 年第 7 期。

[149]杨亮:《物流"最后一公里":"堵"在哪儿了?》,《光明日报》2014 年 6 月 28 日。

[150]杨雅如:《我国农村合作社的制度供给问题研究》,人民出版社 2013 年版。

[151]杨永清、张金隆、满青珊:《消费者对移动增值服务的感知风险外向因素及其中的调节效应研究》,《经济管理》2010 年第 9 期。

[152]姚宗东、马雪峰、王秀娟:《基于不同法人治理结构的烤烟专业合作社绩效评价》,《西北农林科技大学学报(社会科学版)》2020 年第 1 期。

[153]应瑞瑶、孙艳华:《江苏省肉鸡行业垂直协作形式的调查与分析——从肉鸡养殖户角度》,《农业经济问题》2007 年第 7 期。

[154]应瑞瑶、唐春燕、邓衡山等:《成员异质性、合作博弈与利益分配——一个对农民专业合作社盈余分配机制安排的经济解释》,《财贸研究》2016 年第 3 期。

[155]应瑞瑶、朱哲毅、徐志刚:《中国农民专业合作社为什么选择"不规范"》,《农业经济问题》2017 年第 11 期。

[156]于丹、董大海、刘瑞明等:《理性行为理论及其拓展研究的现状与展望》,《心理科学展》2008 年第 5 期。

[157]于会娟、韩立民:《要素禀赋差异、成员异质性与农民专业合作社治理》,《山东大学学报(哲学社会科学版)》2013年第2期。

[158]袁庆明:《新制度经济学教程》,中共发展出版社2014年版。

[159]苑鹏:《合作社与股份公司的区别与联系》,《教学与研究》2007年第1期。

[160]苑鹏:《中国特色的农民专业合作社发展探析》,《东岳论丛》2014年第7期。

[161]曾亿武、陈永富、郭红东:《先前经验、社会资本与农户电商采纳行为》,《农业技术经济》2019年第3期。

[162]曾亿武、郭红东、金松青:《电子商务有益于农民增收吗?——来自江苏沭阳的证据》,《中国农村经济》2018年第2期。

[163]曾亿武、郭红东:《专业村电商化转型的增收效应》,《华南农业大学学报(社会科学版)》2016年第6期。

[164]张传统、陆娟:《农产品区域品牌购买意愿影响因素研究》,《软科学》2014年第10期。

[165]张怀英、原丹奇、周忠丽:《企业家精神、社员自身能力与合作社绩效》,《贵州社会科学》2019年第5期。

[166]张兰、李炜、刘子铭等:《农地股份合作社治理机制对社员收入和满意度的影响研究》,《中国土地科学》2020年第10期。

[167]张社梅:《制度创新、人文关怀与农民专业合作社的治理探讨——以鑫养蜂专业合作社为例》,《农村经济》2017年第5期。

[168]张晓山:《农民专业合作社的发展趋势探析》,《管理世界》2009年第5期。

[169]张笑寒、金少涵、周蕾:《内部治理机制视角下专业合作社对农户增收的影响研究》,《农林经济管理学报》2020年第4期。

[170]张雪、郭伟和:《可信承诺:合作社发展与治理的实践机制》,《西北民族研究》2020年第4期。

[171]张益丰:《社会关系治理、合作社契约环境及组织结构的优化》,《重庆社会科学》2019年第4期。

[172]张益丰:《生鲜果品电商销售、农户参与意愿及合作社嵌入——来自烟台大樱桃产区农户的调研数据》,《南京农业大学学报(社会科学版)》2016年第1期。

[173]张颖、赵翠萍、王礼力:《社会责任、社会资本与农民合作社绩效》,《经济经纬》2021年第4期。

[174]张耘堂、李东:《原产地形象对农产品电商品牌化的影响路径研究》,《中国软科学》2016年第5期。

［175］张征华、曾皓、王凤洁：《支持政策与农民合作社绩效的实证研究——以江西省为例》，《江苏农业科学》2016 年第 1 期。

［176］张征华、汪娇：《农民合作社盈余分配机制对其绩效的影响》，《财会月刊》2018 年第 2 期。

［177］章德宾、何增华：《土地经营规模对农户信任—合作绩效的调节效应》，《华中农业大学学报（社会科学版）》2017 年第 2 期。

［178］赵彩云、王征兵、邹润玲：《农民专业合作社利益机制及其绩效实证分析——以陕西省为例》，《农村经济》2013 年第 10 期。

［179］赵佳荣：《农民专业合作社"三重绩效"评价模式研究》，《农业技术经济》2010 年第 2 期。

［180］赵晓峰、付少平：《多元主体、庇护关系与合作社制度变迁——以府城县农民专业合作社的实践为例》，《中国农村观察》2015 年第 2 期。

［181］赵晓峰：《农民专业合作社制度演变中的"会员制"困境及其超越》，《农业经济问题》2015 年第 2 期。

［182］浙江省农业厅课题组：《农民专业合作社绩效评价体系初探》，《农村经营管理》2008 年第 10 期。

［183］郑文文、孟全省：《基于农户视角的果蔬合作社绩效影响因素分析》，《广东农业科学》2014 年第 12 期。

［184］周蓓婧、侯伦：《消费者微博营销参与意愿影响因素分析——基于 TAM 和 IDT 模型》，《管理学家（学术版）》2011 年第 12 期。

［185］周浪：《另一种"资本下乡"——电商资本嵌入乡村社会的过程与机制》，《中国农村经济》2020 年第 12 期。

［186］周水平、谢培菡：《农村专业大户电子商务技术采纳意愿影响因素研究》，《企业经济》2021 年第 3 期。

［187］周文辉、杨苗、王鹏程等：《赋能、价值共创与战略创业：基于韩都与芬尼的纵向案例研究》，《管理评论》2017 年第 7 期。

［188］周勋章、路剑：《资源禀赋、电商认知与家庭农场主电子商务采纳行为》，《西北农林科技大学学报（社会科学版）》2020 年第 4 期。

［189］周振、孔祥智：《盈余分配方式对农民合作社经营绩效的影响——以黑龙江省克山县仁发农机合作社为例》，《中国农村观察》2015 年第 5 期。

［190］周振、孔祥智：《资产专用性、谈判实力与农业产业化组织利益分配——基于农民合作社的多案例研究》，《中国软科学》2017 年第 7 期。

［191］朱红根、宋成校:《家庭农场采纳电商行为及其绩效分析》,《华南农业大学学报(社会科学版)》2020 年第 6 期。

［192］邹洋、王庆斌、季荣妹:《农户加入合作社的收入效应和资产效应——基于 CHIP 数据的实证研究》,《财经论丛》2021 年第 11 期。

［193］Albaek S, Schultz C, "On the Relative Advantage of Cooperative", *Economics Letters*, Vol.59, No.2, 1998.

［194］Bakos Y J, "The Emerging Roleof Electronic Market places on the Internet", *Communications of the ACM*, Vol.41, No.8, 1998.

［195］Baorakis G, Kourgiantakis M, Migdalas A, "The Impact of E-commerce on Agro-food Marketing: The Case of Agricultural Cooperatives, Firms and Consumers in Crete", *British Food Journal*, No.8, 2002.

［196］Batz F J, Peters K J, Janssen W, "The influence of technology characteristics on the rateand speed of adoption", *Agricultural Economics*, No.21, 1999.

［197］Bauer R A, Consumer Behaviorand Risk Taking, Dynamic Marketing for a Changing World, Chicago, American Marketing Association Press, 1960.

［198］Bijman J, Hendrikse G, Oijen A V, "Accommodating Two Worldsin One Organization: Chan-ging Board Modelsin Agricultural Cooperatives", *Forthcomingin Managerialand Decision Economics*, March 13, 2012.

［199］Bonfadelli H, "The Internetand Knowledge Gaps: A Theoretical and Empirical Investigation", *European Journal of Communication*, Vol.17, No.1, 2002.

［200］Bowersox D J, Cooper M B, *Strategic marketing channel management*, New York, Mc Graw Hill Press, 1992.

［201］Box G E, "Non-normality and tests on variances", Vol.40, No.4, 1953.

［202］Brown I, Russell J, "Radio frequency identification technology: Anexploratory study on adoption in the South African retail sector", *International Journal of Information Management*, Vol.27, No.4, 2007.

［203］Calantone, "International technology transfer-Model and exploratory study in the People's Republic of China", *International Marketing Review*, No.20, 2003.

［204］Casciaro T, Piskorski M J, Power Imbalance, "Mutual Dependenceand Constraint Absorption: A Closer Look at Re-source Dependence Theory", *Administrative Science Quarterly*, Vol.50, No.2, 2005.

［205］Chaddad F R, Iliopoulos C, "Control Rights, Governance, and the Costs of Owner ship in Agri-cultural Cooperatives", *Agribusiness*, Vol.29, No.1, 2013.

[206] Chong S, Pervan G, "Factors Influencing the Extent of Deployment of Electronic Commerce for Small-and Medium-Sized Enterprises", *Journal of Electronic Commerce in Organizations*, Vol.5, No.1, 2007.

[207] Chris P, Kamalini R, Nicos S, "Is It Enough? Evidence from a Natural Experiment in India´s Agriculture Markets", *Ssrn Electronic Journal*, Vol.62, No.9, 2016.

[208] Cloete E, Doens M, "B2B E-marketplace Adoption in South African Agriculture", *Information Technology for Development*, Vol.14, No.3, 2008.

[209] Coase R, *The Firm, The Market and The Law*, Chicago, The University of Chicago Press, 1988.

[210] Cook M L, "The Future of US Agricultural Cooperatives: A Neo-institutional Approach", *American Journal of Agricultural Economics*, Vol.77, No.10, 1995.

[211] Cox D F, *Risk Taking and Information Handling in Consumer Behavior*, Boston, Harvard University Press, 1967.

[212] Cunha M P E, Rego A, Oliveira P, et al., "Product Innovationin Resource - poor Environments: Three Research Streams", *Journal of Product Innovation Management*, Vol.31, No.2, 2014.

[213] DeLoach D B, "Growth of Farmer Cooperatives: Obstacles and Opportunities", *Journal of Farm Economics*, No.5, 1962.

[214] Davis F D, Bagozzi R P, WarshawP R, "User Acceptance of Computer Technology: A Comparison of Two Theoretical Models", *Management Science*, Vol.35, No.8, 1989.

[215] Davis F D, "Perceived Usefulness Perceived Ease of Use, and Acceptance of Information Technology", *Mis Quarterly*, Vol.13, No.3, 1989.

[216] Dimara E, Skuras D, "Adoption of agricultural innovationsasa two-stagepartial observability process", *Agricultural Economics*, Vol.28, No.3, 2003.

[217] Dror M, Hartman B C, "Survey of cooperative inventory game sand extensions", *Journal of the Operational Research Society*, Vol.62, No.4, 2011.

[218] Dunt E S, Harper I R, "E - Commerce and the Australian Economy", *Economic Record*, Vol.78, No.242, 2002.

[219] Eisenhardt K M, "Better Stories and Better Constructs: The Case for Rigorand Comparative Logic", *Academy of Management Review*, Vol.16, No.3, 1991

[220] Eisenhardt K M, "Building Theories from Case Study Research", *Academy of Management Review*, Vol.14, No.4, 1989.

[221] Evanisko K, "Organizational Innovation: The Influence of Individual, Organizational, and Contextual Factors on Hospital Adoption of Technological and Administrative Innovations", *The Academy of Management Journal*, Vol.24, No.4, 1982.

[222] Fafchamps M, Minten B, "Impact of SMS-based Agricultural Information on Indian Farmers", *The World Bank Economic Review*, Vol.26, No.3, 2012.

[223] Fishbein M, Ajzen I, "Belief, Attitude, Intention and Behavior: An Introduction to Theory and Research. Addison-Wesley, Reading MA", *Philosophy & Rhetoric*, Vol.41, No. 4, 1977.

[224] Foss N J, Klein P G, "Entrepreneurship and the Economic Theory of the Firm Any Gains from Trade?", *Handbook of Entrepreneurship Research: Inter disciplinary Perspectives*, No.2, 2005.

[225] Gael P, Thomas D, Michel D, "The Plurality of Valuesin Sustainable Agriculture Models: Diverse Lock-inand Coevolution Patterns", *Ecologyand Society*, Vol.23, No.1, 2018.

[226] Goldfarb A, Tucker C, "Digital Economics", *Journal of Economic Literature*, Vol. 57, No.1, 2019.

[227] Graham G, Burnes B, Lewis G J, et al., "The Transformation of the Music Industry Supply Chain: Major Label Perspective", *International Journal of Operations & Production Management*, Vol.24, No.11, 2004.

[228] Hansen M H, Morrow J L, Batista J C, "The impact of trust on cooperative membership retention, performance, and satisfaction: an exploratory study", *International Food & Agribusiness Management Review*, No.5, 2002.

[229] Hawley A, *Human Ecology*, New York, Ronald Press, 1950.

[230] Henehan B M, Anderson B L, "Evaluating the Performance of Agricultural Cooperative Boards of Directors" [R], Kansas City: NCERA-194 Committee Meeting, 1999.

[231] Herr N R, "Mediation with Dichotomous Outcomes, Department of Psychology" [N], American University Working Paper, http://www. nrhpsych. com/mediation/logmed. html. 2013.

[232] Holloway G, Ehui S, Teklu A, "Baye sestimates of distance-to-market: transactions costs, cooperative sand milk-market development in the Ethiopian highlands", *Journal of Applied Econometrics*, Vol.23, No.5, 2008.

[233]Howell A,"Picking' Winners' in China:Do Subsidies Matter for Indigenous Innovation and Firm Productivity?",*China Economic Review*,Vol.44,No.7,2017.

[234]Jensen M,Meckling W,"Theory of the firm,managerial behavior,agency costs,and capital structure,*Jornal of Financial Economics*,Vol.34,No.3,1976.

[235]Karami E,Kurosh R M,"Modeling determinants of agricultural production cooperatives' performance in Iran",*Agricultural*,No.3,2005.

[236]Key N,Mcbride W,"Production Contracts and Productivity in the US Hog Sector",*American Journal of Agricultural Economics*,No.1,2003.

[237]Kumar N,Scheer L K,Steenkamp J B,"The effects of perceived inter dependence on deal erattitudes",*Journal of Marketing Research*,Vol.32,No.3,1995.

[238]Kyriakos K,Matthew M,Jerker N,"The impact of cooperative structure and firm culture on mark etorientation and performance",*Agri business*,No.4,2004.

[239]Lendle A,Olarreaga M,Schropp S,et al.,"There Goes Gravity:e Bayand the Death of Distance",*The Economic Journal*,Vol.126,No.591,2016.

[240] Lerman Z,Parliament C,"Comparative Performance of Cooperatives and Investor-owned Firmsin US Food Industries",*Agri business*,Vol.6,No.6,1990.

[241]LeVay C,"Some Problems of Agricultural Marketing Cooperatives' Price Output Determination in Imperfect Competition",*Canadian Journal of Agricultural Economics*,Vol.31,1983.

[242]Lian J W,Yen D C,Wang Y T,"An exploratory study tounder stand thecritical factors affecting the decisiontoa-doptcloud computing in Taiwan hospital ",*International Journal of Information Management*,Vol.34,No.1,2014.

[243]Lin Y,Wu L Y,"Exploring the Role of Dynamic Capabilities in Firm Performance under the Resource-Based View Framework",*Journal of Business Research*,Vol.67,No.3,2014.

[244]Lin Y F,"Education and innovation adoptionin agriculture:evidence from hybrid-rice in China",*American Journal of Agricultural Economics*,No.8,1991.

[245] MacKinnon D P,Dwyer J H,"Estimating Mediated Effects in Prevention Studies",*Evaluation Review*,No.2,1993.

[246]Maddala G S,"Methods of Estimation for Models of Market swith Bounded Price Variation",*International Economic Review*,No.2,1983.

[247]Madhok A,Tallman S B,"Resources Transactions and Rents Managing Value

Through Inter firm Collaborative Relationships", *Organization Science*, No.9, 1998.

[248] Martinez S W, Reed A, "From Farmers to Consumers: Vertical Coordination in the Food Industry", *Agricultural Information Bulletins*, No.6, 1996.

[249] Martins R, Oliveira T, Thomas M A, "An empirical analysistoassess the determinants of SaaS diffusion in firms", *Computers in Human Behavior*, No.62, 2016.

[250] Michael J, "World-classlogistics: managing continuous change", *Industrial Engineer*, No1.2, 2007.

[251] Mishra A K, Park T A, "An Empirical Analysis of Internet Use by US Farmers", *Agricultural & Resource Economics Review*, Vol.34, No.2, 2005.

[252] Miyata S, Minot N, Hu D H, et al., "Impact of Contract Farming on Income: Linking Small Farmers, Packers, and Supermarkets in China", *World Development*, Vol.37, No. 11, 2007.

[253] Montealegre F, Thompson S R, Eales J S, "An Empirical Analysis of the Determinants of Success of Food and Agribusiness E-Commerce Firms", *International Food & A gribusiness Management Review*, Vol.10, No.1, 2007.

[254] Nilsson J, "Organisational principles for cooperative firms", *Scandinavian Journal of Management*, Vol.17, No.3, 2001.

[255] Terzi N, "The impact of E-commerce on International Trade and Employment", *Procedia-Socialand Behavioral Sciences*, Vol.24, No.1, 2011.

[256] OECD, *G20/OECD Principles of Corporate Governance*, Paris, OECD Publishing, 2015.

[257] Poorangi M M, Khin E, Shohreh N, et al., "E-commerce Adoptionin Malaysian Small and Medium Enterprises Practitioner Firms: A Revisiton Rogers' Model", *Anais Da Academia Brasileira De Ciencias*, Vol.85, No.4, 2013.

[258] Porter P K, Scully G W, "Economic Efficiency in Cooperative", Journal of Lawand Economics, Vol.30, No.2, 1987.

[259] Premkumar G, Ramamurthy K, "The role of inter organizational and organizational factors on the decision mode for the adoption of interorganizational systems", *Decision Sciences*, Vol.26, No.3, 1995.

[260] Rogers E M, *Simonand S.Diffusion of Innovations*, 5th *Edition*, New York, The Free Press, 2003.

[261] Salazar I, Gorriz C, "Determinants of the Differences in the Downstream Vertical

Integration and Efficiency Implication Agricultural Cooperatives ". *Journal of Economic Analysis & Policy*, No.1, 2011.

[262] Savrul M, Cüneyt K, "E-Commerce As An Alternative Strategy In Recovery From The Recession", *Procedia-Social and Behavioral Sciences*, No.24, 2011.

[263] Savrul M, Incekara A, Sener S, "The Potential of E-commerce for SMEs in a Globalizing Business Environment", *Procedia - Socialand Behavioral Sciences*, Vol. 150, No. 15, 2014.

[264] Schwab, James C, "Review of The World in 2050: Four Forces Shaping Civilization's Northern Future", *Journal of Homeland Security and Emergency Management*, Vol.8, No.1, 2016.

[265] Shimamoto D, Yamada H, Gummert M, "Mobile Phones and Market Information: Evidence from Rural Cambodia", *Food Policy*, Vol.57, No.11, 2015.

[266] Smith A D, MorrisonPaul C J, Goe W R, et al., "Computer and Internet Useby Great Plains Farmers", *Working Papers*, Vol.29, No.3, 2004.

[267] Solaymani S, Sohaili K, Yazdinejad E A, "Adoption and use of ecommerce in SMEs", *Electronic Commerce Research*, No.3, 2012.

[268] Sonia, San M, Jana, et al., "The impact of agein the generation of satisfaction and WOM in mobile shopping", *Journal of Retailing & Consumer Services*, Vol.23, No.3, 2015.

[269] Spremic M, Hlupic V, "Development of E-commerce in Croatia: A Survey ", *Information Technology for Development*, No.13, 2007.

[270] Sutton R I, Staw B M, "What Theory is Not", *Administrative Science Quarterly*, Vol.40, No.3, 1995.

[271] Thompson J D, *Organization sinaction*, NewYork, Mc Graw Hill, 1967.

[272] Toole T M, Member P E, "Uncertainty and home builder's adoption of technological innovations", *The Journal of Construction Engineering and Management*, No.7, 1988.

[273] Tornatzky L G, Fleischer M, Chakrabarti A K, *Processes of Technological Innovation*, Lexington, Lexington Books, 1990.

[274] Trang S T N, Zander S, Visser B D, et al., "Towards an Importance - performance Analysis of Factors Affecting E-business Diffusion in the Wood Industry", *Journal of Cleaner Production*, Vol.110, No.1, 2016.

[275] Varian H R, Farrell J, Shapiro C, *The Economics of Information Technology: Competition and Market Power*, Cambridge, Cambridge University Press, 2004.

[276] Venkatesh V, Davis F D, "A theoretical extension of the technology acceptance model: Four longitudinal field studies", *Management Science*, No.46, 2000.

[277] Vereshchagina G, Hopenhayn H A, "Risk Taking by Entrepreneurs", *American Economic Review*, Vol.99, No.5, 2009.

[278] Waldfogel J, "Copyright Research in the Digital Age: Moving from Piracy to the Supply of New Products", *American Economic Review*, Vol.102, No3, 2012.

[279] Williamson O, *The Economic Institutions of Capitalism: Firms, Markets, Relational Contracting*, New York, The Free Press, 1985.

[280] Kong X Z, Dong L, Chan J F, "On Income Distribution Mechanism of Farmer Cooperatives in the Context of Membership Heterogeneity", *Asian Agricultural Research*, Vol.7, No.11, 2015.

[281] Xiao L Y, Edward J Z, Thestrategy/governance structure fit relationship: Theory and evidence in franch is in garrange-ments", *Strategic Management Journal*, Vol.25, No.4, 2004.

[282] Xu S, Zhu K, Gibbs J, "Global Technology, Local Adoption: A Cross-Country Investigation of Internet Adoption by Companies in the United States and China", *Electronic Markets*, Vol.14, No.1, 2004.

[283] Yao J E, Xu X H, Liu C, et al., "Organizational size: a significant predictor of itinnovation adoption", *The Journal of Computer Information Systems*, No.2, 2003.

[284] Yin R K, *Case Study Research: Designand Methods. Fourth Edition*, California, SAGE Publications.2009.

[285] Zhao X, LynchJr J G, Chen Q, "Reconsidering Baronand Kenny: Mythsand Truths about Mediation Analysis", *Journal of Consumer Research*, No.2, 2010.

[286] Zillien N, Hargittai E, "Digital Distinction: Status-specific Types of Internet Usage", *Social Science Quarterly*, Vol.90, No.2, 2009.

附　　录

农民合作社电商采纳调查问卷

问卷编号:＿＿＿＿＿＿

尊敬的理事长:

您好! 这是一份关于农民合作社组织服务、电商采纳、运营状况与内部治理的调查问卷。问卷涉及问题没有对错之分,请您根据实际情况进行回答。对您填写的所有资料,仅为科学研究和政策制定使用,严格对外保密。填写问卷将花费您约 20 分钟的时间。您宝贵的回答对我们的研究有重要贡献,感谢您在百忙之中填答这份问卷。谢谢!

安徽大学中国三农问题研究中心

第一部分:合作社基本情况

1. 合作社信息

合作社全称:＿＿＿＿＿＿＿＿＿＿＿＿＿＿＿＿＿＿＿＿＿＿＿;

合作社组建时间(即召开成立大会的时间):＿＿＿＿＿＿＿＿＿;

合作社工商注册登记时间:＿＿＿＿＿＿＿＿＿＿＿＿＿＿＿＿;

合作社最近变更时间:＿＿＿＿＿＿＿＿＿＿＿＿＿＿＿＿＿。

2.理事长信息

理事长姓名:＿＿＿＿＿＿＿;

理事长性别:＿＿＿＿＿＿＿;

理事长年龄:＿＿＿＿＿＿＿;

理事长文化程度:＿＿＿＿＿＿＿;

担任本合作社理事长的年限:＿＿＿＿＿＿＿;

理事长过往从业经历及年限:＿＿＿＿＿＿＿;

理事长电话:＿＿＿＿＿＿＿。

3.合作社成立之初有社员多少人?＿＿＿＿＿＿＿;

合作社目前有社员多少人?＿＿＿＿＿＿＿＿。

4.合作社成立之初注册资本多少?(万元)＿＿＿＿＿＿＿;

理事长出资多少?(万元)＿＿＿＿＿＿＿＿＿;

理事长出资占合作社总资本比例?(%)＿＿＿＿＿＿＿;

目前合作社总出资额多少?(万元)＿＿＿＿＿＿＿;

理事长目前共出资多少?(万元)＿＿＿＿＿＿＿;

理事长目前出资占合作社总资本比例?(%)＿＿＿＿＿。

5.理事会成员共出资多少?(万元)＿＿＿＿＿＿＿＿;

理事会出资占合作社总资本比例?(%)＿＿＿＿＿＿;

理事会成员出资额分别为多少?(万元)＿＿＿＿＿＿;

6.占股10%以上的社员有多少?(人)＿＿＿＿＿＿＿。

第二部分:合作社电商采纳情况

1.您认为QQ群、微信群等互联网社群对合作社销售农产品重要吗?

A.很不重要

B.不重要

C.一般

D. 重要

E. 很重要

2. 您认为哪种互联网社群对合作社销售农产品有帮助？（可多选）

A. 以地域聚集的互联网社群,如小区业主群、老乡群等

B. 以职业身份聚集的互联网社群,如工作群、家长群、同学群等

C. 以共同爱好聚集的互联网社群,如老年活动群等

D. 其他互联网社群

E. 不知道

3. 您会编辑、发布信息的互联网工具和营销平台有哪些？（可多选）

A. 微信朋友圈　　G. 美团

B. 微信小程序　　H. 大众点评

C. 微信公众号　　I. 手机 App

D. 微博　　J. 其他平台

E. 淘宝　　K. 以上都不会

F. 京东

4. 您认为合作社在使用互联网销售农产品过程中,是否面临更多问题与风险？

A. 是　　B. 否

5. 理事长本人是否通过互联网销售农产品？

A. 是　　B. 否

若是,理事长是从哪年开始通过互联网销售农产品？＿＿＿＿＿＿；

若是,理事长通过互联网销售的农产品金额占全年总销售额的比重是？（％）＿＿＿＿＿＿。

6. 合作社是否通过互联网销售农产品？

A. 是　　B. 否

若是,合作社是从哪年开始通过互联网销售农产品？＿＿＿＿＿＿；

若是,合作社通过互联网销售的农产品金额占全年总销售额的比重是?
(%)＿＿＿＿＿＿＿。

7.您所在的合作社如何利用互联网进行农产品销售?（可多选）

A.合作社成为网络零售商的供应方

B.合作社在淘宝、京东等网络电商平台开设网店销售农产品

C.合作社利用微博、微信等互联网平台进行推介宣传,线下销售农产品

D.合作社建立 App 或微信小程序销售农产品

E.合作社自建网站销售农产品

F.合作社利用互联网了解市场价格、消费者需求等信息

G.其他

8.您所在的合作社主要利用哪些互联网电子商务平台销售农产品?（可
多选）

A.阿里巴巴　　H.亚马逊中国

B.淘宝/天猫　　I.当当

C.京东　　J.美团

D.中粮我买网　　K.微信

E.顺丰优选　　L.地方政府组建的电商平台

F.本来生活　　M.其他

G.一号店

9.您所在的合作社使用互联网销售农产品时采用哪种收款方式?（可多选）

A.支付宝　　B.微信　　C.云闪付　　D.网银

E.货到付款　　F.找人代付　　G.其他

10.您所在的合作社在互联网销售农产品过程中,从发出货物到收回货款
平均需要几(天)?＿＿＿＿＿＿＿;

采用非网络销售方式时,从发出货物到收到货款的平均需要几（天）?
＿＿＿＿＿＿＿。

11. 您所在的合作社在使用互联网销售农产品过程中,遇到的最主要问题是什么?(可多选)

A. 农产品储存、运输困难　　E. 网络交易安全性差

B. 农产品缺乏标准化　　F. 网络平台不够专业、实用

C. 农作物重量相对大,物流成本高　　G. 网络平台收费高,销路不好

D. 网络基础设施落后　　H. 自身网络操作技能不够

I. 包装、品牌、宣传等市场营销环节知识技能不够

J. 网上与客户交流太费时间,无法支撑客服

K. 网上销售比线下销售价格低,而线下市场供不应求

L. 自身规模过小,没有必要进行网上销售

M. 其他　　N. 未遇到任何问题

第三部分:合作社运营管理情况

1. 您所在合作社用于生产的土地总面积多少(亩)? _____;

合作社自建生产基地多少(亩)? _____;

合作社流转农户的土地面积多少(亩)? _____;

合作社组织带动农户进行生产的土地面积多少(亩)? _____;

合作社自建生产基地多少(亩)? _____;

合作社流转农户的土地面积多少(亩)? _____;

合作社组织带动农户进行生产的土地面积多少(亩)? _____。

2. 您所在合作社主产品的品牌情况:

A. 主产品有国家级品牌称号或绿色认证

B. 主产品有省部级以上品牌称号或绿色认证

C. 主产品有市县级以上品牌称号或绿色认证

D. 主产品有地方品牌称号或绿色认证

E. 主产品无品牌无认证,但有一定地方影响力

F.主产品无品牌无认证也无地方影响力

3.合作社所在地是否有冷库或物流集散中心？

A.有　　B.没有

4.您所在合作社农产品的营销范围（可多选）：

A.本市　　B.省内其他地市　　C.国内其他省市　　D.国外

5.您所在的合作社享受哪些政府补贴？（可多选）

A.国家级补贴　　C.市级补贴

B.省级补贴　　D.县级补贴

E.其他补贴　　F.没有享受政府补贴

享受的补贴级别和名称：＿＿＿＿＿＿＿＿＿＿＿；

近三年享受的补贴数额多少？（万元）＿＿＿＿＿＿。

6.若您所在的合作社享受了政府补贴,补贴用于何种用途？（可多选）

A.基础设施建设　　F.市场拓展和营销

B.农业机械和投入品　　G.标准化生产建设

C.技术引进或研发　　H.互联网平台和数据系统建设

D.商标申请、品牌培育　　I.培训

E.产品认证　　J.其他

7.您所在的合作社是否享受国家税收减免？

A.享受国税减免

B.享受地税减免

C.享受其他税收减免

D.没有享受国家税收减免

享受的税收减免种类和名称：＿＿＿＿＿＿＿＿＿＿；

享受的税收减免金额（万元）：＿＿＿＿＿＿＿＿。

8.您所在合作社上一年度总销售收入多少（万元）？＿＿＿＿＿＿；

您所在合作社上一年度利润总额多少（万元）？＿＿＿＿＿＿。

9. 您所在合作社去年向社员收购农产品的收购价格是多少(元/斤)?
_____;

合作社收购农产品价格比未采纳电商时增幅多少(%)?_____;

合作社去年向社员收购农产品数量是多少(斤/年)?_____;

合作社收购农产品数量比未采纳电商时增幅多少(%)?_____;

合作社去年向非社员收购农产品的收购价格是多少(元/斤)?_____;

合作社去年向非社员收购农产品数量是多少(斤/年)?_____。

10. 农户收入情况(仅限经营性收入,不包括其他类型收入)

当地非社员农户上一年度人均可支配收入约多少(万元)?_____;

您所在合作社社员上一年度人均可支配收入约多少(万元)?_____;

社员高于当地农民平均可支配收入水平的比例是多少?(%)_____;

您所在合作社社员入社之前的年人均可支配收入约多少(万元)?_____
_____;

社员入社之后收入提高的比例是多少?(%)_____。

11. 您所在的合作社重大事项如何决策?

A. 理事长决定

B. 理事会成员商议决定

C. 通过成员(代表)大会征求社员代表意见

D. 其他

12. 理事会成员以何种方式参与理事会表决?

A. 一人一票

B. 一股一票

C. 按交易额与入股金额结合实行一人多票

D. 其他

13. 监事会成员以何种方式参与监事会表决?

A. 一人一票

B.一股一票

C.按交易额与入股金额结合实行一人多票

D.其他

14.社员如何成为社员代表参加社员代表大会?

A.全体社员选举

B.按片区或者业务类型选拔

C.理事会任命

D.其他

15.社员代表大会如何进行表决?

A.一人一票

B.一股一票

C.按交易额与入股金额结合实行一人多票

D.其他

16.合作社去年共召开全体社员大会儿(次)? ＿＿＿＿＿＿;

合作社去年共召开成员代表大会儿(次)? ＿＿＿＿＿＿;

合作社去年共召开理事会儿(次)? ＿＿＿＿＿＿;

合作社去年共召开监事会儿(次)? ＿＿＿＿＿＿。

17.社员对合作社相关活动有意见时,可以如何发表意见或者建议?

A.通过与合作社领导私下沟通交流来表达想法

B.通过在成员大会或代表大会上投票来表达意见

C.选择退社(的权利)

D.其他

E.没有渠道发表意见或建议

18.您所在合作社上一年度分配盈余情况:按股份返还盈余的金额多少

(万元)? ＿＿＿＿＿＿;

合作社去年按股返还盈余占总盈余比重是多少? (％)＿＿＿＿＿＿;

合作社去年按交易量返还盈余的金额多少（万元）？_____；

合作社去年按交易量返还盈余占总盈余比重是多少？（％）_____。

责任编辑:邓浩迪

封面设计:石笑梦

图书在版编目(CIP)数据

数字化转型背景下电商采纳对农民合作社绩效的影响研究/王孝璠 著. —
  北京:人民出版社,2023.12
ISBN 978-7-01-026033-4

Ⅰ.①数…　Ⅱ.①王…　Ⅲ.①电子商务-应用-农业合作社-经济绩效-研究-
  中国　Ⅳ.①F321.42

中国国家版本馆 CIP 数据核字(2023)第 201796 号

数字化转型背景下电商采纳对农民合作社绩效的影响研究
SHUZIHUA ZHUANXING BEIJING XIA DIANSHANG CAINA DUI NONGMIN HEZUOSHE
JIXIAO DE YINGXIANG YANJIU

王孝璠　著

人 民 出 版 社 出版发行
(100706　北京市东城区隆福寺街 99 号)

北京九州迅驰传媒文化有限公司印刷　新华书店经销

2023 年 12 月第 1 版　2023 年 12 月北京第 1 次印刷
开本:710 毫米×1000 毫米 1/16　印张:15.5
字数:230 千字

ISBN 978-7-01-026033-4　定价:89.00 元

邮购地址 100706　北京市东城区隆福寺街 99 号
人民东方图书销售中心　电话 (010)65250042　65289539